Macht

Jan Baszkiewicz

Macht

Warszawa 2003

Aus dem Polnischen von Hans-Jörg Schwenk

Umschlaggestaltung: Agnieszka Maczunder

Register: Teresa Pawlak-Lis

Titel des Originals: „Władza"

Das Buch wurde herausgegeben mit finanzieller Unterstützung der Stiftung für deutsch-polnische Zusammenarbeit aus Mitteln der Bundesrepublik Deutschland.

ISBN 83-7151-563-4

Stiftung „Politeja"

DOM WYDAWNICZY ELIPSA

Druck und Einbandgestaltung:
Velagshaus ELIPSA,
ul. Inflancka 15/198, 00-189 Warszawa
tel./fax 635 03 01, 635 17 85, e-mail: elipsa@elipsa.pl, www.elipsa.pl

Inhaltsverzeichnis

Einführung

Macht

Was ist Macht? Um diese Frage zufriedenstellend zu beantworten, muss man zunächst das weitere Umfeld klären, in das sie eingebettet ist: Wie kommt es, dass bestimmte Leute Befehle (Anweisungen) erteilen und dass andere, die sich ohne diese Anweisungen ganz anders verhalten würden, bereit sind, ihnen Gehorsam zu leisten? Nun, wertvolle Hilfestellung findet man hier in den Ausführungen eines klassischen Vertreters der politischen Philosophie, bei dem englischen Denker des 17. Jahrhunderts Thomas Hobbes. Demzufolge lassen sich drei grundlegende Motive unseres Gehorsams gegenüber fremden Befehlen unterscheiden: Gewalt (*Force*), Autorität (*Authority*) und Macht (*Power*).

Das Nachgeben angesichts von Gewalt scheint ziemlich einleuchtend. Begegnen wir an einem einsamen Ort einem bewaffneten Banditen, so sind die meisten von uns bereit, seine Befehle zu befolgen und ihre Habe herauszugeben. Natürlich: Das heißt noch lange nicht, dass wir damit diesem Räuber irgendeine Autorität oder gar dauerhafte Macht über uns einräumen. Von dem ungewollten Zusammentreffen mit ihm können wir lediglich Schaden davontragen.

Genau umgekehrt ist die Lage bei unserem Verhältnis zur Autorität. Sie verfügt über keine Zwangsmaßnahmen und ist daher nicht imstande, uns Gehorsam mit Gewalt aufzuzwingen. Wenn wir uns sanft den Anweisungen unseres Arztes fügen, um uns einem schmerzhaften oder gar gefährlichen Eingriff zu unterziehen, wenn wir die Anweisungen unseres Trainers befolgen, der das Letzte aus uns herausholt, oder wenn wir die uns vom Beichtvater auferlegte Buße tun (was heute im Vergleich zu früher das reinste Vergnügen sein dürfte), dann tun wir dies stets freiwillig: Wir leisten Gehorsam im Vertrauen auf den guten Willen und die fachliche Kompetenz dessen, der die Anweisungen erteilt. Wir glauben, dass uns unser Gehorsam den gewünschten Nutzen bringt, sei es um wieder gesund zu werden, um einen sportlichen Erfolg (der mit Ruhm und Geld einhergeht) zu erringen oder einfach um ein reines Gewissen zu haben. Unser Gehorsam im Falle von Autorität geschieht also freiwillig, aber beileibe nicht uneigennützig, sind wir doch fest davon überzeugt, dass eine

Autorität weiß, was sie tut und dass sie uns unter Umständen beträchtlichen Profit, Erfolg und Befriedigung verschaffen will und auch kann.

Unser Gehorsam im Angesicht von Macht verbindet die Merkmale beider oben beschriebener Situationen: Macht verfügt über Gewalt und ist in der Lage, diese im Falle unseres Ungehorsams auch anzuwenden. Allerdings kommt unser Gehorsam bei weitem weniger häufig dadurch zustande, dass wir uns etwa vor der Anwendung von Zwangsmaßnahmen fürchten. Die Sache ist vielmehr die, dass Macht – und dabei insbesondere politische Macht – stets auch Autorität besitzt. In der Regel – Ausnahmen gibt es immer – sind wir nämlich davon überzeugt, dass die Existenz von Macht – wenn auch nicht unbedingt von der Macht, mit der wir gerade zu tun haben – zwingend notwendig für uns ist, dass daraus weitreichender Nutzen erwächst, und zwar sowohl für die ganze Gemeinschaft – Macht vermittelt ein Gefühl von Sicherheit, gewährt Schutz vor Feinden, sorgt für kollektive Ordnung – als auch für das Individuum – Macht belohnt die, die ihr gehorchen mit Posten, Orden, Titeln, lukrativen Verträgen usw. Der Gehorsam gegenüber Macht ist um so solider, je stärker der Glaube an Kompetenz und Geschick derer, die die Macht ausüben, an ihr Wohlwollen, aber auch an eine kluge und gerechte Ausrichtung der Machtmechanismen.

Jede vernünftige Macht möchte, das ist klar, dass unser Gehorsam auf Autorität, und nicht auf massive Anwendung oder Androhung von Gewalt zurückgeht. Ein ausgewogenes Verhältnis von Autorität und Gewalt ist nicht nur für das Wohlempfinden der Regierenden, sondern auch und vor allem für das Erreichen angestrebter Ziele notwendig. In normalen Situationen – schwere und anhaltende Krisenzustände also einmal ausgenommen – vollzieht sich politisches Handeln in der überwiegenden Mehrzahl der Fälle nicht auf der von Gewalt beherrschten Ebene, sondern ist eng mit der Sphäre Autorität verknüpft: Politische Entscheidungen beruhen auf Überredungskunst, Verhandlungsgeschick, Respekt vor der gesellschaftlichen Ordnung, der Gewohnheit zu gehorchen usw. Der britische Polizist, der unter normalen Umständen nicht bewaffnet ist und noch nicht einmal einen Schlagstock mit sich führt, galt seit jeher als Symbol von Machtautorität, die auf Zwangsinstrumente verzichtet und sich dennoch Respekt und Gehorsam zu verschaffen weiß.

Sei noch bemerkt, dass die Verbindung von Gewalt und Autorität keineswegs ausschließlich einer Macht – nämlich der politischen – vorbehalten ist. Sie gilt ebensogut für die elterliche Macht, und zu gewissen Zeiten und in manchen Kulturen stand Autorität gepaart mit Zwangsmaßnahmen auch der geistlichen Macht zu.

Natürlich geben die oben beschriebenen Situationen kein getreues Bild von der komplizierten und vielschichtigen gesellschaftlichen Wirklichkeit. Zum Bandit wird man – leider – nicht immer nur durch nackte Gewalt. Es gibt schließlich große Verbrechersyndikate, die sorgfältig darauf bedacht sind, Strukturen aufzubauen, die denen eines Staates ähneln: Man schafft eine eigene Machthierarchie, entwirft Verhaltensnormen, gründet eine Polizei und Gerichte, man fällt und vollstreckt Urteile, treibt Steuern ein und verschmilzt bisweilen mit Elementen der Staatsmacht. Für die Mitglieder einer Mafiaorganisation bedeutet ein *capo di tutti capi* reale Macht, die sowohl mit Autorität als auch mit Gewalt ausgestattet ist. So kommt es, dass viele einfache Bürger Siziliens oder Neapels dazu neigen, ihre Situation so aufzufassen, als seien sie einer existierenden Doppelherrschaft ausgesetzt... Andererseits wiederum gibt es staatliche oder quasi-staatliche Organisationen, die den Menschen, die ihrer Macht unterliegen, mafios vorkommen und die sich ausschließlich auf Gewalt stützen, ohne auch nur den Hauch von Autorität mitzubringen. Kein Pole, der auch nur einigermaßen bei Sinnen ist, wäre vermutlich auf die Idee gekommen, während der Besatzungszeit die Organe des so genannten Generalgouvernements als richtige Macht aufzufassen oder Hans Frank als Staatschef und Joseph Bühler als Ministerpräsident anzusehen.

Verneigen kann man sich schließlich vor der Macht einmal als System von Institutionen, die eine politische Gemeinschaft ausmachen, und einmal als Zusammenschluss von Menschen, die eben genau diese Institutionen leiten und lenken. Diese Verbindung kann aber reißen, und zwar dann, wenn Macht, die eigentlich Respekt und Gehorsam verdient, von schlechten Regenten ausgeübt wird. Ein christlicher Denker gelangte in Kenntnis der Worte des heiligen Paulus (*Brief an die Römer* XIII, 1), wonach alle Macht von Gott ausgeht, schon im Frühmittelalter zu dem Schluss, dass die Menschen von der Macht – ebenso wie von jeder anderen Gabe Gottes – guten oder schlechten Gebrauch machen können. Ein Usurpator, der mit Gewalt die Macht an sich reißt, ist im Grunde genommen ebensowenig ein Herrscher wie ein legaler Monarch, der die Macht schlecht ausübt: Beide sind Tyrannen und verdienen weder Respekt noch Gehorsam seitens ihrer Untertanen. Das heißt aber nicht, dass die Macht, jene Gabe göttlicher Gnade, von den Menschen zurückgewiesen werden darf. *Iniquus Tiberius, bonus Caesar* – sagte man, was bedeutet, dass zwischen guter Macht und schlechten Machthabern unterschieden werden muss – eine Sichtweise, die oft ins politische Denken gerückt wurde, während der entgegengesetzte Standpunkt – Zustimmung für die Regierenden bei gleichzeitiger Absage an das Regierungssystem – nur ausnahmsweise in Erscheinung trat, und zwar in der Regel vor allem in Krisensituationen, dann, wenn die Menschen von denen, die die Macht ausüben, erwarten, dass sie ihre Macht benutzen, um das System, das man ablehnt, völlig zu verändern.

Fassen wir zusammen: Politische Macht darf sich, will sie nichts von dem verlieren, was ihr eigentliches Wesen ausmacht, nicht ausschließlich auf nackte Gewalt stützten. Das heißt allerdings nicht, dass sie auf die Anwendung von Gewalt völlig verzichten und allein auf gesellschaftliche

Harmonie vertrauen kann, die sich aus dem allgemeinen Bekenntnis zu einem gemeinsamen Wertesystem ergibt. Es gibt keine politischen Gemeinschaften ohne Konflikte, und es gibt keine politische Macht ohne Zwangsinstrumente. Ein unveräußerliches Merkmal der Macht ist allerdings auch ihre Autorität. Es sind Worte, Überzeugungsarbeit, Verhandlungen, Propaganda und – *last not least* – der wahre Charakter der Regierenden, die diese Autorität begründen und die damit ein politisches Instrument darstellen, das in seiner Wichtigkeit dem Zwang in nichts nachsteht.

Fürwahr: An Denkern – bisweilen auch solchen, um die sich die Anhänger nur so scharten – die die Überzeugung vertraten, dass Macht die Ursache allen menschlichen Übels sei und dass man dem nur dadurch begegnen könne, dass man das kollektive Leben auf Autorität stützt, hat es nie gefehlt. Seit der Antike prallen zwei Visionen einer Gesellschaft aufeinander, die ohne Macht, Gesetz, Gerichte und Henker auskommen will. Die eine könnte man als einen beklagenswerten Zustand intellektueller und moralischer Armut, Asozialität und Grausamkeit auffassen – genau so begegnet einem nämlich das staatenlose Volk der Zyklopen im achten Gedicht der *Odyssee* – bei der anderen könnte man den vorstaatlichen Zustand als goldenes Zeitalter der Menschheit bejubeln, in dem jeder ohne Macht und Gesetz spontan guten Glauben und Gerechtigkeit pflegt, womit wir bei Ovid und seinen *Metamorphosen*, einem der schönsten epischen Dichtungen der Literaturgeschichte, angelangt wären.

Auf diese zweite, optimistische Betrachtungsweise fehlender Staatlichkeit ist man oft zurückgekommen, u.a. in dem aufklärerischen Mythos vom guten und glücklichen Wilden oder in zahlreichen ethnologischen Werken des 19. und 20. Jahrhunderts, in denen primitive Gesellschaftsformen untersucht werden. So kann man einen solchen Optimismus etwa in der Sicht wiederfinden, die von der evolutionistischen Schule und besonders von dem Amerikaner Lewis Henry Morgan vertreten wird, der Mitte des 19. Jahrhunderts die Irokesenstämme zu erforschen suchte, oder im zweiten Werk eines ganzen Zyklus über die Trobriandinseln mit dem Titel *Verbrechen und Brauch in der Urgesellschaft*, in dem der Autor Bronisław Malinowski im Jahre 1926 seine Bewunderung (die er dann später jedoch wesentlich relativiert hat) für das bei den dortigen Bewohnern zu beobachtende glänzende gesellschaftliche Gleichgewicht zum Ausdruck bringt, oder schließlich in *Gesellschaft vs. Staat* des französichen Ethnologen Pierre Clastres, der ein halbes Jahrhundert nach Malinowski die schöne Illusion einer primitiven „Gesellschaft ohne Konflikte“ verbreitet. Die Liste der Beispiele ließe sich beliebig fortsetzen.

Die Illusionen, die die Gelehrten schufen, wurden ihrerseits gerne von den Ideologen aufgegriffen. Staatsmacht – ebenso wie Privateigentum – ist keine Erscheinung, die es schon immer gegeben hat. Der Staat hatte seinen Anfang und es gibt keinen Anlass daran zu zweifeln, dass er eines Tages auch sein Ende findet, lautet das Glaubensbekenntnis der Anarchisten, aber auch der Marxisten. Der jedweder Staatlichkeit beraubte „Urkommunismus", der Zustand glücklicher Harmonie schien die zukünftige kommunistische Gesellschaft anzukündigen, wie sie von Marx oder Kropotkin prophezeit wurde und womit die Rückkehr zur Urgemeinschaft – selbstverständlich auf einem ungleich höheren zivilisatorischen Niveau – gemeint war. Genau das ist der Sinn eines bekannten Ausspruchs von Marx, wonach man im Ältesten das findet, was am Neuesten ist. Aus Morgans Studien über die Irokesen leitet Engels enthusiastische Schlussfolgerungen ab, wenn er verkündet, dass „bei all ihrer kindlichen Einfachheit" die vom Staat befreite Gemeinschaft doch etwas Großartiges ist. „Ohne Soldaten, Gendarme und Polizisten, ohne Adel, Könige, Statthalter und Richter, ohne Gefangene und Prozesse – alles geht seinen normalen Gang... Keine Spur von unserem weit verzweigten und verzwickten Verwaltungsapparat. Es entscheiden die, die es angeht, aber in der Mehrzahl der Fälle hat der uralte Brauch ohnehin vorher schon alles geregelt". Eine solche Gesellschaft bringt Menschen hervor, die voller „persönlicher Würde, Rechtschaffenheit, Willensstärke und Mut" sind. Auch danach waren ziemlich viele Ethnologen voller Anerkennung für die Urgemeinschaften, die sich von dem „uralten Brauch" leiten lassen, die zwar Stammesoberhäupter kennen, diesen aber nur die Macht des Wortes, nicht aber die der Gewalt zubilligen. Sie brauchen keine Macht, ihnen genügt Autorität.

Tiefgreifendere und umfangreichere Untersuchungen von Ethnologen und Kulturanthropologen bringen diese Idylle leider jedoch ins Wanken. Im fünften Teil des Zyklus über die Trobriandinseln (*Korallengärten*, 1935) schildert Malinowski eine Gemeinschaft, die durch Konflikte und Blutfehden unterminiert ist. Eine solche Einschätzung der Urgesellschaft ist heute nur allzu verbreitet. Es stimmt, dass die Stammesoberen eher über die Macht des Wortes als über Gewalt verfügen, doch kann man über die Tatsache, dass dieses gesetzgebende, geheiligte Wort von den Häuptlingen monopolisiert wird, nur schwer in Entzücken geraten. Was nützt es, dass die Häuptlinge nicht auf das Instrument der Gewalt zurückgreifen, wenn diese sonst überall verstreut vorkommt: Der erwachsene Mann rächt sich für das Leid, das ihm von anderen, aber auch vom Schicksal zugefügt wurde, und auch für das, was eine Bedrohung für die öffentliche Ordnung, eine Abkehr von der Normalität, eine gefährliche Neuerung darstellt bzw. von ihm als solche eingestuft wird. Er rächt sich dabei meistens an Frauen und Kindern, was die von Georges Balandier in *Anthropo-logiques* 1974 vorgebrachte Hypthese erhärtet, wonach die Ungleichheit der Geschlechter die Geschichte der menschlichen Gesellschaften von Anbeginn an begleitet... Engels' Irrglaube an die in der Urgesellschaft angeblich vorherrschende Gleichheit von Mann und Frau entpuppt sich damit als weiterer Rückschlag für alle eifrigen Verfechter des „Urkommunismus". Eine noch größere Rolle als die vielfältig anzutreffende Gewalt Einzelner spielt in primitiven Gesellschaften die kollektive Gewalt, die kein Pardon kennt und die von der Gesamtheit der erwachsenen Männer ausgeht. Dieser Form der Gewalt bediente – und bedient – man sich auf mitunter ganz raffinierte Art und Weise, um die ein für alle Mal hergestellte Ordnung aufrechtzuerhalten und den Leuten jeglichen Gedanken an Auflehnung gegen die bestehende Tradition, jedweden Willen, von den von den Vorfahren übernommenen Grundsätzen abzurücken, ja sogar jedwedes nicht konformistische Denken und Streben nach gesellschaftlichen Erneuerungen aus dem Kopf zu schlagen.

Die grausamen Einführungsrituale, die den Übergang vom Jugend- um Mannesalter begleiten, dienen entgegen der geläufigen Vorstellung nicht dazu, die Jungen abzuhärten und ihnen beizubringen, sich Schmerzen gegenüber unempfindlich zu zeigen. Eine Gruppe Erwachsener foltert einen Jugendlichen, der dabei schweigen muss, will er sich nicht lebenslanger Verachtung aussetzen, um ihm die Prinzipien des Gehorsams gegenüber jenem Urbrauch, von dem Morgan und Engels so fasziniert waren, gewissermaßen in die Haut einzubrennen. Diejenigen Gesellschaften, die ihre Regeln nicht auf Steintafeln oder etwa in heiligen Büchern festhielten, ließen sich raffinierte und erfolgreiche Foltermethoden einfallen, um dem Stammesnachwuchs ihre unverbrüchlichen Grundsätze auf die Stirn zu schreiben. Natürlich gilt in diesem Normensystem das Prinzip der völligen Gleichheit unter den vollberechtigten Mitgliedern einer Gemeinschaft. Aber daneben gibt es auch und vor allem die Regel des demütigen und bedingungslosen Gehorsams gegenüber der natürlichen Ordnung, nach der schon die Vorfahren gelebt haben und die man nicht verändern darf. Man kann die Hypothese wagen, dass jene Formen der Gehirnwäsche und der Ausschaltung jedweden Vorstellungsvermögens bei weitem wirkunsvoller waren als die Methoden, die vom modernen Totalitarismus erfunden wurden. Die Narben, die von den Einführungsritualen zurückblieben, erinnerten die Mitglieder der Urgesellschaft unablässig an die absolute Sourveränität der seit Ewigkeit bestehenden Ordnung. Fälle, in denen es jemand wagte, aus dem allgemeinen Konformismus dauerhaft auszubrechen, waren die große Ausnahme. Kam es dennoch vor, so galt dieser als Rebell und hatte als Strafe den Ausschluss aus der Gemeinschaft zu erwarten, was praktisch einem Todesurteil gleichkam.

Es ist eben gerade dieser mächtige kollektive Konformismus, der gesellschaftlichen Erneuerungen im Weg steht und der neben der Ohnmacht beim Zusammentreffen mit politisch gut organisierten Gesellschaften den größten Schwachpunkt innerhalb primitiver Gemeinschaften bildet. Nach ihrer Ausstattung mit einem politischen Machtapparat – am Ende eines langen, komplizierten Prozesses, der in mehreren aufeinander folgenden und sich ergänzenden Zwischenstadien verlief – gelang es ihnen viel besser den Herausforderungen der Geschichte entgegenzutreten. Dabei sei vermerkt, dass selbst herausragende Forscher marxistischer Provenienz wie z.B. Maurice Godelier heute geneigt sind einzusehen, dass bei der Entstehung des Staates Gewalt eine geringere Rolle gespielt hat. Die Urgesellschaft erscheint ihnen nicht mehr als Jungfrau, die von wirtschaftlich stärkeren Gruppen vergewaltigt wurde. Am Anfang der Staatlichkeit – später konnte das ganz verschieden aussehen – hätte also das Element Autorität, dem wir uns in der Hoffnung auf das Erreichen wirklichen Nutzens fügen, über das Element Gewalt gesiegt. Theorien, in denen die Entstehung des Staates in die Nähe eines Vertragswerks gerückt wird (politische Verpflichtungen resultieren aus dem Willen und dem Einverständnis derer, die diese Verpflichtungen annehmen), erhalten deshalb starke Unterstützung; die Verhältnisse der politischen Dominanz werden von Beginn an von Regierenden und Regierten als Tausch von Dienstleistungen gegen Nutzen wahrgenommen – übrigens realen Nutzen, obwohl es im Laufe der Geschichte nicht an Personen und Gruppen gemangelt hat, die davon überzeugt waren, dass von Nutzen eigentlich keine Rede sein kann oder – häufiger – dass der Preis, der von den Regierten für den Nutzen zu zahlen ist, entschieden zu hoch ist.

Zu diesem Thema äußert sich der französische Sozio- und Ethnologe Jean-William Lapierre (*Leben ohne Staat?*, 1977) wie folgt: „Die Geschichte lehrt uns, dass selbst in den totalitärsten Gesellschaften der Neuzeit das ungehemmte Verlangen auftreten kann, Grenzen zu überschreiten, etwas ganz anderes kennen zu lernen und anders zu leben, neue Sachen zu machen und sich nicht vorgegebenen Bedürfnissen zu beugen... Hat dieses Verlangen nicht etwa zu dem Zeitpunkt eingesetzt, als sich ein Wandel vollzog, in dessen Zuge die Menschen ihre kleine Urgesellschaft verließen um große politische Gesellschaften zu gründen? Letztere sind differenziert, innerlich geteilt, hierarchisiert, heterogen; das Repressionssystem ist hier schon nicht mehr zerstreut noch wird es direkt von einer kleinen Gruppe als Ganzes vertreten, sondern ist ausgebildet und in der Regierung und den politischen Machtorganen konzentriert. Schließlich sind hier die Menschen in der Lage, Machthaber zu bekämpfen ohne sich der Gefahr auszusetzen, aus dem Gesellschaftsleben ausgeschlossen zu werden – ja ganz im Gegenteil: Sie können dazu beitragen, die Gesellschaft zu verändern.“

Man kann Lapierres Standpunkt und seiner Polemik gegen die nostalgischen Lobeshymnen auf die Gesellschaft außerhalb jeglicher Staatlichkeit nur zustimmen. Er stellt die richtigen Fragen wie etwa: „Ist die Entfremdung derer, die nichts sagen dürfen, weil schon der Obere der Gemeinschaft gesprochen hat, nicht wenigstens ebenso groß wie die Entfremdung jener, die sich der Gewalt beugen? Eine Gesellschaft, in der das Wortmonopol rechtlich einer oder mehreren Personen gehört, aber alle das Recht auf Gewaltanwendung haben, ist eine Gesellschaft, die sich grundlegend von der unterscheidet, in der das

Recht auf legale Gewaltanwendung bei einer oder wenigen Personen liegt, aber – zumindest bei öffentlichen Angelegenheiten – alle zu Wort kommen dürfen. Mit welchem Recht lässt sich behaupten, dass jene erste Gesellschaft besser als die zweite ist?" Richtig – man muss nur bedenken, dass nicht alle „politischen" Gesellschaften der obigen, optimistischen Charakteristik entsprechen. In der Geschichte – auch der jüngsten – fehlt es nicht an Gesellschaften, in der eine Einzelperson oder eine Gruppe das Monopol, staatliche Gewalt auszuüben, an sich reißt und zugleich das Wortmonopol rechtmäßig für sich beansprucht. Dem französischen Ethnologen war dies aber im Übrigen nicht verborgen geblieben.

Europa

Der Kontinent, mit dessen tausendjähriger Machttradition (vom Jahr 1000 bis 2000) wir uns hier befassen wollen, liefert besonders aussagekräftige Beweise für den Nutzen, den das Leben in politisch organisierten Gemeinschaften mit sich bringt. Zwar sind die Europäer durch die grausame Schule des Absolutismus gegangen, doch ist man sich nach wie vor uneins, wenn es darum geht, Bilanz zu ziehen und Vor- und Nachteile jener Epoche gegeneinander abzuwägen. Wenn Montesquieu in seinem Werk die europäische Monarchie und den orientalen Despotismus sorgfältig voneinander trennte, so tat er dies mit Sicherheit nicht nur deshalb, um zu verschleiern, denn der Vater des französischen Liberalismus hatte die Gefahr des Abrutschens monarchistischer Systeme in den Despotismus sehr genau erkannt und begriffen („Flüsse ertrinken im Meer, Monarchien im Despotismus"). Die Europäer spüren immer noch die mörderische Erfahrung des Totalitarismus des 20. Jahrhunderts in den Knochen. Aber vor dem Hintergrund eines gerade zu Ende gehenden Jahrtausends machen ein paar Jahre oder Jahrzehnte totalitärer Staat letztendlich nicht mehr als eine kleine Episode aus. Das katastrophale Ende jedoch, das die totalitären Regime genommen haben, ist für uns alle eine wichtige Lehre.

Wie der bereits zitierte Montesquieu nüchtern feststellte, neigt jede Macht dazu, den Bereich ihrer Befugnisse zu überschreiten und „wagt sich so weit vor, bis sie an ihre Grenzen stößt". In der europäischen Erfahrung waren die Grenzen der Macht stets – wenn auch in unterschiedlicher Form – fest umrissen und boten mal besser, mal schlechter Gelegenheit die bestehende Ordnung in Frage zu stellen, sich gegen sie aufzulehnen oder auf ihre Veränderung Einfluss zu nehmen.

Es handelt sich hier vor allem um Grenzen im wörtlichen, d.h. geographischen Sinne. Im auslaufenden Jahrtausend hat Europa einen gemeinsamen Kulturraum geschaffen, der sich etwa in Politik, Religion,

Wissenschaft und Wirtschaft nachweisen lässt. Dennoch war auch jene kulturelle Gemeinschaft stark differenziert. Außerdem zerfiel Europa stets politisch in viele Einzelstaaten mit einem jeweils eigenen ethnischen Gefüge, von denen jeder immer mehr auf seine Souveränität bedacht war. Der bislang letzte dauerhafte Versuch, die politische Einheit Europas im Rahmen der Erneuerung des Römischen Reiches herzustellen, wurde um die Wende vom 8. zum 9. Jahrhundert von den Karolingern unternommen: Ihr Vorhaben konnte sich jedoch nicht durchsetzen und scheiterte. Ebensowenig Erfolg im Bemühen um die Einigung Europas war im auslaufenden Jahrtausend Kaisern und Päpsten, den Habsburgern, Napoleon und schließlich dem Totalitarismus des 20. Jahrhunderts beschieden. Und auch mit der Europäischen Union – so weit lässt sich voraussehen – werden die Grenzen der politischen und nationalen Identitäten gewiss nicht aufgehoben; Europa war im letzten Jahrtausend – und wird es auch weiterhin bleiben – ein pluripolares System bestehend aus einer Vielzahl selbständiger Staaten mit quasi voller, nur durch die Erfordernisse einer vertieften und allen Nutzen bringenden Zusammenarbeit teilweise eingeschränkter Souveränität.

Einerseits hat dieses pluripolare System ohne Zweifel verhindert, dass sich ein Despotismus im orientalischen Stil auf unserem Kontinent ausbreiten konnte. Andererseits hat es jedoch zahlreichen zwischenstaatlichen Konflikten Vorschub geleistet (mit der modernen europäischen Integration darf man die Hoffnung verbinden, dass diese Konflikte in ihrer brutalen, kriegerischen Gestalt beseitigt werden). Gleichwohl ist Krieg Politik mit anderen Mitteln, wie schon vor langer Zeit ein gewisser preußischer General namens Clausewitz lehrte. Die europäischen Kriege zogen damals schwerwiegende Folgen für das Verhältnis von Regierenden und Regierten sowie für die Randbedingungen der Machtausübung nach sich. Früher haben Kriege nicht unmittelbar die Gesamtheit der Bevölkerung betroffen, wie dies im 20. Jahrhundert der Fall war; Kriegsführung war vor allem ein finanzielles Problem. Von expansionistischem Ehrgeiz und äußerer Bedrohung getrieben suchten die Regierungen Rückhalt bei den Starken der Gesellschaft und bemühten sich, die Leute, die gegen die durch den Krieg verursachte erhöhte Steuerlast aufbegehrten, zu besänftigen. In unserem Jahrhundert haben Kriege vorher noch nie da gewesene Ausmaße angenommen, durch ihren totalen Charakter lassen sie niemanden unbeteiligt und bereiten dadurch den Boden für Massenproteste, Aufstände und Revolutionen. Ein verlorener – manchmal durchaus sogar ein siegreicher, aber leidvoller – Krieg ermöglichte der Gesellschaft, die Regierung, das politische System oder sogar die gesamte gesellschaftliche Ordnung zu verändern, worauf vor hundert Jahren ein anderer herausragender Kriegstheoretiker – diesmal ein polnischer, der im Ausland allerdings besser bekannt ist als zu Hause – nämlich Jan Gotlib Bloch hinwies.

Aber ungeachtet jener internationalen Verwicklungen haben die europäischen Gesellschaften über das ganze zweite Jahrtausend hinweg eine merkliche Fähigkeit zum Protest gegenüber Macht, zu Aufständen und Revolutionen erkennen lassen. Die Macht hatte es hier nämlich stets mit Menschen zu tun, die in ihren Meinungen über Politik, Weltanschauung, Gesellschaft und Religion, in ihren Interessen, Zielen und Gewohnheiten ganz verschieden voneinander waren und die sich nicht in ihrer Überzeugung beirren ließen, dass ihnen das Recht zusteht, frei und ungehindert diese Meinungen zu vertreten, diesen Interessen nachzugehen und diese Gewohnheiten zu pflegen. All das schränkte die politische Macht in ihrem Handlungsspielraum ein und bot gleichzeitig die Chance für gesellschaftliche Neuerungen. Schon im Mittelalter musste die Macht in Europa bei den gesellschaftlichen Eliten – sowohl bei den traditionellen wie Adel und Geistlichkeit als auch bei den Vermögenden und Talentierten, die sich in den Städten zusammenzogen – um Unterstützung nachsuchen. Auch musste sie mit gesellschaftlichen Protesten, Aufständen und manchmal auch Revolutionen fertig werden. Später haben Machtliberalisierung und besonders -demokratisierung die politischen Systeme durch Verstärkung der Kontrolle über die Regierenden und Schaffung von Verfahren zum friedlichen Regierungswechsel stabilisiert. Der Demokratisierungsprozess gebot der Macht, sich bei kleinbürgerlichen Schichten, Arbeitern und auch Bauern – die stufenweise ihre völligen politischen Rechte, darunter besonders das Wahlrecht, zuerkannt bekamen – um Unterstützung zu bemühen. Dies wurde sichtlich sowohl von den Konservativen (von solchen etwa wie Otto von Bismarck) als auch den Liberalen (z.B. William Gladstone) ins politische Kalkül gezogen. Natürlich waren nicht nur die europäischen Gesellschaften pluralistisch und aufmüpfig, sondern es waren eben gerade diese Eigenschaften, die dem politischen Systemwandel auf unserem Kontinent besondere Dynamik verliehen.

Die Grenzen jenes Europas der vielen Staaten gehen, was ihre Beweglichkeit betrifft, mit dieser Dynamik einher. In der Antike war Europa durch sehr enge Bande mit dem afroasiatischen Mittelmeerraum verknüpft, und das nicht nur auf der Ebene von Kultur, Wissenschaft und Wirtschaft, sondern auch auf dem Gebiet der politischen Strukturen. Man braucht sich nur daran zu erinnern, wie dicht die griechischen Stadtstaaten, die *poleis*, die Küsten beider Meere, des Mittel- und des Schwarzen Meers, besiedelten („wie Frösche um eine Pfütze herum“, schrieb einst Plato). Oder daran, welch große Rolle Griechen und Mazedonier später in den hellenistischen Monarchien gespielt haben, die nach dem Zusammenbruch des Reichs Alexanders des Großen entstanden waren! Und schließlich daran, dass das Römische Reich das Recht hatte, das Mittelmeer als inneren Teil seines Besitzes anzusehen, als *mare nostrum*, dessen Küsten schon um das Jahr 400 allesamt entweder west- oder oströmisch waren.

Nach dem Zerfall des *imperium Romanum* änderte sich die Situation radikal: Jetzt waren es die afroasiatischen Strukturen des Staats mit ihrer eigenen Kulturtradition, die für lange Zeit in Europa Einzug hielten. Zu Beginn des 8. Jahrhunderts wurde fast die gesamte Iberische Halbinsel und im darauffolgenden Jahrhundert wurden die großen Mittelmeerinseln Sizilien, Sardinien und Korsika vom Reich des Islam erobert. Im 13. Jahrhundert wurde ein großer Teil der russischen Fürstentümer von der Goldenen Horde, dem westlichen Teil des großen Reichs der Mongolen, zum Protektorat erklärt. Über die Konsequenzen des „Tatarenjochs" für das damalige Russland – ob nur schlechte oder vielleicht auch gute – sind in der russischen Wissenschaft lebhafte Diskussionen im Gang. Und schließlich herrschte, nachdem die Goldene Horde schon zerfallen war und man die Araber endgültig aus Spanien vertrieben hatte, über einen Großteil des Balkans – von der Donau bis zur Save – das Reich der osmanischen Türken, und das außerordentlich lang: Die allmählich schrumpfenden türkischen Besitztümer auf dem Balkan reichten bis ins 20. Jahrhundert hinein.

Die germanischen und slavischen Staaten in Mittel-, Mittelost- und Osteuropa wiederum, die einst nicht zum Römischen Reich gehörten, schlossen sich an der Schwelle zum zweiten Jahrtausend mühelos der europäischen Gemeinschaft, einem sich stabilisierenden christlichen, feudalen und monarchistischen Europa an. Annähernd lässt sich sagen, dass zwischen den Jahren 950 und 1050 die politische Karte des mittelalterlichen Europas gezeichnet wurde: Die Umrisse der „nationalen" Monarchien, die in nicht ferner Zukunft zum festen Bestandteil Europas werden sollten, waren schon erkennbar.

Macht in Antike und Frühmittelalter

Betrachtet man das antike Europa aus der Mittelmeerperspektive, so muss man feststellen, dass die Anfänge staatlicher Macht hier – in Ägypten und Mesopotamien – bis ins vierte Jahrtausend v. Chr. zurückreichen. Auf dem Balkan hat die bäuerliche Besiedlung, die dort ebenso früh einsetzte wie im Nahen Osten, Spuren hinterlassen, die aus dem 7. und 6. Jahrtausend stammen. Trotz dieser Parallelität in der Entwicklung der bäuerlichen Kulturen hinkt die Staatenbildung in Europa jedoch um gut zwei Jahrtausende hinterher: Die ersten achäischen Staaten in Griechenland gehen aufs 2. Jahrtausend zurück. Die Sache ist die, dass die frühe Landwirtschaft auf dem Balkan nur bescheidene Früchte trug und der Boden gerade einmal so viel Nahrung hergab, wie nötig war, um die Mitglieder der bäuerlichen Gemeinschaften zu ernähren. Im Nahen Osten hingegen, auf dem Gebiet des so genannten fruchtbaren Halbmonds, hat man ein System von Kanälen, Dämmen und Speicherbecken geschaffen, das überaus üppige Ernten garantierte. Die Organisation der Arbeit an solch gewaltigen Bewässerungsanlagen verlangte die Ergreifung von Maßnahmen zur Planung und Durchführung auf breiter Ebene und damit das Handeln von Organen, die über den bäuerlichen Gemeinschaften standen. Durch die Fülle der Ernteerträge war es nun aber möglich, nicht nur die Bauern zu ernähren, sondern auch die Bewohner in den Städten, in denen sich rasch Handwerker und Kaufleute, Priester und Beamte, Soldaten und Angehörige von Fürstenhöfen breitmachten. Schnell konzentrierte sich in den Händen priviligierter Gruppen großer Landbesitz und Macht über die Hersteller materieller Güter.

Die sozioökonomische, ethnische und kulturelle Differenziertheit des Mittelmeerbeckens fand in der Antike ihren Niederschlag in einer Vielfalt an Herrschaftsformen: Monarchien (nicht immer despotische), Stadtstaaten (*poleis*) in Griechenland und im frühen Rom, Verbände von *poleis* mit ganz unterschiedlichem Grad an Geschlossenheit. Verschieden waren auch die Beziehungen zwischen den Machtsystemen und den großen ethnischen Gemeinschaften. Die Griechen waren ungeachtet ihres ausgeprägten Gemeinschaftssinns auf hunderte von Staaten verteilt. Daneben entstanden Staaten, die man üblicherweise als „Nationalstaaten" bezeichnen würde und die einem hohen Grad an ethnischer Geschlossenheit aufwiesen wie etwa die altägyptische Monarchie, das mazedonische Königreich oder der jüdische Staat. Zahlreich vertreten waren auch „Vielvölkerreiche", Konglomerate, in denen Angehörige vieler ethnischer Gruppen zusammengeschlossen waren wie etwa das Reich der Assyrer und Perser, der Staat Alexanders des Großen, das hellenistische Reich der Seleukiden in Kleinasien oder das Römische Reich. Ihnen versuchte man dadurch größeren Zusammenhalt zu verleihen, dass man entweder auf die unterworfenen Völker brutalen Druck ausübte oder dass man die Zusammenarbeit mit ihren Eliten suchte. Große Bedeutung kam dabei der Kraft des zivilisatorischen Einwirkens der Sieger und den Chancen zur Verbreiterung der Kulturgemeinschaft zu. Noch wichtiger war indes die Wahrung des inneren Friedens auf dem Gebiet des Imperiums, der Schutz seiner Grenzen, die Sicherung des freien Handelsaustauschs. Gerade das erlaubte es den Römern, ihre Macht im Mittelmeerraum im 1. und 2. Jahrhundert zu festigen: Aufstände kamen zwar vor – u.a. etwa von Seiten der Juden, die sich mit dieser Macht nicht abfinden wollten –, waren zu jener Zeit aber dennoch eher eine Seltenheit.

Ein Merkmal, das die antiken Staaten auszeichnete, war das fest verankerte Prinzip der Ausschließlichkeit bei der Verleihung der Bürgerrechte. In großen Staaten war die Ausdehnung dieser Rechte auf unterworfene Völker eine der Voraussetzungen für die Stabilisierung des Systems. So musste z.B. die griechisch-mazedonische Elite im ptolemäischen Ägypten letztendlich eine gewisse „Ägyptisierung" des Staates hinnehmen. Überall sonst jedoch – sogar in der demokratischen *polis* Griechenlands – wurden der riesigen Mehrheit der

Bevölkerung (etwa den Frauen, Ausländern, Sklaven) die Bürgerrechte verwehrt. Der Wert jener Rechte war sehr unterschiedlich. In der demokratischen *polis*, die sich auf ein beträchtliches gesellschaftliches Gleichgewicht stützen konnte, herrschte eine breite, wenn auch durch die Macht kollektiver Anpassungszwänge hie und da eingeengte Freiheitssphäre. Dort, wo es an sozialem Gleichgewicht fehlte und wo Konflikte im Innern und Bedrohungen von außen für die Herausbildung eines absoluten und geradezu despotischen Machtgefüges sorgten, gab es keine politische Freiheit, und selbst die Sphäre der lokalen Selbstverwaltung zog sich immer mehr zusammen, bis sie schließlich ganz dahinschwand, wie dies z.B. im späteren Römischen Reich der Fall war.

Die *polis* räumte in der Regel ihren Bürgern das Recht ein, auf den Verlauf öffentlicher Ereignisse Einfluss zu nehmen: Politischen Entscheidungen gingen die Diskussion, das Abwägen von Argumenten, der Wettbewerb von Kandidaten um Ämter voraus. Die Entwicklung der *polis* führte dabei zu einer Erweiterung des Kreises derer, die als Bürger aufgenommen wurden. Die griechischen *poleis* machten insgesamt einen Wandel von Monarchie und Aristokratie hin zu Oligarchie der Reichen und Demokratie durch. Die römische *polis* gestaltete sich ähnlich ohne jedoch das Stadium der Demokratie zu erreichen. Zwar gab es im 3. und 2. Jahrhundert v. Chr. Versuche, das System zu demokratisieren, doch scheiterten diese allesamt infolge des voranschreitenden Zusammenbruchs der Bauernschaft, womit der demokratischen Partei ihre solide Stütze entzogen wurde. Der Aufbau der *polis* folgte einem einfachen Schema: eine Versammlung, der die Gesamtheit der Bürger angehörte, ein Rat als Vertretung dieser Gesamtheit und bürgerliche, d.h. wählbare Ämter, die im Allgemeinen unentgeltlich verwaltet und von der Versammlung und dem Rat kontrolliert wurden. Bürgerlich war auch die Armee, die im Bedarfsfall mobil gemacht wurde und aus der man nach einem Feldzug nach Hause zurückkehrte. Daraus ergab sich als charakteristisches Merkmal, dass zwischen militärischer und ziviler Macht keine Grenze gezogen wurde. Der *polis* waren bürokratische Verwaltung und Berufsarmee fremd: Diese waren der Monarchie vorbehalten.

Armee und Bürokratie waren schon die Stütze orientalischer Gewaltherrschaften, aber auch der frühgriechischen, achäischen Monarchie in Mykene. Die Blüte von Berufsarmee und per Ernennung eingesetzter und bezahlter Bürokratie fällt in die Zeit der hellenistischen Monarchien, des Ägyptens der Ptolemäer und des Reiches der Seleukiden (3. bis 1. Jahrhundert v. Chr.), vor allem aber in die Zeit des späten Römischen Reichs. Armee und Beamtenschaft, die Pfeiler dieser Monarchien, waren dabei nicht immer willfährige Instrumente in den Händen despotisch oder absolutistisch regierender Herrscher. Die Berufsarmee verfolgte oftmals eigene politische Ziele und sprach nur allzu gern bei der Besetzung des Throns mit, was besonders häufig dort vorkommen konnte, wo innerhalb einer Dynastie keine Kontinuität in der Thronfolge gegeben war.

In der hellenistischen Monarchie hatte man – wenn auch nicht ganz ohne Mühe – die Erblichkeit des Throns durchgesetzt, im Römischen Reich hingegen, das aus einem Kompromiss zwischen republikanischen Formen und monarchistischen Inhalten entstanden war, hatte man es nicht so weit gebracht. Hier standen sich schließlich Ernennung des Thronfolgers durch den Kaiser und Wahl des Herrschers durch miteinander rivalisierende Gruppen in der Armee (die Garde der Prätorianer und drei Provinzarmeen) gegenüber. Auch die Bürokratie war nicht immer ein gefügiges Werkzeug der Herrscher, und selbst dort, wo ein an Perfektion grenzendes zentralisiertes System eingerichtet worden war, etwa im ptolemäischen Ägypten oder im späten Römischen Reich, entzog sie sich oft dem Einflussbereich des Monarchen und agierte im eigenen Interesse.

Die Aufgaben, denen sich Armee und Bürokratie zu stellen hatten, waren übrigens gewaltig: Es galt den Schutz der Grenzen vor immer zahlreicher werdenden Bedrohungen zu gewährleisten, Widerstand und Aufbegehren in der Gesellschaft zu unterdrücken sowie – in Zeiten anhaltender Krise – separatistischen Bewegungen in den Provinzen Einhalt zu gebieten. In großen Staaten der Antike gehörte der endemische Klassenkampf zum alltäglichen Bild, besonders dort, wo der Mittelstand abfiel und die Kluft zwischen Großgrundbesitzern und gesellschaftlicher Unterschicht (Sklaven, „königlichen Pächtern" im ptolemäischen Ägypten oder römischen Kolonien) tiefer wurde. Gefährlich waren auch regionale Separatistenbewegungen, ethnische Konflikte und der Widerstand aus den Reihen eines Teils der Eliten. Die Hauptrolle bei der Niederschlagung von Aufständen und Verschwörungen entfiel auf Polizei und Armee.

Durch das Ausmaß all jener Konflikte dürfen wir uns nicht die Sicht vor dem tatsächlichen Respekt, der Dankbarkeit und dem Gehorsam, die man der Macht zollte, verschleiern lassen. Die Göttlichkeit der altägyptischen Pharaonen war alles andere als eine Täuschung zu Propagandazwecken. Dem Pharao wurde die Fähigkeit zugeschrieben, das Wasser im Nil ansteigen zu lassen, und damit war er es, der für gute Ernteerträge sorgen konnte (wenn das Wasser im Nil auf seinen niedrigsten Stand gesunken war, warf der Pharao einen schriftlichen Befehl in den Fluss, woraufhin der Wasserstand erneut anstieg). Der göttliche Herrscher hielt mit seiner Kraft die gesamte Weltordnung zusammen, vernichtete die Feinde und sorgte für Frieden und Gerechtigkeit. In der antiken *polis* kam es wirklich zu einem Aufblühen bürgerlicher Tugenden, es handelte sich dabei keineswegs um einen idealisierten Mythos. In der hellenistischen Monarchie enthüllte der Herrscher in den Augen der orientalischen Bevölkerung ein göttliches Antlitz, aber auch für die Griechen und Mazedonier galt er als Stütze der Ordnung: Der König wurde als Befreier (von Anarchie und äußeren Feinden), *soter*, Wohltäter (und Garant materiellen Wohlergehens), *euergetes*, und Menschenfreund, *philantropos*, angesehen. Im frühen Römischen Reich erblickte der heilige Paulus einen „Diener des Guten“ (*Brief an die Römer*, XIII, 4), und er forderte alle Christen auf, „für die Könige und alle Obrigen“ zu beten, „damit wir in Frieden leben können“ (*Erster Brief an Timotheus*, II, 2). Erst durch den Ausbau des göttlichen Kultes um die Kaiser wurde ein Konflikt zwischen dem Gehorsam gegenüber Gott und dem gegenüber der kaiserlichen Macht ausgelöst.

In der Vorstellung des Herrschers als Wohlstandsgeber spiegelten sich – zumindest teilweise – die Aktivitäten wider, die die antiken Staaten auf wirtschaftlichem Gebiet entfalteten. Diese wurden bisweilen aus der unbedingten Notwendigkeit heraus geboren (man denke an die Organisation der Bewässerungsarbeiten im Nahen Osten), bisweilen fand in ihnen der Wille zur Vermehrung der Staatseinnahmen seinen Niederschlag (daher rührte die Lenkwirtschaft im ptolemäischen Ägypten) und manchmal dienten sie als Mittel zum Abbau sozialer Spannungen (man nehme etwa die staatlich verordnete Verteilung von Getreide an das römische Proletariat). Rom betrieb eine besonders aktive Wirtschaftspolitik, um die Bedürfnisse der nicht autarken Provinzen zu befriedigen. Der Einbruch in der Geldwirtschaft, die Schwächung der Städte und die zunehmend landwirtschaftliche Ausrichtung der Wirtschaft veranlassten das spätere Imperium, staatliche Produktionsbetriebe ins Leben zu rufen. In den antiken Staaten entstanden erste öffentliche Dienste mit speziellen Aufgaben wie z.B. Post, Lebensmittelversorgung, Feuerwehr, Staatsstraßen, Bewässerungsanlagen (Aquädukte, Abwasserkanäle, Bäder...). Finanzielle Erwägungen brachten nicht nur eine Finanzadministration, sondern auch fortgeschrittene Techniken der Buchführung und staatlichen Statistik hervor.

Organisatorische Funktionen erfüllte der Staat auch im Bereich der geistlichen Kultur. Die Religion und ihre Diener wurden in monarchistischen Staaten im Namen der göttlichen (oder halbgöttlichen) Autorität des Herrschers, die es zu stärken galt, „verstaatlicht“. Aber auch die *polis* förderte kollektive Formen des religiösen Kults zutage. Der Staat als Kulturmäzen beschränkte sich nicht darauf, öffentliche Aufträge für architektonische Werke und Plastiken zu vergeben, sondern ließ in seinem Namen auch Schauspiele im staatlichen Amphitheater austragen, wie etwa die Theaterfestivals in Griechenland oder die derben Vorstellungen in der römischen Arena belegen. Darüber hinaus entstand ein staatliches Stiftertum in der Wissenschaft, etwa mit der Bibliothek und dem Museum im ptolemäischen Alexandria.

Zweifelsohne gingen in den antiken Staaten – ob unter den orientalischen Gewaltherrschern oder den römischen Kaisern – grausame Dinge vor sich, die einen Schatten auf das Verhältnis zwischen Regierenden und Regierten werfen. Bei der Lektüre der Quellen sollte jedoch Vorsicht geboten sein. Man darf nicht übersehen, dass die bei römischen Schriftstellern des 1. und 2. Jahrhunderts häufig auftauchende Verdammung der schlechten Kaiser, die auf tyrannische Art die Opposition auszuschalten suchten, aus dem Blickwinkel von Adligen und Senatoren heraus geschieht und dass die Zentralisierung der Macht den Provinzen am Anfang mehr Frieden, Sicherheit und Entwicklungsmöglichkeiten bescherte als in der Endphase der römischen Republik, als man dieselben Provinzen schamlos ausbeutete. Ein aus der Sicht des römischen Adels „schlechter" Kaiser konnte sich also durchaus als Wohltäter für die Provinzen entpuppen – und umgekehrt.

Die allgemeine und tiefe Krise, in der das Römische Reich steckte, die großen Wanderungen „barbarischer" Völker und ihre militärischen Erfolge wurden als Vorboten des herannahenden Untergangs der irdischen Welt angesehen. „Die ganze Welt ist in ihren Grundfesten erschüttert und gleicht einem Kranken, der sich verzweifelt auf seinem Totenbett wälzt", schrieb an der Schwelle zum 5. Jahrhundert der heilige Augustin. Im Grunde handelte es sich dabei jedoch lediglich um einen schwierigen und schmerzhaften Gärungsprozess, aus dem nach und nach neue, „barbarisch" genannte, staatliche Strukturen hervorgingen. Gemeint sind zunächst die germanischen und später die slavischen Staaten.

In der Tat gaben die Machtinstitutionen des frühen Mittelalters zwischen dem 5. und 6. Jahrhundert im Vergleich zum Römischen Reich ein klägliches Bild von Primitivität ab. Die fachmännische zentralisierte Verwaltung war verschwunden, auf eine dauerhafte Berufsarmee hatte man verzichtet. Die frühmittelalterlichen Staaten hatten ihre Zielsetzungen radikal heruntergeschraubt, worüber die Vernachlässigung (und spätere Vernichtung) verschiedener technischer Anlagen, die die „barbarischen" Staaten nach dem Imperium auf dem Gebiet der römischen Nachfolge übernommen hatten, beredt Zeugnis ablegen. Natürlich wurde nicht die gesamte antike Tradition im Bereich des Staatsaufbaus beseitigt. Übrig geblieben waren etwa bestimmte Einrichtungen der städtischen Verwaltung, römische Titel und Insignien, mit denen auch die „barbarischen" Könige ihre Höfe schmückten, und eine Zeitlang wurde auch an Relikten des römischen Steuersystems festgehalten. Symptom des Zerfalls war der Niedergang der Schrift, die ihre Rolle als Mittel zum Regieren und Kommunizieren in der Gesellschaft eingebüßt hatte. Die schöne Rechtskultur des Römischen Reiches erwies sich plötzlich als unbrauchbar und wurde nicht nur von den „barbarischen" Gesellschaften, die den unkomplizierten Regeln ihres Brauchtums anhingen, sondern auch von der römischen Bevölkerung, die sich fortan nur noch des sehr stark vereinfachten römischen „Vulgärrechts" zu bedienen vermochte, verschmäht.

Wenn sich ein gut ausgebauter Machtapparat selbst auf jenen Gebieten, die am stärksten von der römischen Tradition des Staatsaufbaus durchdrungen waren, nicht behaupten konnte, dann lag die „Schuld" dafür bei den tiefgreifenden sozioökonomischen Veränderungen, die in jener Zeit um sich griffen. Die Verländlichung des Lebens, der Niedergang der Städte, der Zerfall der Geldwirtschaft und der kulturelle Rückschritt verhinderten die Aufrechterhaltung einer kostspieligen und ausgefeilten Staatsmaschinerie. Nur dort, wo die Städte und die Geldwirtschaft mehr oder weniger vorm Untergang bewahrt werden konnten, überlebten auch die Grundelemente spätantiker Macht: Bürokratie und Berufsarmee. So geschah es in Byzanz, dessen politische Institutionen und Rechtssystem direkt vom Römischen Reich ererbt waren und dessen Machthaber auch den Titel „römischer Kaiser" angenommen hatten, allerdings in der griechischen Fassung *basileus ton Romaion*. Und ähnlich war es auch im Reich des Islam, wo die Kalifen vom Geschlecht der Omaijaden aus der Hauptstadt Damaskus (661–750) ein absolutes Regierungssystem errichteten und dabei auf Vorbilder und Personal zurückgriffen, die aus Byzanz und dem sassanidischen Persien stammten. Gewisse Versuche, die auf die Wiederherstellung eines starken Staatsgerüsts abzielten, wurden auch im dritten frühmittelalterlichen Reich, von den Karolingern, unternommen, allerdings ohne größeren oder gar bleibenden Erfolg zu zeitigen.

In den „barbarischen" Staaten Europas wurde die Primitivität der politischen Einrichtungen lange von Relikten der „Stammesdemokratie" begleitet. Ein Staat, der über keine bürokratische Verwaltung und kein Berufsheer verfügt, sucht notgedrungen bei Elementen des Stammesaufbaus Zuflucht. Die Streitmacht eines Stammes gründete sich über lange Zeit hinweg auf den Landsturm der Freien, auch kam es zur Beteiligung der freien Bevölkerung an Gerichtsbarkeit und Lokalverwaltung, bisweilen tauchte auch der Schatten der früheren Männerversammlungen auf. Aber dabei handelte es sich durchweg um Elemente des früheren Systems, die bereits vom Staat entsprechend umgestaltet und „verinnerlicht" worden waren. Kontrolliert wurden sie von den Herrschern und den priviligierten Gruppen der Reichen, die damit ihre Macht über die Gesamtheit der Bevölkerung begründeten.

Damit einher ging die Entwicklung der Gesellschaft, die in den ehemals römischen Gebieten, vor allem in der Mittelmeerzone (nicht so sehr beispielsweise im nördlichen Gallien und noch weniger in Britannien, aus dem sich die Römer im 5. Jahrhundert zurückgezogen hatten) deutlich schneller voranschritt. Die so genannte römisch-barbarische Synthese bedeutete einen ziemlich raschen Anstieg der gesellschaftlichen Differenziertheit und einen Fortschritt für die Herausbildung von Strukturen der Leibeigenschaft, sie brachte große Besitzumwandlungen mit sich, wobei das römische Modell des Privateigentums einen mächtigen Einfluss ausübte. In der Mittelmeerzone ging die Schicht der römischen Grundbesitzer stark zurück, ohne jedoch völlig zu verschwinden, und neben ihnen machten sich germanische Eliten breit, die den Großteil des Landes an sich rissen. Allmählich besserte sich das Schicksal der römischen Sklaven und Kleinpächter, während gleichzeitig das Heer der Leibeigenen durch freie Germanen angereichert wurde. Aus diesen verschiedenen gesellschaftlichen Kategorien sollte in der Folge eine große Masse leibeigener Bauern hervorgehen. Auf der anderen Seite setzte im 7. Jahrhundert ein germanisch-römischer Verschmelzungsprozess ein, der in eine Durchmischung der römischen und germanischen Bevölkerung auf der Ebene von Kultur, Glaube und Brauchtum mündete und in dessen Zuge etwa die sprachliche Romanisierung der „Barbaren" vollzogen wurde, die Römer auf germanisches Stammesrecht Einfluss nahmen und jene Germanen zum katholischen Glauben bekehrt wurden, die sich zuvor zur arianischen Religion bekannt hatten.

Außerhalb der Mittelmeerzone, also dort, wo der poströmische Einfluss, der die gesellschaftliche Entwicklung vorangetrieben hatte, ausgeblieben war, bestand die Frühphase der Herausbildung feudaler Verhältnisse in der kollektiven Ausbeutung der Gesamtbevölkerung durch die Herrscher und die um sie herum versammelten Herrschergruppen. Erst in der nächsten Phase erfolgte hier die Schaffung von Eigenvermögen durch Herrscher und Magnaten.

Überall jedoch fußte die neue Gesellschaft auf dem Fundament des feudalen Grundbesitzes, den die herrschende Klasse, die die auf ihrem Besitz ansässige leibeigene Bauernschaft auf verschiedene Art und Weise ausbeutete, in den Händen hielt. Überall trug auch der Staat durch sein Handeln aktiv zur Gestaltung jenes Feudalsystems bei, indem er Land zu verschiedenen Konditionen an weltliche und geistliche Würdenträger, Ritter, Hofbediensteten etc. vergab. Von enormer Bedeutung für die Herausbildung der neuen politischen Macht waren die herrschaftlichen Privilegien, mit denen die Angehörigen der gesellschaftlichen Elite ausgestattet waren, und dabei besonders das Privileg der Immunität, das den Feudalherren das Recht gab, über die leibeigenen Bauern zu Gericht zu sitzen und Steuern von ihnen einzutreiben. Die feudale Gesellschaft erzeugte nach und nach eine Ordnung, die durch Machtstreuung gekennzeichnet war.

I

Machtstreuung und Machtkonzentration

Europa um das Jahr 1000

An der Schwelle zum 11. Jahrhundert zeichneten sich auf der politischen Karte Europas die ersten Umrisse der großen „nationalen“ Monarchien ab, die auch in Zukunft Bestand haben sollten. Noch fehlte es an deutlich ausgeprägten Grenzlinien, es kamen Zwischenzonen vor, deren staatliche Zugehörigkeit unklar war, es gab viele Territorien, über deren Schicksal noch nicht entschieden war. Aber die politischen Eliten großer Staatsverbände waren sich schon damals oft nur allzu sehr der Tatsache bewusst, wie sehr es auf die Unabhängigkeit von anderen Staaten ankam: Kein benachbarter Herrscher hat nämlich das Recht, einem unabhängigen Monarchen Befehle zu erteilen!

Jenseits der Pyrenäen gab es schon seit längerem kleinere spanische Königreiche, die im Laufe der Zeit sogar ihren Besitzstand vermehren konnten: Aragón, Navarra, Kastilien und León. Den größten Teil der Iberischen Halbinsel (entlang der Flüsse Duero und Ebro) hatte im Jahr 1000 indes immer noch das Kalifat von Córdoba inne. Frankreich, ein Land von großer territorialer Ausdehnung aber starker politischer Zerstückelung, erhielt just gegen Ende des 10. Jahrhunderts eine neue Dynastie, dessen Gründer König Hugo Capet war. Die deutschen Könige, die seit ihrer Besitznahme von Rom im Jahre 962 den stolzen Titel „römischer Kaiser“ trugen, eroberten 1032 das im Südosten des ehemaligen Galliens gelegene Königreich Burgund (Arelat): Im Vergleich zur Neuzeit waren die damaligen Grenzen des deutschen Königreichs wesentlich weiter nach Westen und besonders nach Südwesten hin verschoben. Von der Mitte des 10. Jahrhunderts an herrschten die Deutschen auch über Nord- und Mittelitalien, was die schon seit dem 8. Jahrhundert unternommenen Versuche des Papstes, um Rom herum einen Kirchenstaat aufzubauen, für lange Zeit vereitelte. Verwickelt stellte sich die Situation in Süditalien und auf Sizilien dar: Das, was von den byzantinischen Besitztümern übrig geblieben war, das Herrschaftsgebiet der germanischen Langobarden und Sizilien hatten sich die Araber einverleibt. Aber schon ab 1020 begann sich auf diesen Gebieten ein sizilianisches Königreich zu formieren, das einer der interessantesten Staaten des mittelalterlichen Europas werden sollte.

Im Norden Europas liegt Großbritannien, das sich aus den beiden Königreichen England und Schottland und Wales zusammensetzt. Für England, das sich lange Zeit den Angriffen der Dänen zu erwehren hatte und innerlich zerrüttet war, bricht mit dem Einfall der französischen Normannen unter Führung von Wilhelm dem Eroberer im Jahre 1066 eine neue Ära an. Irland, das zwar kulturell entwickelt, aber politisch rückständig war, erlangte um das Jahr 1000 herum seine wenn auch instabile Einheit, und zwar im Zuge der Notwendigkeit, das Land gegen Überfälle der Skandinavier zu verteidigen. Letztere – Goten, Schweden, Norweger und Dänen – hatten bereits drei große Staatsgebilde hervorgebracht: Dänemark unter König Harald Blauzahn (940–986), das Königreich Schweden, das unter der Regentschaft des Geschlechts der Ynglinger im auslaufenden 10. Jahrhundert entstand, und Norwegen, das sich zur selben Zeit unter der Herrschaft von Olaf Trygveasson zu einem Staat vereinte. Die Schweden (Waräger) spielten eine wichtige Rolle bei der Entstehung des russischen Staatswesens: Der schwedische Anführer Rjurik eroberte mit seinen Brüdern die Macht in Welikij Nowgorod (862) und begründete dort eine eigene Dynastie, die erst im Jahre 1598 ausstarb. Um das Jahr 1000 erstreckte sich der von den Rjurikiden gegründete Kiewer Staat auf einer Fläche vom Asowschen Meer bis zum Finnischen Meerbusen.

Das byzantinische Reich („Reich der römischen Kaiser") hält außer seinen kleinasiatischen Besitztümern noch Griechenland, den südwestlichen Teil der Balkanhalbinsel bis zum Unterlauf der Donau und die süditalienischen Territorien um Bari und Tarent fest im Griff und erobert demnächst noch das bulgarische Zarenreich (1018). Neben Serbien und Kroatien stabilisierte sich um das Jahr 1000 das Königreich Ungarn. Weiter nach Norden treffen wir auf das böhmische Königreich, das ein lockeres Bündnis mit dem römisch-deutschen Reich eingegangen ist und auf das Polen der ersten Piasten, das an seinem nordwestlichen und nordöstlichen Rand auf die heidnischen Pommern und die baltischen Völker stößt, die noch keine soliden Staatszentren aufweisen.

In diesem Europa des 11. Jahrhunderts hat ohne jeden Zweifel überall und gleichzeitig – mit Ausnahme einiger weniger Nachzügler wie etwa im Falle der baltischen Völker und der Skandinavier – der Feudalismus gesiegt. Die Skandinavier gingen mit großem Erfolg und auf breiter Front bis ins 11. Jahrhundert hinein ihren Raubzügen nach, sodass die Mächtigen im Lande keine besondere Veranlassung sahen, die Verbreiterung ihres Großgrundbesitzes auf Kosten der freien Bauern voranzutreiben, zumal für die Bestellung des Bodens Unfreie, die in Skandinavien – ebenfalls als Ergebnis der Beutezüge übers Meer – äußerst zahlreich vertreten waren, herangezogen werden konnten.

Das feudale Europa der ersten Hälfte des 11. Jahrhunderts ist bis auf wenige Ausnahmen – die Elbslaven und die baltischen Völker sind noch Heiden, die Iberische Halbinsel ist zum Großteil unter mohamedanischer Herrschaft – fast völlig christianisiert. Die kirchliche Organisation unterstützte überall die politische Macht durch ihre Autorität und die Erfahrung ihrer Führungskräfte. Die Kirche blieb im Übrigen – das galt für den Westen ebenso wie für den Osten – unter der Kontrolle weltlicher Faktoren. In Kürze – 1054 – sollte sich das Schisma vollziehen, das die römische Kirche, die sich in der Obhut des Papstes befindet, von der griechischen, der keine zentrale Macht vorsteht, trennt, wodurch die autonomen Strukturen der Kirche um so stärker an den Staat gebunden wären. Beide Kirchen machten um die Wende vom 10. zum 11. Jahrhundert große Fortschritte: Das griechische Christentum hielt im Kiewer Staat Einzug, das lateinische drang in Polen, Ungarn und Schweden ein.

Und schließlich ist jenes Europa monarchistisch *par excellence* und wird von Kaisern (derer gibt es zwei und beide sind „römisch"), Königen und Fürsten regiert. Selbst in den später (im 12. und 13. Jahrhundert) gebildeten „städtischen Republiken" Welikij Nowgorods und Pskows hat eine fürstliche – wenn auch, besonders in Pskow, von der Oligarchie der Kaufleute und Bojaren völlig dominierte – Macht *de nomine* existiert. Die sich schon im 11. Jahrhundert abzeichnende Unabhängigkeit der großen Städte Norditaliens – Venedig, Genua, Mailand und andere – ist eine Erscheinung, die man dem Bereich der politischen Tatsachen, und nicht dem des Rechts zuschreiben muss.

Jener Monarchismus war *de facto* jedoch nicht gleichbedeutend mit Alleinherrschaft und hat Europa keineswegs vor einer weitreichenden Zersplitterung der Macht bewahrt. Hier geht es nicht um die selbst im Absolutismus unumgängliche Regierungsbeteiligung der Eliten. Machtstreuung fand auf zwei Ebenen statt. Auf der Ebene der Monarchie ging die ohnehin brüchige politische Einheit großer Strukturen – solcher wie Frankreich, Deutschland, der Kiewer Staat, Polen usw. – verloren. In einigen Ländern tauchte der Polizentrismus auf, die zentrale Staatsmacht schwand und an ihre Stelle traten gleichrangige Zentren, von denen die fürstliche Macht ausging. In anderen Ländern bleibt die Einheit, die durch die eine im ganzen Land geltende königliche Macht symbolisiert wird, nominell zwar gewahrt, doch im Grunde zerfällt der Staat und entwickelt Strukturen, die sich verselbständigen und sich damit fast völlig dem königlichen Zugriff entziehen. In wiederum anderen Ländern Europas – hauptsächlich in den flächenmäßig kleineren, dicht besiedelten und damit für den Staatsapparat leichter greifbaren – erfolgte weder ein Zusammenbruch der Monarchie noch eine Partikularisierung. Der erste Fall betrifft z.B. den Kiewer Staat, Polen und das christianisierte Spanien, der zweite die Königreiche Frankreichs und Deutschlands. Behaupten konnte sich die Einheit der Monarchie hingegen u.a. in England und Schottland sowie in den Königreichen Siziliens und Böhmens, wobei man bei letzterem einschränkend hinzufügen muss, dass in Mähren von Mitte des 11. bis Ende des 12. Jahrhunderts souveräne Fürsten aus der Herrscherfamilie der Přemysliden das Sagen hatten.

Daneben hielt auch Schweden an seiner monarchischen Einheit fest, aber bis ins 13. Jahrhundert hinein stellte es einen lockeren Provinzverband dar.

Auf den niederen Stufen der gesellschaftlichen Leiter kam ein überaus allgemeiner Prozess in Gang, in dessen Verlauf die Befugnisse der staatlichen Macht zerstreut und von Magnaten übernommen wurden, die über Vermögen und eine eigene Streitmacht verfügten. Die Unantastbarkeit, die sie vom Monarchen zugesprochen bekamen, ermächtigte sie zur Rechtsprechung und Verwaltung auf eigenem Grund und Boden. Darüber hinaus bauten sie Burgen, übten Befehlsgewalt aus, und zwar nicht nur gegenüber ihren Leibeigenen, sondern auch gegenüber der freien Bevölkerung, die sich in ihrem Einflussbereich befand, kontrollierten – zum eigenen Vorteil, versteht sich – Verkehrswege und Handel und zwangen lokale Kircheninstitutionen unter ihre Obrigkeit. Die Schwächung der Macht des Monarchen war von Privatkriegen der Magnaten, von Anzeichen ihrer Willkürherrschaft und sogar von Ansätzen zum Verbrechertum geprägt.

Eine solche Zerstreuung der politischen Macht – unter Beibehaltung gewisser Elemente, die die Einheit des Landes ausmachen –, ist natürlich nicht vom Himmel gefallen, sondern war eine Folge des Zustands, in dem sich die Gesellschaft befand, der gekennzeichnet war durch Verländlichung des Lebens, Schwäche der Städte, weitgehende Autarkie der Grundbesitzer, Rudimentarität des Bildungsstands, geringe technische Effizienz der Kommunikationsmittel, kleine Bevölkerungsdichte. Und umgekehrt: Die Hinwendung zur Machtkonzentration, die schon im 12. Jahrhundert in England, im Königreich Sizilien und dann mit einiger Verspätung auch in Frankreich sichtbar wird und die ab dem 13. Jahrhundert ganz Europa erfasst, ist das Ergebnis langsam vor sich gehender sozioökonomischer Veränderungen, die sich in den führenden Ländern schon im 11. Jahrhundert andeuten, aber erst in den beiden folgenden Jahrhunderten voll zur Entfaltung kommen werden.

Machtstreuung

Der Staat im 10. und 11. Jahrhundert stellt nach wie vor ein primitives Gebilde dar. Die hohe politische Kultur von Byzanz mit ihrer Bürokratie, ihren öffentlichen Geldern, ihrem Nachrichtendienst, ihrer Diplomatie und Hofetikette rief Erstaunen und Sarkasmus bei den europäischen Wohlstands- und Machteliten hervor. Aber primitive Macht bedeutet nicht Machtschwäche. Die frühmittelalterliche politische Ordnung sah von den hoch gesteckten Zielen, denen die antiken Staaten nachhingen, ab und setzte stattdessen auf die Gewalt. Angesichts der schweren Nachrichtenübermittlungs- und Verkehrsbedingungen reichte die Macht so weit, wie weit sie in der Lage war, ihre Gewalt auszuüben.

Über ein bestimmtes Gebiet regieren kann man nur dann, wenn man es mit Burgen befestigt und diese mit Garnisonen bestückt. Der Monarch saß oftmals häufiger im Sattel seines Pferdes als auf seinem Thron: Chronisten gelangten schon im 13. Jahrhundert zu der Feststellung, dass mit dem Erscheinen des Herrschers an einem beliebigen Ort die Ordnung wiederhergestellt wurde, während gleichzeitig jedoch seine Abwesenheit woanders für neue Unruhen sorgte... Zwei Losungen machten im Mittelalter auf noch nie da gewesene Weise Schule. Die eine lautete Friede und Gerechtigkeit (*pax et iustitia*) und stand für das Ziel, nach dem die Macht streben sollte, die andere Waffen und Gesetz, womit die Werkzeuge der Macht gemeint waren, das Regieren mit *armis et legibus*. Macht konzentriert sich also darauf, zu streiten und zu richten, sie ist, wie ein deutscher Dichter im 12. Jahrhundert schrieb, „Racheschwert und Verteidigungsschild", sie verdammt die Bösen und schützt die Guten und scheint somit ihrem Wesen gerecht zu werden, indem sie Gewalt und Autorität in sich vereint.

Wenn man jedoch genauer hinschaut, dann kommt man um die Einsicht nicht herum, dass das Gleichgewicht dieser beiden Machtkomponenten in jener Zeit gestört war, und zwar zugunsten der Gewalt, die gegenüber der Autorität einen Vorsprung gewann. Auch dürfen wir uns nicht durch den Begriff „Frieden" irreführen lassen, denn die damalige Politik war von Pazifismus weit entfernt. Der junge Feudalismus jener Tage maß dem Krieg, in dem der Feind besiegt und ausgeplündert wurde und bei dem man reichlich Beute – auch in Form von Gefangenen – machen konnte, große Bedeutung zu. Von Beginn an zeichnete sich der weltliche Teil der herrschenden Klasse dadurch aus, dass man sich zum Rittertum berufen fühlte und den Kult der brutalen Gewalt pflegte (das Ethos vom edlen Ritter fand in der Theorie in einem mehr als knappen Regelkodex seinen Ausdruck, dessen Grundsätzen man in der Praxis allerdings nur allzu gern die Loyalität versagte). Der Geschmack an kriegerischen Raubzügen übertrug sich auch auf Aktivitäten im Innern des eigenen Staatsgefüges. Ein gutes Beispiel hierfür sind die Skandinavier: Als sich ihre Beutezüge übers Meer vom Ende des 10. Jahrhunderts an immer schwieriger gestalteten, suchten die Mächtigen unter den Räubern eine Ersatzlösung und fanden diese darin, dass sie das eigene Land ausplünderten. Das Raubrittertum dauerte in Europa sehr lange an, und gerade die Zeit der Machtstreuung hat es besonders begünstigt. Als Vermächtnis aus dieser Epoche ist die noch während des Absolutismus anhaltende Überzeugung zurückgeblieben, wonach die Kriegsführung das Wesen des königlichen Handwerks ausmacht.

Zwang und Gewalt sind es auch, die bei der strengen Aufrechterhaltung der Leibeigenschaftsverhältnisse Pate standen. Der damalige Großgrundbesitz setzte sich doch hauptsächlich aus einzelnen Bauernhöfen zusammen, was bedeutet, dass das Land von den bäuerlichen Erzeugern besessen und genutzt wurde.

Über das Feudaleigentum und die daraus resultierenden schmerzlichen Belastungen für den leibeigenen Bauern musste also ein außerwirtschaflicher Zwang wachen. Die Berichte der Chronisten, in denen die Unterdrückung bäuerlicher Aufstände beschrieben sind, wecken beim Leser ob der unvorstellbaren Grausamkeit, mit der die Gerichte, die vom Staat und immer häufiger auch von den Lehnsherren abgehalten wurden, die Leibeigenen aburteilten, blankes Entsetzen.

Denn auch die zweite Aufgabe, die die Macht neben der Kriegsführung wahrzunehmen hatte, die Rechtsprechung, folgte eigenen Gesetzen. Gerechtigkeit wurde damals als „Wahrung einem jeden seiner Rechte" aufgefasst. Die gesellschaftliche Ordnung schien unveränderlich und ohne Alternative zu sein: Die einen werden immer beten, die zweiten in den Krieg ziehen und die dritten arbeiten. Und die Aufgabe der Macht besteht nun lediglich darin, diese Ordnung aufrechtzuerhalten – und nicht, gestalterisch auf sie einzuwirken –, denn die Gesetze sind unumstößlich und verlangen Gehorsam, den man nötigenfalls mit Gewalt erzwingen muss. So kommt es nicht von ungefähr, wenn ein gelehrter französicher Bischof um das Jahr 1000 herum schreibt, dass „die Tränen der Untertanen nie versiegen und ihre Schreie nie verstummen werden".

Es war allerdings nicht so, als hätte der Lehnsherr die bäuerliche Bevölkerung nur streng gerichtet, brutal befehligt und rücksichtslos ausgebeutet. Mit seiner Streitmacht hat er sie auch vor Feinden und Räubern beschützt. Die Feudalburgen gewährten den Leibeigenen Schutz und konnten bei Gefahr als Zufluchtsstätten genutzt werden. Und auch die konservative Vorstellung von der Unveränderlichkeit und dem Urcharakter des Brauchtums konnte es gelegentlich den Leibeigenen erleichtern, eine Verschlechterung ihrer Lage zu vermeiden (in Wirklichkeit war dieses „Urrecht" ständigem Wandel unterworfen, denn zur Rekonstruktion der Vergangenheit war man angesichts der geringen Schreibkultur auf das höchst unvollkommene Erinnerungsvermögen des menschlichen Gedächtnisses angewiesen; im Übrigen war die Wirkung ganz kürzlich aufgetretener Präzedenzfälle für die Regierenden bequem: Eine einmal geleistete Abgabe wurde so schnell zur Pflicht, und Erpressung schuf nicht selten einen neuen Rechtszustand). Und schließlich wurde die Anbindung der bäuerlichen Bevölkerung an öffentliche, oft unparteiischer urteilende Gerichte durch die von den Lehnsherren ausgeübte Gerichtsbarkeit, die den Leibeigenen besondere Mühsal bereitete, nicht völlig verdrängt.

In jenem monarchistischen Europa der ersten Jahrhunderte des ersten Jahrtausends ist die Macht der Könige und – *de jure oder de facto* – unabhängigen Fürsten jämmerlich erschlafft. Gefördert wurde diese Entwicklung durch ihren Beginn selbst: die Art der Thronbesetzung. Generell wurde erwartet, dass der Herrscher durch Vererbung und gleichzeitig Wahl bestimmt wird (man dachte nämlich nicht, dass es sich dabei um Systeme handelt, die sich gegenseitig ausschließen). Das Recht auf den Thron stand demnach einer Dynastie zu, aber die Frage, wer innerhalb einer Dynastie den Thron letztendlich besteigt, konnte schon mit einer Wahl beantwortet werden. Meistens gab es keine Prozeduren, in denen Wahlmodus und Wählergremium vorher genau festgelegt worden wären. Eine Wahl konnte also von Tauschgeschäften, Machtspielen, Wortgefechten und Auseinandersetzungen unter den Machthabern überschattet werden. Erst im 12. und 13. Jahrhundert begannen sich die Wege von Wahl und Erbnachfolge zu trennen. Aus dem Prinzip der Erblichkeit ging in der Regel der älteste Sohn des Herrschers als Thronfolger hervor. Dort, wo sich das Prinzip der Königswahl durchgesetzt hatte – in Deutschland und Schweden z.B. – wurden auch die Grundsätze festgeschrieben, nach denen die Wahl zu erfolgen hatte. In den Wahlmonarchien behielten jedoch die Rechte der Verwandten, insbesondere der Söhne des Herrschers, ihren hohen Stellenwert bei, während man umgekehrt in Erbmonarchien nicht selten zur Wahl griff, wenn der Herrscher keinen Sohn hatte. Die Lebendigkeit des Wahlgedankens kam jenen Mächtigen entgegen, die den Anspruch erhoben, über die Besetzung des Throns zu bestimmen, falls sich der Herrscher als „unnütz“ oder „tyrannisch“ herausstellen sollte. Der Gedanke an das Recht zum Widerstand gegen den Thron war im Bewusstsein der politischen Eliten fest verankert und griff bisweilen auch auf die Sphäre des Rechts auf Bestimmung der Staatsform über. Mit getragen wurde er von der Kirche, besonders seit der Zeit des berühmten Konflikts zwischen Papst Gregor VII. und dem deutschen König Heinrich IV.

Die Macht des Monarchen drängte sich im Grunde um die beiden bereits erwähnten Bereiche: Kriegsführung und Gerichtsbarkeit. Öffentliche Investitionen – es sei denn, sie kamen der Armee zugute – Bildung, Sozialfürsorge kümmerten die Herrscher nicht. Die wirtschaftlichen Aktivitäten, die sie auf ihrem Herrschaftsgebiet entfalteten, wichen nicht wesentlich von denen eines jeden anderen Machthabers ab. Aber im ganzen Europa des 11. und 12. Jahrhunderts, von Russland bis nach Spanien, machten monarchische Gesetze die Runde, auch wenn dies nur ein kleines Bächlein war und der Hauptstrom an rechtlichen Verordnungen durch – manchmal niedergeschriebene – Bräuche zustande kam. Die Monarchen haben im Übrigen selbst oft genug betont, dass ihre Gesetze keine Neuerungen einführen, sonders lediglich dazu dienen, die guten alten Bräuche, die durch schlechten Umgang entstellt worden waren, wiederherzustellen. Natürlich traf das nicht immer zu.

Die wahren Trümpfe, die der Monarch in den Händen hielt, entglitten ihm oft. Zu Beginn des Jahrtausends lag bei den Herrschern noch die Kontrolle über die Politik und das Vermögen der Kirche, die Bischöfe unterstützten sie und gehörten nicht selten zum engen Kreis der Regierungsmannschaft. Aber schon im 11. Jahrhundert setzte die Reform der römischen Kirche ein, die von dem bereits erwähnten Papst Gregor VII. (1073–1085) in großem Stil vorangetrieben wurde und die darauf abzielte, die Disziplin des Klerus zu stärken, die Macht über die Kirche in der Hand des Papstes zu zentralisieren und die Landeskirchen von der Bevormundung durch Könige und Kaiser oder andere Machthaber zu befreien. Diese Ziele hat die Kirche allerdings nur mit Mühe und langsam erreicht.

Auch verfügten die Monarchen über gewisse Trümpfe, was ihr bewegtes Verhältnis zu den mächtigen Lehnsherren angeht: Sie konnten ihnen Land zuteilen und sie in Ämter und Würden mit gebührender Ausstattung erheben und dadurch ihr Vermögen vermehren und ihr Prestige anheben. Dies betraf auch kirchliche Würden: Die Herrscher verliehen Erzbistümer, Bistümer, Abteien, Priorate, Kanonikate versehen mit weitreichenden Vergütungen in Form von Ländereien (Benefizien). Viele geistlichen Ämter fielen daher mächtigen Geschlechtern zum Opfer, die über sie für ihre Mitglieder und Klienten verfügten. Kleinere Grundbesitzer waren ihrerseits wiederum die Herren größerer und kleinerer Pfarreien, die sie als Teil ihres Vermögens betrachteten.

Der deutsche König, der als römischer Kaiser lange Zeit seine Wunschkandidaten auf den päpstlichen Thron heben konnte, hat bei sich zu Hause besonders gern hohe Staatsämter an Bischöfe vergeben. Diese waren wissender und loyaler als weltliche Machthaber, und außerdem bestand nicht die Gefahr, dass die an sie delegierte Macht erblich wurde. Dies erklärt die ungemein scharfe Reaktion von König Heinrich IV. auf das Reformvorhaben der Kirche, in dem Papst Gregor VII. beschloss, den weltlichen Monarchen das Recht zur Ernennung von Bischöfen zu entziehen. Die Begünstigung, die die Bischöfe seitens der deutschen Könige erfuhren, hat sich dauerhaft in der großen Zahl geistlicher Fürstentümer im Gefüge des römisch-deutschen Reichs niedergeschlagen. Andere katholische Monarchen haben sich *volens nolens* mit der Reform der Kirche abgefunden, darunter auch mit der kanonischen Wahl, d.h. der Wahl der Bischöfe und Äbte durch den Klerus. In den Staaten der griechisch-orthodoxen Christenheit dagegen wurden die Bischöfe die ganze Zeit über von den Monarchen ernannt.

Ein anderer Trumpf der Herrscher war die Kraft der königlichen Ideologie. Ein König des frühen Mittelalters hielt sich für den weltlichen Vertreter Gottes auf Erden, in seinem Staat war er der „Zweite nach Gott“ und nahm Anteil an der Macht Gottes über die Welt. Irgendetwas von der göttlichen Gewalt musste also auf seine unantastbare und heilige Person abfärben. Ein Monarch von Gottes Gnaden verfügt über übermenschliche Kraft, die bisweilen sogar Wunder bewirken kann. Die „königliche Religion“ hob die Machtautorität, schützte vor Attentaten und stärkte die Loyalität der Magnaten. Aber mit der Kirchenreform begann auch dieser Trumpf den Herrschern aus den Händen zu gleiten, als Päpste und Theologen nämlich heftig dazu übergingen, am Heiligenstatus der

Könige zu kratzen, indem sie behaupteten, die Herrscher seien nicht Statthalter Gottes, sondern des Papstes, der ihnen die Macht verleiht und sie ihnen auch wieder wegnehmen kann.

Schließlich hatte sich die „monarchistische Religion“, die von niemandem hinterfragt wurde, nur in Byzanz bis zuletzt halten können. Sehr stark ausgeprägt war dabei der Kult des „Kaisers und Selbstherrschers“ – diesen Titel werden die Zaren Russlands übernehmen – oder des „dreizehnten Apostels“, der „mit Christus mitregiert“, woher die besondere Breite des Throns rührte, die man üblicherweise wählte, damit er zwei Personen gleichzeitig Platz bieten konnte. Auf Portraits ist der Kaiser mit seinem Hof auf dieselbe Weise abgebildet wie Christus umgeben von Heiligen, wobei die Ähnlichkeit der Gesichtszüge auffällt, die Herrscher und Christus wie Zwillingsbrüder aussehen lässt. Die Krönung des Kaisers in der Kirche, eine byzantinische Erfindung, die sich in fast ganz Europa verbreitet, ist nur ein Symbol dafür, dass der Kaiser die Macht direkt aus den Händen Gottes entgegennimmt: Auf Ikonen, die diese Zeremonie bildlich festhalten, sieht man, wie die Hand Gottes hinter den Wolken hervorkommt und dem Kaiser die Krone aufsetzt. Der Kaiser ist in seinem Staat – ebenso wie Gott in der Welt – allgegenwärtig, daher prangen überall seine Portraits: in Ämtern, auf Heereszeichen, Siegeln, Maßen und Gewichten, ja selbst in Kirchen (woher der europäische Usus stammt, Portraits von Staatsoberhäuptern an öffentlichen Plätzen auszustellen). Sogar Würdenträger sanken vor dem Herrscher zu Boden und verbargen in einem demütigen Akt der Ehrerbietung gegenüber seiner heiligen Person ihr Gesicht.

Es gab allerdings auch die zweite Seite der Medaille. In Byzanz hatte sich die Erblichkeit des Throns nicht durchgesetzt, der Kaiser wurde gewählt, und zwar von „Senat, Armee und Volk“. Ein solcher halbgöttischer Herrscher musste mit Palastrevolution, Volksaufstand in der Hauptstadt, Heeresmeuterei und in der Folge mit Tod oder Absetzung rechnen. Einem gewaltsamen Ende ihrer Herrschaft sind von 88 Kaisern gerade einmal 37 entgangen... Denn: Ebenso wie die Wahl eines Herrschers als Ergebnis göttlicher Inspiration gedeutet wurde, so wurde auch sein Untergang als sichtbares Zeichen göttlicher Ungnade empfunden.

Im Unterschied zur komplizierten byzantinischen Bürokratie war die Verwaltung in den Monarchien des 10. bis 12. Jahrhunderts überaus rudimentär. Der Herrscher war von einem nicht allzu zahlreichen Kreis von Würdenträgern umringt, die die *Kurie* – so nannte man den Hof eines frühmittelalterlichen Monarchen – bildeten und ihm beim Regieren zur Seite standen. Ähnlich wie in den „barbarischen“ Staaten, so fehlte es auch hier an einer Abgrenzung von höfischen und staatlichen Funktionen und an einer genauen Festlegung der Kompetenzen. Natürlich war der Kämmerer für das Mobiliar am Hof, der Mundschänk für die Keller und ihre Versorgung, der Stallmeister für die

Stallungen zuständig, während der Kanzler – in der Regel ein Geistlicher – die nicht allzu umfangreiche Korrespondenz seines Herren abzuwickeln und Dokumente auszustellen hatte. Aber diese und andere Würdenträger am Hof waren treue Gefolgsleute des Herrschers, ihnen konnte er jede Aufgabe anvertrauen, die er für angemessen hielt. Bei der lokalen Verwaltung kam Burgen und befestigten Städten eine Schlüsselrolle zu, auch waren sie neben dem Berufsrittertum ein wichtiger Bestandteil der Militärordnung, der um so schwerer wog, als im Mittelalter Verteidigung Vorrang gegenüber Angriff genoss. Die in ihren befestigten Amtssitzen untergebrachten Beamten (vom Typ her Burgherren) waren mit weitreichender Macht ausgestattet und ihre Befugnisse erstreckten sich über mehrere Bereiche gleichzeitig – etwa den militärischen, administrativen, gerichtlichen und wirtschaftlichen – wohingegen mit der Verwaltung des Herrschaftsguts zuweilen verschiedene separate Ämter betraut wurden.

Von immensem Gewicht waren in dem ganzen Machtmechanismus die Zusammenkünfte der geistlichen und weltlichen Lehnsherren – bei denen manchmal auch Gruppen aus Vertretern der einfachen, aber freien Bevölkerung als Beobachter zugegen sein durften –, mit denen sich der Herrscher in besonders wichtigen Angelegenheiten beriet. Bisweilen wurden diese Zusammenkünfte unter dem Namen „großer Rat" abgehalten, der nicht zu verwechseln ist mit den Räten, die aus den engsten Mitarbeitern des Monarchen bestanden, zahlenmäßig kleiner waren und öfter zusammentraten. Diese Treffen dienten in gewissem Maße den Herrschern dazu, die Verantwortung für schwere Entscheidungen auf mehrere Schultern zu verteilen, vor allem aber wurden sie dazu genutzt, den Entscheidungen seiner Majestät Wirksamkeit zu verleihen. Die Macht der mächtigen Lehnsherren wuchs, und es war schwer, ihr Tun und Handeln zu kontrollieren, weshalb die Herrscher bereit waren, mühsame Übereinkünfte auszuhandeln. Die Magnaten ihrerseits neigten zu der Ansicht, dass sie nur an diejenigen Entscheidungen des Herrschers gebunden sind, denen sie auch zugestimmt haben bzw. bei denen sie, als sie getroffen wurden, zumindest anwesend waren. Und somit also stand der Gehorsam gegenüber den Entscheidungen des Herrschers auf wackeligen Beinen.

In der unkomplizierten Verwaltung der Staaten des 10. bis 12. Jahrhunderts konnte man nach wie vor Spuren entdecken, die die karolingischen – hauptsächlich in West- und Mitteleuropa – und byzantinischen – auf dem Balkan, in Russland und im Königreich Sizilien – Vorläufer hinterlassen hatten. Im christlichen Teil Spaniens und auf Sizilien gesellten sich noch arabische Einwirkungen hinzu. Jene Vorbilder hatten allerdings oft rein dekorativen Charakter und wurden nur für Hofzeremoniell und Titulatur herangezogen.

Es war bereits die Rede davon, dass die Macht des Monarchen durch sehr viele Hände ging und dadurch die Kontrolle über Gesamtterritorium und

-bevölkerung des Staates verlor. Die lokalen Machthaber schwangen sich zu Unabhängigkeit von den Monarchen empor, die öffentliche Macht verschmolz mit privatem Grundbesitz. Es kam so weit, dass große und sogar mittlere Grundbesitzer – teilweise aufgrund von Privilegien, teilweise durch Anmaßung – Urteile sprachen, Befehle erteilten, öffentliche Abgaben einstrichen, kirchlichen Institutionen ihre Obrigkeit aufzwangen, eigene Streitkräfte unterhielten, Geld prägten... Diese Vorgänge waren jedoch weder genereller Art noch fanden sie alle auf einmal statt. Die beiden Königreiche, die in *de facto* selbständige Fürstentümer und Grafschaften zerfielen ohne dabei die für das ganze Land geltende königliche Macht aufzugeben, sind Deutschland und Frankreich. Der Weg dorthin war allerdings bei weitem nicht derselbe. In Frankreich erlahmte die Macht der Könige rasch, begann sich aber alsbald wieder zu erholen. In Deutschland hingegen trat die Schwäche der Könige wesentlich später auf, aber dafür verschlimmerte sie sich immer mehr, bis sie schließlich zum chronischen Dauerzustand wurde. Seinen Höhepunkt erlebte Frankreichs Zerfall in Provinzen im 11. Jahrhundert, später begann sich die politische Karte hier zu vereinfachen. In Deutschland dagegen schritt der Zerfall stufenweise und ungleichmäßig – westlich der Elbe stärker als sonstwo – voran, sodass man sich erst im 12. und 13. Jahrhundert dem Stand näherte, an dem Frankreich schon im 10. und 11. Jahrhundert angekommen war. Einer der Gründe für diesen Umstand war die Tatsache, dass dem französischen König ein nicht sehr großes Herrschergebiet unterstand, dessen Fläche zu Beginn des 11. Jahrhunderts nur etwa 7000 km^2 betrug, das aber geschlossen und zentral gelegen war und zudem gut verwaltet wurde. Die deutschen Könige herrschten demgegenüber über ein weites, aber zerstreutes Gebiet, auf dem alle Anstrengungen, die unternommen wurden um eine geschlossene Machtbasis zu schaffen, fehlschlugen: Heinrich IV. ist in Sachsen ebenso gescheitert wie Friedrich I. Barbarossa in Schwaben und Burgund. Die Folge davon war, dass die Möglichkeiten, ein starkes Königsheer – entweder aus Lehnsmännern oder Söldnern – auf die Beine zu stellen, begrenzt waren.

Die Zerstreuung der königlichen Befugnisse war auch keine generelle Erscheinung. Dort, wo sich verhältnismäßig starke Monarchien halten konnten, konnte der Weg zu einer soliden Zentralisierung der Macht eingeschlagen werden, wie sie in einheitlichen Königreichen (etwa in England nach seiner Eroberung durch *William the Conqueror* im Jahre 1066 oder im Königreich Sizilien unter der Regentschaft der normannischen Dynastie der Hauteville im 12. Jahrhundert) sowie auf einigen territorialen Herrschaftsgebieten, die vorher durch die Macht eines Fürsten geordnet waren (etwa das Herzogtum Normandie und die Grafschaften Flanderns und Anjous im Frankreich des 11. bis 12. Jahrhunderts) zu beobachten war. Überall dort kamen neue Vorbilder für den Aufbau einer starken Monarchie auf, die später von anderen Herrschern weiterentwickelt und nachgeahmt wurden. Die zweite Möglichkeit bestand darin, die alten Kompetenzen der Herrscher zu bewahren und dem Prozess ihrer Aufsplitterung unter vielen Einhalt zu gebieten. Auf diese Weise ist es den russischen Fürsten – wenn auch nicht allen – in den nach dem Zerfall des Kiewer Staates entstandenen unabhängigen Fürstentümern (von denen es gegen Ende des 12. Jahrhunderts schon mehr als 70 gab) gelungen zu verhindern, dass ihnen die Mehrzahl ihrer Obrigkeitsrechte etwa in Verwaltung, Finanzwesen und Gerichtsbarkeit entrissen wurde. Der politische Konsolidierungsprozess im zerstückelten Russland jener Zeit wurde jedoch durch das „Tatarenjoch" im 13. Jahrhundert gestört und schließlich aufgehalten: Die goldene Horde förderte die Streitigkeiten unter den russischen Fürsten und die Zerstückelung ihrer Provinzen. In Spanien haben wir es im Falle der fünf christlichen Königreiche (*los Cinco Reinos*) – León, Kastilien, Navarra, Aragón und ab dem 12. Jahrhundert noch das Königreich Portugal – mit fünf gleichrangigen und starken Monarchien zu tun, die einen erbitterten Kampf gegen die Araber um die Rückeroberung („Reconquista") der gesamten Iberischen Halbinsel führten, was der Aufrechterhaltung einer starken königlichen Obrigkeit nur zuträglich sein konnte. Der politische Einigungsprozess in Spanien wurde dagegen sehr lange durch die ethnisch-kulturellen und sozioökonomischen Unterschiede zwischen den einzelnen iberischen Königreichen behindert.

Überall versuchte man im damaligen Europa die Streuung der Macht und die Primitivität ihrer Einrichtungen dadurch wettzumachen, dass man starke persönliche Bindungen unter den Angehörigen der herrschenden Klasse herstellte, Bindungen, die vertikal, d.h. hierarchisch angeordnet waren. Der gegenseitigen persönlichen Loyalität, die als Fundament der gesamten Hierarchie galt, wurde große Bedeutung beigemessen. Der Grundsatz der Gegenseitigkeit, der gegenseitigen Treue und des gegenseitigen Austauschs von Leistungen, Diensten und Profiten also, regelte diese persönlichen Bindungen und verlieh ihnen quasi Vertragscharakter (obwohl sie beileibe nicht immer vertraglich fixiert wurden). Im Einzelnen folgte man dem Grundsatz, Ritterdienste durch Landgabe zu entlohnen, wobei diese – was ebenfalls zur Regel wurde – sofern sie anfänglich zeitlich begrenzt war, allmählich in vererbbares Eigentum überführt werden konnte.

Solche Verfahren, die angewandt wurden, um die herrschende Klasse zu organisieren, traten auch in den Ländern auf, die kein formales Vasallentum und keine festgelegte Lehnshierarchie kannten. Das Lehnswesen stach vor dem Hintergrund solcher und ähnlicher Erscheinungen dadurch hervor, dass es eben ein System darstellte, in dem die gegenseitigen Beziehungen von Herren und Vasallen in formale Institutionen gefasst und diese mit rechtlichen und rituell-sittlichen Inhalten angereichert wurden. Jenes System war in Westeuropa jedoch kein generelles Phänomen. Zu voller Blüte gelangte es lediglich in einigen

Ländern: in Nordfrankreich und einem Teil Deutschlands, zwischen Loire und Rhein, dem klassischen Gebiet des Lehnswesens, in England nach der Eroberung durch die Normannen, in lateinischen Staaten im Osten und in staatlichen Gebilden, die die Kreuzzüge hervorgebracht hatten (das Königreich Jerusalem, das Fürstentum Antiochien, das lateinische Kaiserreich in Konstantinopel und dgl.). Demnach begegnete das Lehnssystem in seiner vollen Ausprägung außerhalb des Gebiets zwischen Loire und Rhein als Import von außen: Das war in England nicht anders als im Osten. In anderen Ländern Westeuropas traf man Lehnsverhältnisse in unvollständiger Fassung an: Zahlreich vertreten waren Alodien, d.h. Besitztümer, die ins Lehnswesen nicht einbezogen wurden, die Lehnsbeziehungen befanden sich im ständigen Fluss, die gegenseitigen Pflichten waren nicht genau abgesteckt... Schließlich gab es auch Gebiete, in denen Lehnsverhältnisse überhaupt nicht in Erscheinung traten, etwa Irland, Friesland und Skandinavien. Dasselbe gilt für Osteuropa.

Das Lehnswesen erlebte bereits in der Zeit der karolingischen Herrscher seine Geburtsstunde und Karl der Große versuchte es als Mittel zum Regieren zu instrumentalisieren. Es folgte die Schaffung eines Vasallentums in Ämtern und in der Armee, in der neben dem Landsturm der Freien die lehnsmännische Berufsreiterei eine immer größere Rolle spielte. Da Karl der Große vor allem die unmittelbare Herrschaft über die Aristokratie anstrebte, band er diese in ein System ein, in dem sie sich als Vasallen in die Abhängigkeit vom König begeben mussten, und unterstellte ihnen als Gegenleistung die weniger vermögenden Grundbesitzer, die mit ihnen, den nun mächtigen Kronvasallen, gleichfalls ein Lehnsverhältnis einzugehen hatten. So wurde ein ganzes Netz persönlicher Abhängigkeiten geknüpft, dessen Hauptmaschen der Monarch in seinen Händen halten wollte, um über die Aristokratie und durch sie über den Rest der Bevölkerung gründlich Herrschaft ausüben zu können. Dieser Plan ist jedoch nicht aufgegangen: Die Macht der Grundbesitzer wuchs und der karolingische Staat vermochte seine politische Einheit nicht zu wahren.

Theoretisch hatte ein Vasall die Pflicht, seinem Lehnsherren treu ergeben zu sein und ihm für eine bestimmte Zeit und in bestimmtem Umfang – hauptsächlich bewaffnete – Hilfe zu leisten, was ihn dazu zwang, regelmäßig am Hof des Lehnsherren seine Aufwartung zu machen, wodurch die persönlichen Bande zwischen beiden Seiten verstärkt wurden. Der Lehnsherr verpflichtete sich seinerseits wiederum, dem Vasallen die Treue zu halten und ihm obendrein Schutz und Lehen zu gewähren. Gegenstand des Lehens war meistens Land oder Landerträge, aber es kam auch vor, dass Burgen ohne Land oder das Recht Zölle oder andere Abgaben zu erheben verliehen wurden, und manchmal ging man gar so weit, dass der Lehnsmann das Recht bekam, aus dem Vermögen des Lehnsherren ein regelmäßiges Einkommen zu beziehen (ein solches „Rentenlehen“, das schon einer geldlichen Entlohnung für

Dienstleistungen nahe kam, war hauptsächlich in England und den Niederlanden bekannt und begegnete darüber hinaus nur selten).

Im Europa des 10. und 11. Jahrhunderts bewahrte das Lehnswesen die herrschende Klasse nicht vor Anarchie. Felonie, d.h. Treuebruch bzw. Verletzung der gegenseitigen durch das Lehnsverhältnis auferlegten Pflichten, war weit verbreitet. Wenn ein Vasall – was häufig geschah – mehrere Lehnsherren hatte, geriet er bisweilen in schwere Loyalitätskonflikte. Die Erblichkeit der Lehen führte unweigerlich zu ihrer Aufteilung im Nachlassfall und zur Verfügung über sie, sei es in Form von Verkauf oder Schenkung. All das rüttelte am Wert der Lehnsdienste und rief eine ganze Reihe von Zerwürfnissen und bewaffneten Auseinandersetzungen hervor.

Nur die energischen Fürsten der Normandie brachten es im 11. Jahrhundert fertig, das Lehnswesen unter Kontrolle zu halten. Streng achteten sie darauf, dass die Vasallen ihren finanziellen und militärischen Verpflichtungen nachkamen, konfiszierten die Lehen derer, die sich verweigerten, wachten über den Grundsatz der Unteilbarkeit erblicher Lehen, ließen die Entstehung „treubrecherischer“, d.h. willkürlich von den Grundbesitzern erbauter Burgen nicht zu und überwachten rücksichtslos ihren Verwaltungsapparat. Dieselbe Politik führten die Normannen auch im englischen Königreich nach seiner Übernahme durch Wilhelm den Eroberer ein. Nur in Sizilien, wo Herrscher vom Geschlecht der Hauteville regierten, gingen sie bei der Umsetzung der im Lehnswesen geltenden Grundsätze weniger hart vor.

Umkehr zur Machtkonzentration

Im Europa des 11. und 12. Jahrhunderts erreichte die Anarchie ihren Höhepunkt. Die geschwächte Macht der Monarchen schaffte es nicht, für „Frieden und Gerechtigkeit“ zu sorgen. Dies ist eine der Ursachen, warum die persönlichen Bindungen innerhalb des Lehnswesen bzw. eine weniger formalisierte Hierarchie einen solchen Erfolg verbuchen konnten. Da der Monarch offensichtlich nicht in der Lage war, Anarchie, Gewalt, Verbrechertum und Bürgerkriege zu unterbinden, suchten die Leute bei den mächtigen Lehnsherren um Schutz nach. Aber auch das Lehnswesen erwies sich außerstande, die Welle der Gewalt zu durchbrechen. Die Kirchenleute wollten das blutige Chaos mit der Autorität der Religion eindämmen und setzten ab dem 11. Jahrhundert eine Gottesfriedensbewegung in Gang, die bestimmte Personen und Orte, aber auch Feier- und bestimmte Wochentage von Kriegen und Überfällen verschonen sollte. Die Bilanz, die die Kirche mit ihren Bemühungen vorzuweisen hatte, fiel äußerst bescheiden aus und rief Enttäuschung hervor.

Der Schlüssel zur Beruhigung der Lage lag in der Wiederherstellung der staatlichen Macht, materiell gestützt auf sozioökonomische Veränderungen. In einer Agrargesellschaft musste der Fortschritt in der Landwirtschaft einsetzen, und tatsächlich hatten die führenden Länder Europas im auslaufenden 11. Jahrhundert einen solchen Fortschritt zu verzeichnen. Beim Anbau griffen neue Techniken und Werkzeuge um sich, die Anbaufläche wurde größer, Getreide und Hülsenfrüchte wurden besser genutzt. Als Folge davon wuchs die Bevölkerung Europas bis zum Beginn des 14. Jahrhunderts um das Dreifache an (auf 80–100 Mio.)

Es war nun möglich, einen Großteil der außerländlichen Bevölkerung zu unterhalten, wodurch Städte neu entstanden. Dies veränderte das Landschaftsbild des Kontinents und die Verteilung der gesellschaftlichen Kräfte. Die Städte strebten nach sozialer Ordnung und Autonomie, also nach Befreiung von der Bevormundung durch die feudalen Eliten, die den Städtern nicht wohlwollend gegenüberstanden und die kein Verständnis für ihre Bedürfnisse aufbrachten. Ein Teil jener Eliten (und auch die Bauern) war an einer ungestörten Ausnutzung der wirtschaftlichen Konjunktur interessiert. Das alles bedeutete eine kräftige Unterstützung für die Macht, die sich mit Unordnung und mangelnder Sicherheit herumschlug. Durch eine steigende Bevölkerungsdichte und den durch die Entwicklung des Handels verbesserten Zustand der Verkehrswege wurde es leichter, die Ordnung aufrechtzuerhalten. Die Einnahmen, die die Staatsmacht aus ihrer Domäne, aber auch aus Zöllen, Maut und Handelsgebühren gewann, nahmen zu, die Städte waren bereit, energisch durchgreifende und vernünftig agierende Herrscher zu unterstützen, die vernünftigen Herrscher wiederum setzten alles daran, diese Finanzhilfe, die ihnen von den Städten zuteil wurde, nicht zu vergeuden, sondern sie dafür zu benutzten, um Armee und Administration den Rücken zu stärken.

Der Prozess des Wiederaufbaus der monarchischen Macht setzte am ehesten in England und im Königreich Sizilien ein, nämlich noch während des 11. Jahrhunderts. Frankreich, Spanien und Böhmen folgten im 13., Polen und Ungarn im 14. Jahrhundert. Deutschland und Russland verharrten zunächst noch im Zustand der Machtstreuung, aber auch dort machte sich im 14. Jahrhundert ein deutlicher Anstieg der fürstlichen und großfürstlichen Macht in den einzelnen Provinzen des Landes bemerkbar. Jene Zentralisierungsprozesse verliefen keineswegs linear, d.h. in Form einer ständig nach oben aufsteigenden Linie. Der Fortschritt wurde immer wieder für längere Zeit unterbrochen, wenn Hindernisse in den Weg traten oder man gar in die Rückwärtsbewegung verfiel. Dies lässt sich gut am Beispiel Schwedens nachvollziehen, wo die großen Erfolge, die die Könige in der zweiten Hälfte des 13. Jahrhunderts feierten, später im Zuge der qualvollen Auseinandersetzungen zwischen Herrscher und Hochadel sowie durch die langen Kriege mit Dänemark ganz oder teilweise wieder zunichte gemacht wurden.

Die Stärkung der Macht des Monarchen bedeutete auch ihre Rationalisierung und die Suche nach ausgefeilteren Regierungstechniken. Sie war deutlich mit dem intellektuellen Aufleben in Europa verflochten, das die so genannte Renaissance des 12. Jahrhunderts einleitete. Vom Ende des 11. Jahrhunderts an entstand – zuerst in Italien – die Rechtslehre an Universitäten, die den Inhalt der monarchischen Macht am Vorbild der römischen Kaiser festmachte. Natürlich war dies sehr auf Zuwachs angelegt. Die Wiederentdeckung der Philosophie Aristoteles' – die bei den Arabern aufbewahrt war – für Europa wiederum gab den Anstoß zur Rehabilitierung der irdischen Ziele des Menschen. Aristoteles begriff den Staat als autarke und vollkommene Gemeinschaft in dem Sinne, dass die Menschen erst dank dem Staat all das erreichen können, was ihnen während ihres irdischen Daseins vonnöten ist. Auch leitete er aus seiner Beobachtung der griechischen *polis*, in der verschiedene Bereiche menschlichen Handelns – Wirtschaft, Religion, Kultur – miteinander vereint waren, entsprechende Schlussfolgerungen ab. Diese Philosophie, die im 13. und 14. Jahrhundert sehr einflussreich war, kam wie gerufen für jene Staaten, die von zunehmendem Ehrgeiz getrieben wurden. Sie trat für die Erweiterung der Ziele der Staatsmacht ein und lieferte neue Mittel zu ihrer Ausübung an die Hand.

Zu einem jener neuen Machtinstrumente avancierte die Beamtenschaft, die jetzt zusätzlich neben den traditionellen Würdenträgern eingesetzt wurde und die eine Administration begründete, die vom Herrscher bezahlt wurde und die auf seinen Wink hin (*ad nutum*) handelte. In ihr waren Beamte vertreten, die ganz nach Gutdünken des Herrschers be- und abberufen, instruiert, kontrolliert und von einem Ort an den anderen versetzt werden konnten. Schon im 12. Jahrhundert in England und im 13. Jahrhundert in Sizilien und Frankreich wurden erste Dienstverordnungen für die „neuen" Beamten entworfen, die die Grundsätze für Beförderung und Rotation festlegten, Eheschließung, Gütererwerb und die Annahme von Geschenken ohne Zustimmung des Königs untersagten, grenzenlosen Einsatz im königlichen Dienst forderten, die Unterdrückung der Bevölkerung verboten u.ä. Diese Regeln wurden bisweilen gebrochen, etwa von den englischen Sheriffs, den sizilianischen Jusitiziaren oder den französischen Baillis. Gleichwohl kamen aber selbst Hab- und Machtgier der Beamten nicht selten *per saldo* der Stärkung der monarchischen Macht zugute, weil dadurch die Macht der Magnaten beschnitten wurde. Die Arbeit der neuen Beamten verlangte redliches Bemühen und fachliche Kompetenz. Eine aus dem 12. Jahrhundert stammende Beschreibung der Funktionsweise der englischen Rechnungskammer (*Exchequer*) zeigt, dass die Barone, denen die Kontrolle dieses Amtes oblag, oft nicht schriftkundig waren und mit den komplizierten Finanzoperationen nicht zurande kamen. In der neuen Administration kam es also zunehmend auf die Beherrschung der Verwaltungstechniken an, und ein

Hochgeborener aber Unwissender hatte hier keine Chance, Karriere zu machen. Die Rechtsfakultäten der Hochschulen verwandelten sich schon in Kaderschulen für Verwaltung und – vor allem – Rechtssprechung, aber mehr Wert als auf Diplome legte man im 12.–13. Jahrhundert auf Begabung (von daher rührt der Aufstieg sehr junger Leute, z.B. im Königreich Sizilien unter dem Staufer Friedrich II.) und Erfahrung im königlichen Dienst (dies erklärt die Karriere von Leuten „niedriger" Abstammung in England).

Der neue Verwaltungsapparat rief nach neuen Steuerungsmethoden. Hatte sich der Monarch früher auf die Treue seiner Funktionäre verlassen, so erteilte er ihnen jetzt genaue – Rahmen- und individuelle – Instruktionen, die in Sizilien und England nicht selten frappierend detailliert waren. Aber auch die Monarchen selbst wollten – und mussten – sich bei dem neuen Regierungssystem auf immer vollständigeres Wissen über den Zustand des Staates stützen. Mit Hilfe von Fragebogenuntersuchungen und auf der Grundlage der Aussagen der Bevölkerung wurden Informationen gesammelt und ehrgeizige Versuche unternommen, die gewonnen Daten statistisch auszuwerten. Das älteste Muster einer solchen Statistik war das englische *Buch des Jüngsten Gerichts* aus dem Jahre 1086, das eine von Wilhelm dem Eroberer verfügte Beschreibung des von ihm unterworfenen Königreichs enthielt und das technisch einen noch sehr rudimentären Stand aufwies. Im 12. und 13. Jahrhundert machten eine Fülle von statistischen Erhebungen die Runde, in denen sich die Interessen der Macht widerspiegelten. Hauptanliegen der Herrscher war es, die Rechte und Güter des Königs sowie die Lasten der Untergebenen festzulegen. Zur Beantwortung der verschiedensten Fragen aus diesem Bereich wurden Gruppen von Geschworenen (*juries*) herangezogen, die sich aus gestandenen Leuten zusammensetzten und die alle Informationen unter Eid an die Machtinstanzen weiterzuleiten hatten, die für die Verwaltung von Bedeutung waren, aber auch die Gerichte interessierten (u.a. mussten sie ihnen bekannte Verbrecher anzeigen, also eine Denunziantenpraxis an den Tag legen, aus der im Übrigen die späteren Schwurgerichte hervorgingen). In Frankreich machte man sich erst unter Philipp II. August, also ab dem Ende des 12. Jahrhunderts, daran, groß angelegt Informationen zu sammeln. Als Ergebnis entstand im Jahre 1202/1203 zum ersten Mal ein Entwurf des französischen Staatshaushalts.

Damals wuchs die staatliche Dokumentation, besonders im Fianan- und Kanzleibereich (im 12.–13. Jahrhundert war die englische Kanzlei führend), aber auch Gerichtsarchive, später Protokolle der Ständeversammlungen usw. Besonderes Gewicht hatte die Finanzdokumentation, bei der es selbstverständlich in der Hauptsache darum ging sicherzustellen, dass dem König nichts von dem entgeht, was ihm zusteht. Dabei wandte man Techniken an, die von Kaufleuten und Bankiers für komplizierte Geldoperationen erarbeitet worden waren.

Die Ansprüche der nach vollständiger Information strebenden Macht schlugen sich auch im Umgang mit der Diplomatie nieder. Der byzantinische Nachrichtendienst, das filigrane diplomatische Spiel der Griechen, ihr Verhandlungsgeschick und ihre Kompromissfähigkeit wurden im lateinischen Teil Europas lange Zeit mit verächtlichem Staunen aufgenommen. Jetzt lernte man auch hier die Vorteile von nachrichtendienstlicher Tätigkeit und Diplomatie schätzen. Die diplomatischen Beziehungen aus dem 13. und 14. Jahrhundert waren nicht selten schon erstaunlich eingehend und wirklichkeitsnah, eindringlich und aufrichtig. Das Netz ständiger diplomatischer Stellen wurde jedoch nur langsam geknüpft. Hier ging das Venedig des 14. Jahrhunderts beispielgebend voran.

Es kommt nicht von ungefähr, dass im Prozess der Machtstärkung des Monarchen diejenigen Königreiche vornweg marschierten, die über ein nicht allzu ausgedehntes Territorium verfügten – mit einer Fläche von bis zu 100000 km^2 wie im Westen England und Sizilien, im Osten Böhmen, oder noch weitaus weniger wie im Falle der sehr viel kleineren territorialen Herrschaftsgebiete in Frankreich (Normandie, Flandern, die Domäne der Kapetinger auf der Ile-de-France). Solche Gebiete waren für die energischen Herrscher überschaubarer und leichter in den Griff zu bekommen, auch fiel es ihnen hier nicht schwer, mehr Kontakte mit den Leuten zu schließen, nicht allzu mächtige, aber dafür fähige Helfer zu gewinnen und im gesellschaftlichen Grund tiefer Wurzeln zu schlagen. Die weitgehende Zerklüftung Polens und Russlands in Teilfürstentümer hatte auch nicht nur negative Auswirkungen, wenn man bedenkt, dass dadurch lokale Aktivitäten angeregt, die Experimentierfreude der Herrscher in Bezug auf Reformvorhaben geweckt und die Konsolidierung der führenden Provinzen vorangetrieben wurde. So wurden Modelle geschaffen, die sich im Kleinen bewährt hatten und den Anstoß zu größeren, die gesamte politische Ordnung betreffenden Taten geben konnten.

Man kann wohl die These wagen, dass sich im Rahmen der Machtkonzentration die interessanteren Erscheinungen zuerst auf der Stufe der lokalen Verwaltung abspielen, und erst später auf die Ebene der Zentrale übersprangen. Neben den neuen, von den Herrschern bezahlten und gesteuerten Ämtern entstanden weiter abseits Selbstverwaltungen in den Städten und Elemente einer ländlichen Selbstverwaltung, die mit dem Grundbesitzer und der Pfarrei zusammenwirkte. Beide fußten sie auf dem Fundament des wirtschaftlichen Fortschritts im 12. und 13. Jahrhundert. Die Städte lösten sich, was nicht ohne scharfe Konflikt abging, von der Bevormundung durch ihre Herren: Bischöfe, weltliche Magnaten und auch Könige. Aber für die Monarchen waren die sich selbst verwaltenden Städte ein wertvoller Verbündeter im gemeinsamen Kampf gegen die Feudalanarchie. Der Einfluss, den die Stadtherren – darunter auch private – auf die sich selbst verwaltenden Kommunen ausübten, dauerte zwar weiter an, doch geschah dies viel lockerer als vorher. Nur die großen Städte in Norditalien verwandelten sich in *de facto* souveräne städtische Republiken, die sich erfolgreich den Versuchen der römisch-deutschen Kaiser, Friedrichs I. und Friedrichs II., widersetzten, sie unter ihre Obrigkeit zu zwingen. Außerdem fiel das Ausmaß, in dem die städtische Selbstverwaltung vonstatten ging, höchst unterschiedlich aus.

In England zeichneten sich ab dem Ende des 12. Jahrhunderts Konturen von Selbstverwaltung auch auf der Ebene der Grafschaften ab – allerdings nicht als Ergebnis einer Wahl durch die örtliche Bevölkerung, sondern durch Ernennungen, die der König vornahm. Es handelte sich hierbei um eine ansehnliche Gruppe von Beamten in einer Grafschaft, die mit begrenzten Befugnissen – meistens nur solchen, die die Art der Durchführung von Maßnahmen betrafen – bezüglich Polizei, Justiz und Armee ausgestattet waren. Sie wurden von der königlichen Regierung berufen und rekrutierten sich aus den örtlichen Eliten. Ihre Amtshandlungen führten sie unentgeltlich aus, womit sie das Stigma der Abhängigkeit von der Regierung ablegen konnten und das Gefühl bekamen, quasi selbstverwalterisch zu agieren. In den Augen der Leute waren sie Vertreter der lokalen Grundbesitzer. Die Könige favorisierten gerade diese Lösung, weil sie so Hilfe bei der Verwaltung der Grafschaften erfuhren, für die sie nichts zahlen mussten. Auch später hielten die Könige Englands nichts davon, ihre Beamten gut zu bezahlen...

Bei der Zentralverwaltung gab es weniger Neuerungen. Weiterhin traten die großen Räte der Mächtigen und die kleineren Räte der engen Mitarbeiter des Herrschers zusammen. Die Würdenträger am Hofe bekamen nach wie vor sowohl höfische Funktionen (die Verwaltung des Hofes, die Stallungen des Königs, die Keller usw.) als auch Staatsaufgaben (in Justiz, Armee und Administration) übertragen. Langsam allerdings schälten sich aus der Kurie des Monarchen Fachressorts heraus: Kammern für Finanzkontrolle (nach dem Vorbild des alten englischen *Exchequer*), weiter perfektionierte Kanzleien, in Frankreich und England fachmännisch besetzte höchste königliche Gerichte (das französische Parlament, die drei englischen Zentralgerichte für Strafsachen, privatrechtliche und Finanzangelegenheiten), in Sizilien das Seefahrtsamt.

Das Erscheinen höchster Gerichte unter fachmännischer Leitung hat stark zur Ausdehnung der königlichen Gerichtsbarkeit beigetragen, indem sie auf die Urteilssprechung niedriger – auch patrimonialer – Gerichte durch Berufung – in Frankreich – und Klagen über Fehler eines niedrigeren Richters – in England, wo man die Berufung nicht einführen wollte – Einfluss nehmen konnte. Selbst die mächtigen französischen Fürsten und Grafen mussten immer öfter vor dem Grundsatz kapitulieren, dass auch sie der königlichen Rechtsprechung unterliegen. In England hat man sogar im 12. Jahrhundert den Versuch unternommen, die Kirchengerichte, denen durch die Kirchenreform das

Monopol beim Richten Geistlicher zugefallen war, in ihren Kompetenzen anzugreifen.

Eine reiche Schatzkammer sowie loyale Beamten und Richter sind die beiden Quellen, aus die die Monarchen ihre Kraft schöpften. Es kam eine dritte hinzu: die Streitmacht. Diese basierte zwar weiterhin auf dem ritterlichen Landsturm, doch konnte ein starker Herrscher leichter Grundbesitzer und Ritter dazu mobilisieren, ihre Verpflichtungen einzuhalten und bewaffneten Beistand zu leisten. Steigende Einnahmen erlaubten es dem Monarchen, neue Burgen zu bauen (wobei manchmal die „treubrecherischen" Burgen der Grundbesitzer gleichzeitig vernichtet wurden) und von Zeit zu Zeit Söldnertruppen anzuheuern. Im 13. Jahrhundert zogen schon eine Menge Gruppen von Berufskämpfern – Flamen, Spanier, Schotten, Deutsche – auf der Suche nach einem Auftraggeber in Europa umher. Schließlich wurde die Streitmacht des Staates durch immer solidere Stadtbefestigungen und nicht schlecht ausgebildete Bürgermilizen gestärkt, und man hat sogar versucht, die bäuerliche Bevölkerung zu Verteidigungsaufgaben heranzuziehen.

Mit neuen Instrumenten ausgerüstet, konnte die Macht dazu übergehen, anspruchsvollere Ziele ins Visier zu nehmen. Durch den sozialen Fortschritt gewannen die Menschen im 12. und 13. Jahrhundert die Überzeugung, dass sie immer besser mit der sie umgebenden Wirklichkeit zurecht kommen und dass sie deshalb die Möglichkeit und Pflicht haben, sich in die Sphäre der gesellschaftlichen Institutionen einzumischen, sie zu verbessern und neuen Situationen anzupassen. Der Monarch erschien damals nicht nur als Richter und Streiter, der die öffentliche Ordnung aufrechterhält, sondern auch als Gesetzgeber, der diese Ordnung vernünftig gestaltet. Die gesetzgeberische Bewegung, die im 13. Jahrhundert einsetzte, war schlagkräftig und umfassend. Sie überrollte Spanien, Frankreich, England, Sizilien, Deutschland und Skandinavien, und auch Italien, wo die städtischen Republiken immer mehr Gesetze erließen, blieb nicht verschont. Die Gesetzgebung des Monarchen regelte den Staatsaufbau (Administration, Justiz, Streitkräfte) und ging dabei in der Regel empirisch und ohne systematische Ambitionen vor. Sie kümmerte sich darum, dass Feudalanarchie, Privatfehden und privaten Rachefeldzügen ein Ende gesetzt wird. Sie bemühte sich auch, dafür Sorge zu tragen, dass der Staat von dem wirtschaftlichen Aufschwung profitiert. Am weitesten ging dabei die sizilianische Gesetzgebung, indem sie – getreu dem byzantinischen Modell – das staatliche Wirtschaftsmonopol festschrieb, Maße und Gewichte vereinheitlichte und ein richtiges Zollsystem auf den Weg brachte, wobei erneut arabische Vorbilder kopiert wurden. Das sizilianische Gesetzbuch des Staufers Friedrich II., das so genannte *Liber Augustalis* aus dem Jahre 1231, griff unverhohlen in die verschiedensten Lebensbereiche ein. Regelungsbedarf sah man dabei nicht nur im staatlichen Gesundheitswesen, sondern auch die Reinheit von Luft und Wasser, die Pferde- und Eselszucht, die Anpassung neuer landwirtschaftlicher Kulturen, das Töten von Wölfen usw. sollten Gegenstand von Verordnungen sein. Viele dieser gesetzlichen Vorschriften bestanden natürlich nur auf dem Papier. Das war sonstwo nicht anders, denn die Gesetzgeber wurden bisweilen von einer wahren Regulierungswut gepackt, man denke etwa an Friedrich II., als er seinen sizilianischen Untertanen untersagte, im Ausland zu studieren und verlangte, dass alle gefälligst an der staalichen Universität in Neapel ihr Diplom ablegen, oder an den französischen König Ludwig IX., der Mitte des 13. Jahrhunderts nicht nur Privatfehden, sondern überhaupt das Waffentragen verbot.

Es ist klar, dass der starke Monarch in seinem Bemühen, den Staat neu aufzubauen, mit den weltlichen – zuweilen auch geistlichen, wie etwa in England – Magnaten zusammenstieß, die sich von höchst unterschiedlichen Interessens- und Zielvorstellungen leiten ließen. Stützen konnte er sich aber auf die Ritterschaft, die aus dem Obrigkeitsschatten der Grundbesitzer herausgetreten war, auf die Städte, die ihre Selbstverwaltung durchgesetzt hatten und die Kirche, die Ordnung und Frieden zu schätzen wusste.

Den Grundbesitzern standen, um ihren Widerstand zu manifestieren, verschiedene Handlungsstrategien zur Wahl. Sie konnten entweder den Versuch starten, den Machtapparat des Königs zu zerstören – was allerdings über ihre Kräfte ging – oder sich dem Prozess der Machtzentralisierung in den Weg stellen, indem sie aufbegehrten und die Bestätigung ihrer guten alten Rechte und Privilegien forderten – was oft passierte und gar nicht mal ohne Erfolg – oder schließlich danach trachten, den monarchischen Apparat wirksam unter ihre Kontrolle zu bringen und aus der neuen staatlichen Ordnung für sich möglichst großen Nutzen zu ziehen. Klassisches Beispiel hierfür ist die *Große Freiheitsurkunde* (*Magna Charta libertatum*), die als Ergebnis eines solidarischen Vorgehens der englischen Barone gegen die unzweifelhaften Missbräuche des psychopathischen Königs Johann ohne Land im Jahre 1215 zustande kam. Die *Magna Charta* berief sich zwar auf altes Recht, versagte aber zahlreichen Neuerungen, die die Könige im 12. Jahrhundert eingeführt hatten, nicht die Zustimmung. Vor allem kam in ihr das Anliegen der Barone zum Ausdruck, institutionellen Einfluss auf die Regierung ausüben zu können, womit sie dem großen Rat der Barone den Rücken stärkte und ein Komitee bestehend aus 25 Baronen bildete, das zu kontrollieren hatte, ob und inwieweit der König die in der *Charta* festgehaltenen Beschlüsse achtete.

Aber auch das blieb Makulatur. Um nämlich dauerhaft und effizient Kontrolle über den monarchischen Apparat ausüben zu können, musste bei den Mächtigen erst ein Prozess der politischen Selbsterkenntnis in Gang kommen und ihre Solidarität untereinander wachsen. Dafür war die Zeit jedoch noch nicht reif und man musste warten, bis sich eine ständische Gesellschaft mit ihrer spezifischen Form der Machtteilung zwischen Krone und Ständen herausgebildet hatte.

II

Die Ständemonarchie

Die politische Landkarte Europas. Provinzen und Staaten

Mit dem Auftauchen einiger Dutzend Monarchien von sehr unterschiedlicher Stärke auf der europäischen Landkarte zwischen dem 10. und 13. Jahrhundert stellte sich das Problem ihrer gegenseitigen Beziehungen. Es entstanden also Bündnisse (nicht immer gleichberechtigte), Protektorate, Lehnsabhängigkeit und Tributpflicht, Formen der brutalen Unterjochung von Nachbarn. Und auch die imperialen Ambitionen der römisch-deutschen Kaiser, von Byzanz und der islamischen Kalifen halfen da wenig. Natürlich hatte Byzanz für eine gewisse Zeit das bulgarische Zarat unter sein Joch genommen und der Islam sich – lange – den Großteil der Iberischen Halbinsel zueigen gemacht. Das ändert aber nichts an der Tatsache, dass die universellen Bestrebungen, die die beiden „römischen" Kaiser – der deutsche König und der Herrscher von Byzanz – verfolgten, nichts weiter als doktrinäre Fiktion sind. Die Versuche der Staufer, um Dänemark, Polen und Ungarn zur Unabhängigkeit zu verhelfen und die kaiserliche Obrigkeit in den norditalienischen Städten wiederherzustellen, schlugen fehl. Nicht minder bedeutungslos erwiesen sich die Ansprüche des Papstes auf universelle Macht über die Monarchien, und die lockeren Schutzbündnisse, die das Papsttum mit ziemlich vielen Staaten Europas eingegangen war, vermittelten lediglich den Anschein von Macht: Die „Schützlinge" des Papstes erkannten sie nur so lange an, wie sie daraus politisch Kapital schlagen konnten. Über diese universellen Ansprüche hinaus traten auch Abhängigkeitsverhältnisse auf. So hielt beispielsweise Kastilien eine Zeitlang Navarra und Portugal in seiner Gewalt, Ungarn Serbien, England Schottland und Irland etc. Diesen Verbindungen war jedoch keine Kontinuität beschieden, sie rissen permanent auf. Im 14. Jahrhundert waren die europäischen Staaten schon sehr auf ihre Souveränität bedacht, wobei ihnen das im römischen Recht verankerte Modell der souveränen Kaisermacht vorschwebte, das auf die knappe Formel, wonach „der König in seinem Königreich Kaiser ist" gebracht wurde und überall groß Schule machte. Mehr oder weniger reale Abhängigkeitsverhältnisse spielten eine wesentliche Rolle bei der Vereinigung von Staaten, die einst eine Einheit bildeten, später jedoch in Provinzen zerfielen: Gemeint sind Frankreich, Polen, Russland... Die Stellung des französischen Königs als oberster Lehnsherr war längst keine Fassade mehr, sondern wurde dazu benutzt, Fürsten und Grafen abhängig zu machen und damit die politische Integration des Landes zu fördern. In Polen und Russland hatten sich Lehnsinstitutionen zwar nicht festgesetzt, doch schafften es die polnischen Fürsten, die sich im Einigungsprozess (im Namen der historischen Erneuerung des Königreichs der Boleslaws, des *regnum Poloniae*) als Rivalen gegenüberstanden, sowie die russischen Großfürsten, die (unter dem Stichwort Einheitsmacht für ganz Russland, *wsieja Rusi*, wobei dieser Begriff dann schrittweise erweitert wurde) miteinander um die russischen Gebiete wetteiferten, trotzdem die kleineren Fürsten in ihre Abhängigkeit zu bringen. Paradoxerweise wurden die souveränen Fürsten wegen ihrer Kontakte mit der Goldenen Horde von den Vereinigern Russlands, den Großfürsten von Wladimir und Moskau, missgünstig beäugt, denn die unmittelbare Abhängigkeit vom Khan gab den schwächeren Herrschern das Gefühl der Gleichheit mit den anderen Nachkommen Rjuriks und damit der Selbständigkeit gegenüber Moskau.

Die Bedeutung, die die Monarchen Europas der Souveränität ihrer Staaten beimaßen, ist in einen breiteren Problemkreis eingebettet. Das wirtschaftliche Aufblühen, also die größere Dichte der Kontakte zwischen den einzelnen Landesteilen, der steigende Lebensstandard, der kulturelle Aufschwung und der Fortschritt in der Bildung, die Herausbildung von Grundlagen sprachlicher Einheit in großen Gemeinschaften (wobei sich oft die Sprache durchsetzte, die in den Gebieten benutzt wurde, die die politische Vorherrschaft ausübten) – all das führte zur Konsolidierung jener Großgesellschaften mit einem ausgeprägten ethnisch-sprachlichen und kulturellen Unterbau. Historiker des Spätmittelalters nahmen schon seit langem Anzeichen eines Gefühls von wachsender nationaler Identität und politschem Patriotismus wahr, die sich im 13., 14. und 15. Jahrhundert weiter mehren sollten. Zahlreiche Unternehmungen verschiedener Herrscherhäuser – etwa in Frankreich, Schottland, Portugal, Polen oder Schweden – zerbrachen einfach am Widerstand der Bevölkerung gegen die Regentschaft fremder Dynastien. Die Abhängigkeit Russlands von der Goldenen Horde, die lange geduldet wurde, weil auch sie nicht tyrannisch geprägt war, rief im 14. und 15. Jahrhundert zunehmend ein Gefühl von Demütigung und Erniedrigung wach. Die großen Kriege im Spätmittelalter – zwischen Südslaven und Türken, Polen und dem Deutschen Ritterorden, im Westen der Hundertjährige Krieg – gaben dem Gemeinschafts- und Vaterlandsgedanken noch zusätzlich Nahrung. Im Übrigen handelte es sich hierbei um Kriege, die viel zerstörerischer wüteten als jemals zuvor – eine traurige Begleiterscheinung des Fortschritts in Wirtschaft und Technik. Angesichts dessen griff die Meinung um sich, dass eine starke monarchische Macht im Interesse der Gemeinschaft liegt, und intensive Propaganda bestärkte die Menschen in dieser Ansicht.

Vom Ende des 13. Jahrhunderts an vereinfacht sich die politische Landkarte Europas. England verleibt sich Wales ein (1284), es entsteht – allerdings noch mit Rumpfcharakter – das vereinigte Königreich Polen (1320), es wird die Kalmarische Union der drei skandinavischen Königreiche ins Leben gerufen (1397), die allerdings nicht lange Bestand hat, von vielen Turbulenzen heimgesucht wird und im Jahre 1523 endgültig zerbricht. Das 15. und die Anfänge des 16. Jahrhunderts markieren den Durchbruch der Großfürsten von Wladimir und Moskau: Sie einigen die russischen Gebiete, befreien sich aus ihrer Abhängigkeit von der Goldenen Horde und verzeichnen erste Erfolge bei der Rückgewinnung jener russischen Territorien, die zuvor vom Großfürstentum Litauen erobert worden waren. Das zur Neige gehende 15. Jahrhundert beschert Spanien die Vereinigung (1478/79) und beseitigt die Reste arabischer Herrschaft auf der Iberischen Halbinsel (Granada fällt im Jahre 1492).

Nicht überall gelang es indes, die Machtstreuung zu überwinden. Weiterhin zerstückelt blieb Italien: Im 15. Jahrhundert kehrte hier zwar ein relatives politisches Gleichgewicht ein, für das fünf oder sechs politische Formationen verantwortlich zeichneten – es sind dies im Norden Mailand, Florenz, Venedig und Genua, in der Mitte der Apenninenhalbinsel der Kirchenstaat, im Süden schließlich, mal geteilt, mal unter dem Zepter der Könige von Aragón vereint, Neapel und Sizilien – doch keine von ihnen schaffte es, den anderen seine Vorherrschaft aufzudrücken. Ein noch differenzierteres und bunteres Bild gibt Deutschland ab, das ungefähr hundert geistliche und an die vierzig weltliche Fürstentümer umfasst, darunter einige große territoriale Komplexe wie Brandenburg, das sich seit 1415 in den Händen der Hohenzollern befindet, die Meißner, thüringischen und sächsischen Herrschaftsgebiete der Wettiner, die bayrischen Besitztümer der Wittelsbacher und die Alpenterritorien der Habsburger, Österreich, die Steiermark, Kärnten, Krain und Tirol. Die Macht der deutschen Könige fungierte eher als Symbol der Einheit des römisch-deutschen Reiches denn als Fürsprecher einer realen politischen Einigung. In der ersten Hälfte des 14. Jahrhunderts war das Reichsgut schon fast völlig verschleudert, sodass die deutschen Könige hauptsächlich eine Hausmachtpolitik betrieben, indem sie versuchten, ihre eigenen Besitzungen zu erweitern und damit ihre königliche Stärke zu untermauern. Für die Könige aus dem Geschlecht der Luxemburger, die mit einer Unterbrechung in den Jahren 1346–1437 herrschten, war zunächst das reiche Böhmen, dann zwischen 1373 und 1415 Brandenburg und von 1386 an schließlich Ungarn, das mit dem römisch-deutschen Reich nichts verband, eine solche Stütze ihrer Macht, während die Könige aus dem Hause Habsburg (ab 1438) auf die bereits oben aufgezählten Alpenterritorien setzten.

Die Unabhängigkeit der deutschen Fürsten vom König trat im 14. und 15. Jahrhundert immer deutlicher zutage. Mit der Urkunde von König Karl IV. aus dem Jahre 1356, der so genannten *Goldenen Bulle*, wurde den sieben so genannten Kurfürsten (es waren dies die Erzbischöfe von Köln, Mainz und Trier, der König von Böhmen, der Markgraf von Brandenburg, der Herzog von Sachsen und der Pfalzgraf beim Rhein) das alleinige Recht zur Wahl des deutschen Königs zugesprochen; darüber hinaus räumte man ihnen das Herrschermonopol im Bereich von Münz-, Bergwerks- und Zollwesen ein und ernannte sie zu obersten Richtern in ihren Territorien, deren Unteilbarkeit verfügt worden war. Diesem Beispiel folgten andere Fürsten des Reichs, die nach und nach einen ähnlichen Status erlangten – entweder auf dem Wege von Herrscherprivilegien oder durch widerrechtliche Aneignung oder sogar durch Fälschung, eine Methode, der sich die österreichischen Habsburger zu bedienen pflegten. Deutschland versank somit immer tiefer im Sumpf der politischen Machtstreuung.

Zudem brachen zahlreiche Territorien ganz aus dem Verband des römisch-deutschen Kaiserreichs aus. Im 15. Jahrhundert hatte der Kaiser schon keine Macht mehr in den norditalienischen Städten wie Venedig, Mailand, Verona, Genua usw. Dasselbe gilt für die beiden Alpenterritorien des Reichs. Das Herzogtum Savoyen gehörte im 14. Jahrhundert schon zum Verband der italienischen Staaten und erbickte im Kaiser einen fremden Herrscher. Westlich von Savoyen zementierten die Schweizer Kantone im 14. und 15. Jahrhundert ihre Unabhängigkeit, die vom Kaiser im Vertrag von Basel aus dem Jahre 1499 stillschweigend hingenommen wurde. Schließlich konzentrierten die Herzöge von Burgund, die aus einer Nebenlinie der französischen Valois hervorgegangen sind, ihre Macht in einem flächenstarken „Großherzogtum des Westens", das sich zum Teil aus französischen, zum Teil aus Gebieten, die zum Reich gehörten (etwa die Freigrafschaft Burgund, Luxemburg und die Niederlande), zusammensetzte.

Erinnert sei zum Schluss noch an die für Europa bedrohliche Ausdehnung des osmanisch-türkischen Reichs auf dem Balkan, der im 14. und 15. Jahrhundert Griechenland, Albanien, Bulgarien, Serbien und Bosnien zum Opfer fielen und die auch nicht vor den Hospodaren der Walachei und Moldawiens Halt machte. Diese Vereinfachung der politischen Karte auf dem Balkan war für das christliche Europa schmerzhaft und gefährlich.

Die Einigungsprozesse zogen sich lange hin, es mussten so manche Hindernisse aus dem Weg geräumt und Rückschläge verkraftet werden, und als man glaubte, endlich am Ziel angekommen zu sein, musste man feststellen, dass man die völlige politische und rechtliche Einheit verfehlt hatte. Die Überbleibsel der politischen Zerstückelung erwiesen sich als äußerst lebensfähig. Im vereinigten Spanien konnte man die spürbaren Unterschiede zwischen Kastilien und Aragón nicht ausgleichen; in Frankreich war der König für viele Einwohner in Marseille oder Aix vor allem der Graf der Provence, während die

Bewohner von Rennes in ihm den Herzog der Bretagne sahen. Im polnischen Königreich des 14. Jahrhunderts traten Gebietsunterschiede stark in den Vordergrund. So opponierte Großpolen nicht selten gegen das überlegene Kleinpolen, was bis zur Zeit des Jagiellonen Kasimirs IV. anhielt, der dieses regionale Gefälle aufhob. Auch in Deutschland konnte man die tiefgreifenden Unterschiede im politisch-rechtlichen Bereich, die zwischen den einzelnen Elementen innerhalb der großen Territorialkomplexe – seien es habsburgische oder wettinische – auftraten, im Zuge der Machtkonsolidierung nicht abbauen. Und auch im vereinigten Moskauer Staat ließen sich die Relikte, die die alte Teilung hinterlassen hatte, nicht so einfach beiseite räumen.

Die Bewohner der Teilstaaten, Provinzen und Städte hingen an ihren Rechten, Institutionen und Privilegien. Neben ihnen existierten und konsolidierten sich die Rechte der großen gesellschaftlichen Stände. Aber beide Kategorien von Rechten und Zugeständnissen lassen sich mit dem Begriff „Ständerecht“ erfassen. Es ist kein Zufall, dass die Hauptaufgabe der im Spätmittelalter zahlreich erscheinenden lokalen Ständeversammlungen auf der Verteidigung und Umsetzung provinzieller Rechte und Privilegien beruhte.

Stände sind keine Kasten, sie stellen keine Gruppen dar, die vom Gesetz ausgeschlossen sind. Die Stände sind gesetzlich definiert und sind per Gesetz mit einem bestimmten Komplex an Rechten und Privilegien ausgestattet. Dabei handelt es sich nicht um Rechte, die für alle Mitglieder ein und desselben Standes identisch wären, denn es galt der Andersartigkeit der Privilegien in Provinzen und Städten Rechnung zu tragen. Selbst dort, wo sich ein konkreter Adelsstand herausgebildet hatte, nahm die Aristokratie immer noch eine Sonderstellung ein, und durch den Status der Geistlichkeit allein wurden die Unterschiede etwa zwischen weltlichem und Ordensklerus, zwischen Hierarchie und Pfarrklerus nicht aufgehoben.

Die Stände waren nicht durch eine chinesische Mauer voneinander abgeschirmt. Der geistliche Stand erhielt beispielsweise ständig Zuwachs aus verschiedenen gesellschaftlichen Gruppen und anderen Ständen, und nicht anders erging es dem Bürgertum. Selbst der nach Ausschließlichkeit strebende Adelsstand hielt seine Türen nicht ganz verschlossen. Es passierte nicht selten, dass ein reicher Bankier oder Kaufmann in Grund und Boden investierte, Ämter bekleidete, sich gut verheiratete und schließlich in den Stand derer einging, die von „edler Geburt“ waren. Manchmal brachten es auch Leute aus unteren Gesellschaftsschichten fertig, diesen Berg zu erklimmen und sich in der Illusion adliger Herkunft zu wägen. Vom Recht des Monarchen zu adeln profitierten zuweilen aus elenden Verhältnissen stammende Favoriten am Hof und herausragende Armeeangehörige. Im Moskauer Staat stampften die Herrscher eine ganze Kategorie neuer Grundbesitzer aus dem Boden, so genannte „dienstbare Höflinge“ (die sich vor allem aus Bediensteten rekrutierten, die am

Fürstenhof verschiedene administrative und wirtschaftliche Funktionen erfüllten). Sie erhielten Land in Form eines so genannten *pomiestie* (nicht als Eigentum) und verblieben in enger Abhängigkeit vom Monarchen, der damit die Bojaren in ihrem Ehrgeiz bremsen konnte. Auf diese Weise war es dem Herrscher vorbehalten, die Klasse der Grundherren umzugruppieren, so wie dies einst die Monarchen in der Frühphase des Lehnswesen taten.

Der Zerfall in Stände gibt noch kein vollständiges Bild der spätmittelalterlichen Gesellschaft, und das nicht nur deshalb, weil die große Masse der Bauern trotz Verbesserung ihrer sozialen und rechtlichen Lage kein Standesrecht bekam, es sei denn, sie waren frei und repräsentierten eine wirkliche gesellschaftliche Kraft wie in Schweden oder in einigen deutschen Gebieten (Friesland, Tirol, Vorarlberg, Breisgau). Demgegenüber begegneten bestimmte Gruppen, die nach allen Seiten offen waren und sich im Grenzbereich zwischen den Ständen bewegten. Hohe Beamte des umfangreichen Verwaltungsapparats etwa rekrutierten sich aus Adel und Bürgertum gleichzeitig. Sie verband der Körperschaftsgeist, der bisweilen stärker war als ihre Standesbindung. Zu den „Zwischenschichten", die von Sold, Gehalt und Honarar lebten, gehörten auch so überaus wichtige Gruppen wie Gelehrte an Hochschulen, Anwälte, Künstler, Söldner usw., die nicht immer an einen bestimmten Stand gebunden waren. Angesichts dieser Sachlage lassen sich Verallgemeinerungen bezüglich der Ständegesellschaft nur annähernd treffen.

In einem so wichtigen Staat wie England lässt sich überhaupt nur schwer von einer Ständegesellschaft sprechen. Bereits im 13. Jahrhundert setzten die Könige hier nicht so sehr auf Lehnsdienste als vielmehr auf die militärischen Verpflichtungen aller vermögenden Grundbesitzer. Ein reicherer freier Bauer oder Städter unterschied sich im rechtlichen Sinne nicht allzu sehr von einem Ritter (*knight*). Zwischen der freien Bevölkerung auf dem Land und der in der Stadt wurde keine strenge Trennlinie gezogen, von daher bestand kein Anlass, Leute von „niedriger Geburt" in den Adelsstand zu heben. Die Aristokratie (die „Großbarone") erwarb zwar Privilegien, durch die sie aus der Allgemeinheit herausstach, doch handelte es sich dabei um politische und Ehrenprivilegien, die stets vom ältesten Sohn eines Geschlechts ererbt wurden (z.B. ein Platz in der oberen Kammer des Parlaments, aristokratische Titel). Diese spezifische soziale Anordnung erleichterte England später den Übergang vom Absolutismus zum liberalen Besitzerstaat.

Die ständische Gesellschaft nahm nur langsam Gestalt an, ihre Wurzeln reichten tief in die Geschichte des Mittelalters hinein. Für die Herausbildung des geistlichen Standes war die schon im 11. Jahrhundert einsetzende Kirchenreform von fundamentaler Bedeutung, die es dem Klerus erlaubte, sich von der Vormundschaft der weltlichen Machtorgane zu emanzipieren und ihm das Privileg zubilligte, nach eigenem (kanonischem) Recht handeln zu dürfen und sich ausschließlich der geistlichen Gerichtsbarkeit beugen zu müssen. Die riesigen Kirchengüter unterlagen im Grunde weder der Besteuerung noch konnten sie veräußert werden („tote Hand"). Das Zölibat, das vor der Reform allenthalben gebrochen wurde, sonderte jetzt noch mehr den Klerus von der weltlichen Gesellschaft ab.

Für das Bürgertum als Stand spielte wiederum die Stadtreform aus dem 12.–13. Jahrhundert eine Schlüsselrolle, da mit ihr die städtische Selbstverwaltung etabliert wurde, die u.a. die Möglichkeit bot, eine eigene, zwar auf Gewohnheitsrecht aufbauende, aber nichtsdestoweniger genau festgeschriebene Gerichtsbarkeit zu pflegen, was gerade im Bereich des Privatrechts (Sachen- und Schuldrecht) für die Bürger einer Stadt kolossales Gewicht hatte. Wahr ist aber auch, dass die städtische Selbstverwaltung schon ab dem 13. Jahrhundert fest in der Hand einer oligarchischen Elite war, die allerdings vielfach dem Druck niedrigerer städtischer Schichten (sowie der Monarchen, die sich über die sozialen Gegensätze in den Städten zunehmend beunruhigt zeigten) nachgeben und irgendeinen wenn auch noch so kleinen Teil ihrer Macht abtreten musste.

Vom 13. Jahrhundert an mehrten sich die Privilegien für den Adel, und zwar nicht mehr nur auf individueller, sondern auf Gruppenbasis. In seinen Auseinandersetzungen mit dem Klerus, dem Bürgertum und besonders den Monarchen festigte der Adel sein ständisches Bewusstsein. Angesichts des Machtzuwachses, den der Monarch zu verzeichnen hatte, war es nur eine natürliche Reaktion des Adels, die Solidarität in horizontaler Richtung voranzutreiben und die Formierung des Adelsstandes solide zu unterfüttern. Die Zusammenschlüsse der Adligen im 13. Jahrhundert, mit denen Koalitionen gegen die Herrscher gebildet und um „große" („generelle") Privilegien gerungen wurde, bedeuteten bereits einen Fortschritt im Vergleich zu ihren alles in allem eher individuell und anarchisch geprägten Auftritten früherer Tage. Gegen Ende des Mittelalters fanden die ständischen Bestrebungen des Adels in zahlreichen Bündnissen, Ligen oder Parteien, die – mitunter durchaus in Absprache und Übereinkunft mit sonstigen gesellschaftlichen Kräften – entweder gegen den Monarchen oder andere Stände gerichtet waren, ihren Niederschlag. Der Durchschnittsadlige fühlte sich immer öfter vor allem mit den Angehörigen seines eigenen Standes solidarisch, und nicht mit irgendeinem über ihm rangierenden Patron oder Lehnsherren.

Das heißt, dass die vorher so wichtigen vertikalen Verbindungen – sei es innerhalb oder außerhalb formalisierter Lehnsstrukturen, – erlahmten, ohne dabei allerdings völlig zu verschwinden, denn für die Monarchen des 14. und 15. Jahrhunderts erfüllten sie nach wie vor ihren – politischen, militärischen, finanziellen – Zweck. Wesentlich rasanter ging es dagegen mit den Lehnsinstitutionen und ihrem ideoligischen Überbau bergab.

Natürlich tauchten immer wieder neue Renten- bzw. Geldlehen auf, die, wie bereits an anderer Stelle besprochen, mit einer Entlohnung für Dienstleistungen verglichen werden können. In England wurde – schon wieder untypisch für das Land – mit der Erschlaffung der Lehnsbande einer neuen Form vertikaler Verbindungen der Weg geebnet, und zwar Magnatenklientelen auf Vertragsbasis (*indenture*), für die keinerlei Lehnsgrundsätze galten: Weder gab es Landvergabe (die Klienten wurden vom Patron unterhalten) noch Erblichkeit von Verbindungen noch blieb irgendetwas von der ganzen Lehnsideologie übrig. Das hinderte jedoch die großen englischen Barone nicht daran, aus ihren hunderten, ja sogar tausenden von Klienten (*retainers*) die – nicht zuletzt auch militärische – Kraft zu beziehen, die sie zur Zeit der Bürgerkriege des 15. Jahrhunderts so dringend brauchten. Auf dem Kontinent kam eine ähnliche Rolle den vermehrt auftretenden Ritterorden zu, die eine loyale Klientel ihrer Organisatoren darstellten.

Krone und Stände

Die neue Machtverteilung förderte einen Dualismus zutage, in dem sich die Rechte des Königs und der Stände gegenüberstanden. Es steht außer Zweifel, dass der König die Sphäre seiner Befugnisse immer weiter ausdehnte: Der Herrscher bestimmte über die Gesetze, leitete den umfangreichen Verwaltungsapparat, richtete in oberster Instanz, war Herr über Krieg und Frieden und betrieb sogar aktiv Wirtschaftspolitik. Das 14. und 15. Jahrhundert markieren eine Zeit, in der zerstörerische Kriege, Epidemien und Wirtschaftskrisen das Land schüttelten und die damit einen zunehmenden Bedarf sowohl an prophylaktischem Handeln als auch an Reparationsanstrengungen erzeugte. Dieser Aufgabe nahmen sich die Regierungen an, indem sie Import und Export regulierten, den Zustand der Verkehrswege in Augenschein nahmen, sich um Maße und Gewichte kümmerten und für den Ausbau des Postwesens sorgten. Man baute eine königliche Handelsflotte, holte ausländische Fertigungsspezialisten ins Land und unterstützte den Fortschritt in Ackerbau und Viehzucht. Die Herrscher in Mailand beispielsweise, die Visconti, brachten ein riesiges Bewässerungsprojekt in der Po-Ebene auf den Weg; überall dehnte der Staat sein Einnahmemonopol aus (etwa auf Bergwerke und Salinen) und angesichts von Seuche und Arbeitskräftemangel versuchte man in Lohntarife einzugreifen und mit Zwangsarbeit zu experimentieren.

Mehr noch: Die Monarchen drängten sich auch in den Bereich der Ständerechte hinein und machten jene Befugnisse, die die Stände zuvor errungen hatten, wieder rückgängig. Dabei kamen ihnen Animositäten und Konflikte, die zwischen den Ständen ausgebrochen waren – unter Adligen und Bürgern stieß man etwa häufig auf eine antiklerikale Einstellung, während Geistliche und Adel wiederum ihre Abneigung gegen reiche und ehrgeizige Städter verband – zu Hilfe, die sie geschickt für ihre Zwecke auszunutzen verstanden. In der Zeit davor hatten sich geistliche Gerichte ziemlich weit in die weltliche Sphäre vorgewagt, weil die Kirche bei Eheschließung, in testamentarischen Fragen und im Falle von Wucher und beeidigten Übereinkünften die Rechtsprechung für sich beanspruchte. Diese Expansion wurde nun durch die Macht der Monarchen, die dabei auf die Mithilfe der weltlichen Eliten zählen konnten, gebremst. Die Kirchenreform hatte den Grundsatz der kanonischen Wahl hervorgebracht, und die Monarchen erkannten die vom Klerus selbst gewählten Bischöfe und Äbte an. Allerdings begannen die Päpste im 13. Jahrhundert Bistümer und Abteien auf breiter Front durch einen Akt päpstlicher Ernennung zu besetzen, was ein rapides Absinken der Autorität des Papstes im 14. und 15. Jahrhundert zur Folge hatte. Die Päpste zogen zunächst von Rom ins bescheidene Avignon um, womit sie in den politischen Einflussbereich Frankreichs gerieten, später brach die Zeit des langen – zwischen 1378 und 1417 – „großen abendländischen Schismas“ an, während der zwei und verschiedentlich sogar drei Päpste miteinander rivalisierten und gegenseitig den Kirchenbann übereinander verhängten. In dieser Situation setzte sich die konziliare Theorie (Konziliarismus) durch, wonach die allgemeinen Konzilien über dem Papst stehen. Feierlich verkündet wurde diese These auf dem Konstanzer Konzil (1414–1418).

Die Konfusion, die danach innerhalb der Kirche herrschte, wurde von den Monarchen ausgenutzt, um ihren Einfluss auf die Besetzung von Bistümern und Abteien zurückzugewinnen. Dies konnten sie beispielsweise dadurch erreichen, dass sie eine Einigung mit dem Papst zu Lasten der Bischöfe und des konziliarischen Gedankens suchten. Dadurch, dass sie den Vorrang des Papstes vor den Konzilien anerkannten, gewannen viele Monarchen entscheidenden Einfluss auf die Wahl kirchlicher Würdenträger. So geschah es im 14. Jahrhundert in England und im 15. Jahrhundert in Ungarn, Spanien, Polen und einigen italienischen Städten. Den anderen Weg – Einigung mit den Bischöfen, Ablehnung der vom Papst ernannten Bischöfe und Äbte, Wiederherstellung des kanonischen Wahlrechts bei gleichzeitiger Anerkennung und Dominanz des königlichen Vorschlagsrechts – beschritt u.a. der französische König Karl VII., indem er 1438 eine so genannte pragmatische Sanktion als rechtlichen Ausdruck der Freiheit der „gallikanischen“ Kirche Frankreichs in ihren Beziehungen zum Papst erließ. Zu jener Zeit hatten in Frankreich konziliarische Ideen ein deutliches Übergewicht, und ähnlich war es auch in Osteuropa, wo nach dem Untergang von Byzanz die Herrscher Moskaus mehr Kontrolle über die orthodoxe Kirche bekamen. In Russland wurden Bistümer zwar traditionell von Fürsten besetzt, doch der Metropolit von Kiew, der ab 1327 in Moskau residierte, wurde vom Patriarch von Konstantinopel ernannt. Von 1459 an wurde der

Moskauer Metropolit, der im 16. Jahrhundert in den Rang eines Partriarchen erhoben wurde, vom Großfürsten und später vom Zaren berufen.

Im gleichen Zuge gewannen die Herrscher auch mehr Kontrolle über die Städte. Zwar oblag diese auch nach der Einsetzung der städtischen Selbstverwaltung weiterhin den Stadtherren, doch sahen sich die Herrscher durch die ständig zunehmende – militärische und wirtschaftliche – Bedeutung der Städte veranlasst, ihren Einfluss zu verstärken. Im 15. Jahrhundert lässt sich diese Tendenz besonders deutlich in England, Frankreich, Spanien und Polen nachweisen, während die deutschen Fürsten lange hinterherhinkten und mehr Mühe aufbringen mussten, um ans Ziel zu kommen. Brandenburg war dann das erste Land, das den Anschluss fand.

Was den Adel angeht, so schafften es die Monarchen, sich geschickt aus der Anerkennung des Rechts auf Widerstand gegen den Herrscher, der Adelsrecht verletzt, zurückzuziehen. Im 13. und sogar im 14. Jahrhundert hatte man dieses Recht bisweilen noch den dem Adel verliehenen Privilegien zugeschrieben, danach allerdings, als es darum ging, diese Privilegien zu bestätigen, war es abhanden gekommen. Aber wie sollte man schon bedauern, dass das Widerstandsrecht, das den englischen Baronen durch Artikel 61 der *Großen Freiheitsurkunde* eingeräumt worden war, den Adligen schnell zwischen den Fingern zerrann, wenn bereits im 14. Jahrhundert das englische Parlament imstande war, die Absetzung zweier „schlechter" Herrscher, Eduards II. und Richards II., herbeizuführen? Diese Möglichkeit war in der *Magna Charta* nämlich ganz und gar nicht vorgesehen: Es war lediglich zulässig, dem Herrscher etwa durch gewaltsame Beschlagnahmung seiner Schlösser oder Domäne „zuzusetzen".

Nun, all dies steht in Zusammenhang mit dem Wandel, der im politischen Bewusstsein der gesellschaftlichen Eliten – und dabei in erster Linie bei den Magnaten – vor sich ging. Nicht nur in England selbstverständlich, sondern auch anderswo begann man dort nämlich zu begreifen, dass das Widerstandsrecht eine nur sehr unzureichende Garantie von Privilegien bietet, denn es beinhaltet ein anarchisches und riskantes Vorgehen mit ungewissem Ausgang. In einem Kommentar zur Niederlage, die die Liga der französischen Fürsten im Kampf gegen Karl VII. einstecken musste, hieß es viel sagend, das ein König aus Stroh mehr Chancen hat, in einer solchen Auseinandersetzung zu bestehen, als ein Untertan aus Eisen... Von daher auch machte sich ab dem 13. Jahrhundert in den Köpfen die Überzeugung breit, dass es besser ist, den Herrscher zu zügeln als ihm „zuzusetzen", dass es bequemer und wirksamer ist, statt repressive Maßnahmen gegen die Regierung zu ergreifen, Kontrolle über sie auszuüben. Die mächtigen Herren fühlten sich normalerweise nicht zu mühseliger, systematischer Arbeit im Staat berufen, und ihr Anliegen war nicht so sehr die vollständige Beherrschung der Regierungsagenden als vielmehr die enge Vormundschaft über den Machtapparat. Etwas Ähnliches gelang den englischen Baronen im Laufe eines scharfen Konflikts mit König Heinrich III. in den Jahren 1258–1265, als nämlich Adelskomitees die Kontrolle über die Regierung gewannen. Die Monarchie konnte sich aber aus dieser Umklammerung dank der Uneinigkeit zwischen dem Anführer der Revolte, des Grafen von Leicester und seinen Konkurrenten, der Grafen von Gloucester, lösen: Die Solidarität unter den Adligen erwies sich als noch nicht stabil genug. Aber bei solchen Auseinandersetzungen versäumten es die Magnaten nicht, sich als Fürsprecher der gesamten Gemeinschaft des Königreichs (*communitas Regni*) zu präsentieren. Im Übrigen suchten beide Seiten, sowohl die Monarchen als auch die Magnaten, während sie ihre Zwistigkeiten austrugen den Zuspruch weiterer Kräfte in der Gesellschaft, wobei sie sich an den mittleren und Kleinadel ebenso wie an vermögende Bürger wandten. Dies kann man allein schon an der Zusammensetzung der besagten antiköniglichen Ligen, Konföderationen und Parteien erkennen, aber auch an den erweiterten königlichen Räten oder den Zusammenkünften der Barone, in die die Machthaber Vertreter jener breiteren Schichten, des Adels und der Bürger, einzubeziehen begannen.

Mit der Beteiligung der „Gesellschaft“ am Regieren ging ein interessanter Gärungsprozess einher, der in verschiedene Doktrinen mündete. In der mittelalterlichen Vorstellung von Macht war der Gedanke an Trennung zwischen Staat und Person des Herrschers schon im 11. und 12. Jahrhundert keine Seltenheit mehr und man findet ihn etwa in der Anekdote vom Staat als Schiff und dem König als sein Steuermann oder in der Theorie vom Staat als Körper (*corpus*), dessen Haupt der Monarch ist. Der Eid, den die englischen Könige bei ihre Krönung ablegten, wurde in seiner Fassung aus dem 13. Jahrhundert mit einer Zusatzklausel versehen, in der der König schwört, die unverbrüchlichen Rechte der Krone zu wahren. Der Begriff „Krone des Königreichs“ machte fortan im Ständestaat außergewöhnliche Karriere.

Laut Hofdoktrin ist unter „Krone“ einfach die Summe der unantastbaren Rechte des Monarchen zu verstehen, die man den antiken Kaisern aus dem römischen Gesetzbuch nachgebildet hatte. Deshalb sprachen die englischen Könige von „ihrer“ Krone, und in anderen Ländern begann man ebenfalls den Begriff so zu deuten, dass die Krone die souveränen Rechte dessen, der sie trägt, stärkt und garantiert.

Nach den Vorstellungen der Gesellschaft und der Stände hingegen darf die Krone nicht mit der Person des Herrschers gleichgesetzt, sondern muss als ihr übergeordnet angesehen werden, denn schließlich verpflichtet sich der Herrscher in seinem Eid doch gegenüber der Krone! Ebensowenig wie der Herrscher das Recht hat, seinen Eid zu brechen und die Rechte der Krone zu verletzen, haben die Untertanen das Recht, in einer solchen Situation tatenlos zuzuschauen: Sie sind in der Pflicht die Krone zu verteidigen und den treubrüchigen Herrscher abzusetzen. Genau so hatte man im Übrigen die oben erwähnte Entthronung von Eduard II. und Richard II. gerechtfertigt. Das Verhältnis zwischen Königen und Untertanen fußt auf der Grundlage von Verpflichtungen, wobei diese nicht wie im Lehnswesen auf Gegenseitigkeit beruhen, sondern von den einen wie den anderen gegenüber der Krone eingegangen werden, was beide Seiten wie durch einen Vertrag aneinander bindet.

Aus jenem Doktrinstreit sind weitreichende politische Konsequenzen erwachsen. Mit der Trennung von Staat und Person des Herrschers wird die Machtkontinuität betont: Könige kommen und gehen, aber die Krone bleibt. Auch ist es nun erlaubt, den Staat ebenso wie jede andere Gemeinschaft – egal, ob Kirche, Stadt, ländliche Gemeinde, Universität oder Handwerkergilde – als fiktiven Körper, der nur in der Vorstellung existiert, oder – anders ausgedrückt – als moralische, intellektuelle, rechtliche usw. Person aufzufassen. Er ist also etwas anderes als nur die Summe seiner Bestandteile und auch etwas anderes als ein „echter", d.h. physischer, Körper, der selbst handelt, indem er geht, spricht oder Entscheidungen trifft. Körper, die nur in der Vorstellung existieren, haben weder Arme und Beine noch einen Mund, und handeln können sie nur durch Repräsentanten. Natürlich war die Repräsentation als Institution schon seit längerem bekannt. Zum Beispiel war vor Gericht für den, der einem Repräsentanten die „volle Macht" (*plenam potestatem*) erteilte, in seinem Namen zu handeln, das, was sein Bevollmächtigter dort ausrichtete, bindend. Also: Der Staat konnte nur über Repräsentanten handeln, und so begann man ihn auch zu umschreiben – als „fiktive und repräsentierte Person".

Repräsentiert aber von wem? Der Hofdoktrin zufolge natürlich vom König. Unter dem Einfluss der zunehmenden Stärke und des Vorwärtsdrangs der Stände geriet man allerdings ins Wanken und man begann zu überlegen, ob der König der alleinige Repräsentant des Staates ist. Der Begriff „Krone" steht doch schließlich irgendwie für beide Seiten der politischen Ordnung – den Monarchen und die „Gemeinschaft des Königreichs".

Bei früheren Kundgebungen und Zusammenkünften der großen und mächtigen Herren vertrat jeder Teilnehmer sich selbst. Jetzt experimentierten die Monarchen wie bereits angedeutet immer häufiger damit, dass sie zu diesen Versammlungen auch Vertreter des Adels und der Städte einluden. Sollte im Laufe dieser Experimente bereits ein Parlament zum Vorschein kommen, so fand sich darin zwar weiterhin mehr oder weniger komplett das Magnatentum wieder, doch galt es auch als Vertretung großer ständischer Verbände wie der Geistlichen, des Adels und der Bürger. In England beispielsweise, das nicht in Stände gegliedert war, vertraten die Abgeordneten im Parlament Territorialgemeinschaften, d.h. Grafschaften und Städte. Auf den Reifeprozess der Parlamente wirkte sich besonders günstig die oft wiederholte Forderung der Herrscher aus, wonach die Ständevertreter von ihren jeweiligen gesellschaftlichen Gruppen, in deren Interesse sie handelten, Vollmachten übertragen bekommen sollten, sodass das Parlament bindende Entscheidungen treffen konnte, die von den Wählern später nach der Heimkehr der Abgeordneten nicht in Frage gestellt wurden.

Das Bild der politischen Vertretung im Spätmittelalter ist überaus komplex. Als Repräsentant des Staates als juristischer Person erscheint der Monarch, der zum Handeln (Regieren) niemandes Vollmacht benötigt. Als Repräsentanten der ständischen – oder wie in England territorialen – Körperschaften treten Abgeordnete auf, die mit den Vollmachten ihrer Wähler ausgestattet sind. Die Elite der Magnaten zieht ins Parlament *in corpore*, d.h. ohne vorausgehende Wahl, ein. Die Entscheidungsgewalt liegt beim König, die Abgeordneten beschränken sich im Grunde darauf, ihn zu informieren, ihm beratend zur Seite zu stehen und Bitten an ihn zu richten. Von der Anerkennung der Parlamente als Entscheidungsinstanz war man noch meilenweit entfernt, obgleich es je nach Machtverteilung durchaus schon jetzt vorkommen konnte, dass verschiedentlich Anfragen seitens der Abgeordneten vom König nur schwer abgelehnt werden konnten... Lang dauerte es auch, bis man akzeptierte, dass das Parlament die Gesamtheit des Staates vertritt. Am frühesten war man in England so weit, wo man ebenso wie in Polen den König in den Kreis des Parlaments als eines der drei Glieder, die seinen Bestand ausmachen, hineinzog.

Der lange Reifeprozess, den die parlamentarischen Institutionen durchlaufen mussten, war gespickt mit Erfahrungen, Versuchen und Experimenten verschiedenster Art. Verwiesen sei in diesem Zusammenhang in erster Linie auf die alten Zusammenkünfte und Beratungen, die die Monarchen mit den Grundbesitzern führten und zu denen bisweilen Delegierte weiterer gesellschaftlicher Kräfte hinzugezogen wurden – in den Versammlungen (Cortes) von León und Aragón geschah dies schon im 12. Jahrhundert, im Kirchenstaat anfangs des 13. Jahrhunderts. Nicht geringe Bedeutung besaßen auch die kirchlichen Zusammenkünfte – Synoden in Diözesen und Provinzen, Ordensversammlungen und schließlich allgemeine Konzilien – bei denen man Erfahrungen sammelte, die sich auch auf weltliche Versammlungen übertragen ließen. Und nicht zu vergessen die ständischen bzw. zwischenständischen Ligen, Konföderationen und Parteien, denn selbst sie haben in diesem komplizierten Prozess einen wichtigen Beitrag geleistet.

Die Ständevertretung

Die Monarchen selbst ließen sich, wenn sie die Parlamente einberiefen, von der schönen Maxime des römischen Rechts leiten, wonach „das, was alle angeht, auch von allen gebilligt werden muss“. Als Dinge, die „alle angehen“, betrachtete man außerordentlich schwierige Fragen und neue Situationen, die der Regulierung bedurften. Hierzu gehörten also etwa die verwickelten

Zusammenhänge in der Außenpolitik, die Beziehungen zum Papsttum, Kriege und ihre Finanzierung – und demzufolge die Erhebung von Extraabgaben – und im Weiteren schließlich die Beschließung neuer Gesetze, die die bestehende Ordnung ändern. Über die Entscheidungen in solchen Fragen hatten folglich „alle“, genauer gesagt die Vertreter „aller“, d.h. aller Körperschaften, die im Staat politisches Gewicht hatten, zu befinden. Die Anerkennung des Parlaments als Organ, das im Namen „aller“ handelt, würde die Chance bieten, das Monopol des Monarchen als einzigem Vertreter des gesamten Staates aus den Angeln zu heben. Die Entwicklung konnte sogar so weit fortschreiten, dass man zu der Auffassung gelangt, das Parlament sollte den Staat repräsentieren, und zwar entweder gemeinsam mit dem Monarchen oder gar als ihm übergeordnete Instanz. Wie bereits erwähnt, war es bis dorthin noch ein weiter Weg. Andererseits hatte das Parlament in England mit der Entthronung zweier Könige im 14. Jahrhundert (1327 und 1399) bereits den Anspruch der „Lords“ und der „Commons“ offenbart, in die Rolle der Repräsentanten der Krone zu schlüpfen. Sie nahmen damit das vorweg, was sich dann drei Jahrhunderte später ereignen sollte, nämlich die Politik des Parlaments während der englischen Revolution.

Die Anerkennung des Rechts der Repräsentanten „aller“, im Angesicht dessen, was „alle angeht“, Gehör zu finden, ist auf Zuwachs angelegt, denn noch dürfen die Parlamente lediglich informieren, beraten und bitten. Die Monarchen fassten die Zustimmung des Parlaments eher als symbolischen Akt auf, der der frühmittelalterlichen – ebenfalls symbolisch erfolgten – „Akklamation“ eines neuen Herrschers durch „Senat und Volk“ ähnelte. Aber die Bitten des Parlaments konnten durchaus auch eine imperativische Färbung annehmen, und bei einem günstigen Kräfteverhältnis konnte so aus einem „Rat“ schnell „Zustimmung“ werden. Am leichtesten fiel es die Billigung des Parlaments in Steuerfragen zu erwirken. In der mittelalterlichen Tradition galten Steuern als Rettungsring für den Herrscher in außergewöhnlichen Notlagen, aber daneben auch als Ergebnis schlechter Regierung und despotischer Nötigung. Alle Steuern, die über die normalen Abgaben hinausgehen, werden vom König entweder erbeten oder erzwungen. Im dringenden Bedarfsfall verweigern sich die Untertanen der Bitte des Herrschers nicht, ansonsten jedoch findet der Grundsatz, den Thomas von Aquin seinerzeit formuliert hat, Anwendung, wonach „den Königen deshalb Einnahmen aus ihrer Domäne zustehen, damit sie daraus schöpfen um ihre Ausgaben zu decken und davon abgehalten werden, ihre Untertanen auszuplündern“. Die Monarchen des 14. und 15. Jahrhunderts waren allerdings nicht in der Lage, sich an diesen Grundsatz zu halten und ihre Bedürfnisse aus den traditionellen Einnahmen, die aus Domäne, Zöllen und Monopolen (etwa in den Bereichen Bergbau, Salzgewinnung und Münzwesen) flossen, zu befriedigen, und somit kommt der Zustimmung der Stände zur Erhebung neuer Steuerlasten erhebliche Bedeutung zu.

Der zweite Bereich, auf den die Ständeversammlungen sensibel reagierten, waren neue königliche Gesetze. Frühere Erfahrungen mahnten zu Vorsicht und Misstrauen. Schon im 12. Jahrhundert klagte der böhmische Chronist Kosmas, das Recht habe eine Nase aus Wachs, der Arm des Königs hingegen sei lang und aus Eisen. In jener Zeit steigerten sich die Herrscher in eine gesetzgeberische Wut hinein und lösten damit eine Welle aus, die auch auf andere nord- und osteuropäischen Länder wie Polen, Böhmen, Moskau und Schweden – um nur einige zu nennen – überschwappte und selbst Serbien erfasste, das sich unter Zar Stefan Duschan (1349, 1354) zu einem ehrgeizigen *Zakonnik* (Gesetzbuch) aufraffte. Und von da an gewannen auch die Stände in vielen Ländern erheblich Einfluss auf den gesetzgeberischen Prozess – so geschehen in Aragón schon im 13., in Frankreich im 14. und in Polen, Böhmen und Ungarn im 15. Jahrhundert. Das Recht Klagen und Bittschriften einzubringen stellte die gesetzgeberischen Initiativen der Stände auf eine solide Grundlage, ihr Mitspracherecht in Steuerfragen dagegen eröffnete einen Verhandlungsspielraum im Umgang mit den Herrschern, in dessen Rahmen man etwa die Zustimmung zu einer Steuer von der Annahme eines Gesetzesvorschlags abhängig machen konnte. Aber nur in England wurde im Jahre 1341 klar und deutlich festgelegt, dass sowohl die Verabschiedung als auch die Aufhebung von Statuten (Gesetzen) dem König unter Zustimmung des Parlaments, d.h. der „Lords“ und „Commons“, obliegt. Zu Beginn des 15. Jahrhunderts versprach der König zudem, gesetzgeberische Eingaben des Parlaments in ihrem Inhalt nicht zu verändern, was zuvor mitunter vorgekommen war. In der Praxis sah das so aus, dass die gesetzgeberischen Initiativen des Parlaments zur Zeit der Lancasters (1399–1461) klar die Oberhand gewannen, während sie danach unter den Yorks deutlich zurückgingen und den königlichen Initiativen den Vortritt ließen.

Die parlamentarischen Politiker hatten allerdings verstanden, dass die Einflussnahme auf die Gesetzgebung alleine noch nicht ausreicht, dass das Problem der loyalen Umsetzung der Gesetze durch die Regierung des Königs dem an Wichtigkeit in nichts nachsteht. Die Anstrengungen jedoch, die in der Folge unernommen wurden, um die Regierung unter die ständige Kontrolle des Parlaments zu stellen, waren nicht von Erfolg gekrönt. Selbst in der neuralgischen Frage der Steuern und Abgaben, die ab 1297 an die unbedingte Zustimmung der „Lords“ und „Commons“ gebunden war, gelang es nicht, die Regierung der Kontrolle des Parlaments zu unterwerfen, obwohl die „Commons“ sich nicht davon abbringen ließen, der Regierung aufzuzeigen, wofür die jeweilige Steuer bestimmt ist, und sie hartnäckig aufforderte, für geleistete Steuerausgaben Belege vorzulegen. Eine Form der Einflussnahme auf die Regierung konnte darin bestehen, dem König Ratschläge zu erteilen, zumal dieser oft um beratende Unterstützung nachsuchte. Aber die „Commons“ hatten Vorbehalte, denn die Erteilung eines Rats konnte sie in einer Steuerfrage dazu verpflichten, sich hinter die Vorhaben des Königs zu stellen. Eine wirksame Einflussmöglichkeit auf die Regierung konnte schließlich das so genannte *impeachement* bieten, das dem Unterhaus das Recht gab, Würdenträger wegen Rechtsverletzung anzuklagen und von den Lords aburteilen zu lassen. Der erste Vorfall dieser Art fand 1376 statt, als ein Minister wegen Veruntreuung angeklagt wurde. Im 14. Jahrhundert jedoch war das *impeachement* weniger ein Werkzeug in der Hand des Parlaments als vielmehr ein Instrument, dessen sich der König und seine Hofclique bedienten um mit der Opposition abzurechnen.

Auch auf dem Kontinent bemühten sich die Ständevertretungen, die Kontrolle über die Regierung zu gewinnen, besonders wenn es um die Verteilung und den Einsatz von Steuern und Abgaben ging. Und auch sie scheiterten, ja sie schafften es nicht einmal, ihrem Einfluss auf die Gesetzgebung formal Ausdruck zu verleihen. Und dennoch erlangten die ständischen Versammlungen in vielen Ländern Europas ansehnliche Bedeutung: in Aragón schon im 13. Jahrhundert, in Polen, Böhmen und Ungarn im 15. Jahrhundert und in Frankreich während der tiefen politischen Krise in den Fünfzigerjahren des 14. Jahrhunderts. Die Stände konnten dort wirklich bei der Besetzung des Throns und der Auswahl der Berater des Monarchen, bei Fragen von Krieg und Frieden, internationalen Abkommen etc. mitsprechen. Schwierig wurde es allerdings dann, wenn es darum ging, diesen Einfluss zu konservieren, oder auch nur, ihn formal festzuhalten. Viel hing von der Regelmäßigkeit ab, mit der sich die Parlamente konstituierten. Rekorhalter war auf diesem Gebiet England, das es im Laufe der 50 Jahre, in denen Eduard III. regierte (1327–1377), auf insgesamt 48 Parlamente brachte. Oft traten auch die Cortes in Aragón und im 15. Jahrhundert der Sejm in Polen und Ungarn zusammen. Daneben kam es auch darauf an, dass sich die Vertretungen einen festen Personalgrundstock anlegten, was durch die häufige Wiederwahl erfahrender Abgeordneter gewährleistet wurde, und ständige Kommissionen einsetzten, die in den Pausen zwischen den Sitzungsperioden des Parlaments ihrer Tätigkeit nachgingen.

Die einzelnen Ständeversammlungen beeindrucken durch die Verschiedenartigkeit ihres Aufbaus. In England ist die obere Kammer des Parlaments (die erst seit Anfang des 16. Jahrhunderts Oberhaus genannt wird) aus dem großen Rat der Barone hervorgegangen, in dem etwa 50 weltliche Erbpeers und etwas mehr geistliche Peers (Bischöfe und zahlreichen Äbte) ihren Sitz hatten. Die Kammer debattierte über die große Politik, gab ihr Votum zu Steuern und Gesetzen ab und nahm zahlreiche Aufgaben in der Justiz wahr. Das Unterhaus wurde von Grundbesitzern aus den Grafschaften und reichen Bürgern aus den Städten (Kaufleuten, Bankiers, Juristen) dominiert. Ganz aus dem Parlament verschwunden war nach 1331 der niedere Klerus. Die Vertreter der Grundbesitzer und Städte entdeckten, dass sie gemeinsame Interessen haben und dass es sich lohnt, gemeinsam über sie zu beraten. Der Kreis der Wähler schrumpfte im Übrigen zusammen: In den Städten entschieden nur noch die Oligarchen, in den Grafschaften wurden die weniger vermögenden Grundbesitzer von der Wahl ausgeschlossen. Abgeordnete, die sich durch ihr Geschick bewährt hatten, wurden sehr häufig wieder gewählt.

Auf dem Kontinent existierten gesamtstaatliche und provinzielle Ständeversammlungen parellel nebeneinander, was aus den noch nicht ganz überwundenen Folgen der Kleinstaaterei resultierte und dem Wunsch der Herrscher entsprang, mit den Ständen verschiedener Gebiete einzeln zu verhandeln. So kam es also, dass in Aragón der separate Charakter der drei Cortes – Aragón, Katalonien und Valencia – gewahrt blieb. In Frankreich konstituierten sich die ständischen Versammlungen auf gesamtstaatlicher Ebene (genannt „Drei Stände", der Begriff „Generalstände" bürgert sich erst im 16. Jahrhundert ein) nur sporadisch, dafür in den Provinzen bis zur Hälfte des 15. Jahrhunderts umso öfter und aktiver. Die Könige zogen es nämlich vor, Steuerübereinkünfte mit provinziellen Ständeversammlungen auszuhandeln, wobei sie sich jeweils auf die bereits erteilte Zustimmung anderer Provinzen berufen konnten. Dies kam aber auch den Ständen entgegen, die befürchteten, dass die Abgeordneten in Paris irgenwelchen Manipulationen der Regierung erliegen könnten... In Deutschland verwandelten sich die Reichstage vor dem Hintergrund der Verselbständigung der Fürsten gegenüber dem König in Kongresse mit Vertretern der unabhängigen Fürstentümer. Der Rahmen, in dem sich die Ständevertretung bewegen konnte, wurde hier also durch die Fürstenterritorien vorgegeben, was in dem Begriff selbst für diese Versammlungen – Landtage – zum Ausdruck kommt. Aber auch hier hielten sich separate Ständeversammlungen, und zwar in den Herrschergebieten, die ein Großgebilde darstellten und mehrere Territorien in sich vereinten, wie dies etwa bei den Habsburgern mit ihren Alpenländern und den Wettinern mit ihrem Meißner, Sachsen- und Thüringerstaat der Fall war.

Die lokalen Ständeversammlungen lassen, was geographischen Rahmen, Form, Verfahrensweise und Zusammensetzung angeht, eine große Vielfalt erkennen. Oftmals vermisste man noch – wie bei den französischen Provinzständen – das Wahlprinzip: Die Magnaten brachten sich persönlich ein, während die Delegierten der übrigen Gesellschaftsgruppen von den Behörden bestimmt wurden. Davon betroffen waren bis Mitte des 15. Jahrhunderts allerdings auch die französischen Ständeversammlungen auf gesamtstaatlicher Ebene, die Drei Stände. Die lokalen Vertretungen kümmerten sich zwar im Großen und Ganzen nicht um die große Politik und auch nicht um die Erlassung von Steuern und Abgaben – bis auf Frankreich, wo es, wie bereits erwähnt, anders war – konnten sich ansonsten aber dennoch nicht über Arbeitsmangel beklagen, denn in ihrer Verantwortlichkeit lag es, die lokalen Privilegien gegen Angriffe zu verteidigen, eine gewisse administrative und fiskale Selbstverwaltung zu gewährleisten,

Einfluss auf das örtliche Gewohnheitsrecht auszuüben und Petitionen einzubringen.

Die ständischen Versammlungen auf gesamtstaatlicher Ebene brauchten lange, bis sie sich formiert hatten, und in kompletter Gestalt treten sie erst ganz gegen Ende des Mittelalters zutage. Es hielt der Grundsatz Einzug, wonach Beschlüsse von den einzelnen Ständen gesondert gefasst werden sollten, was dem Monarchen die Aufgabe erleichterte, politische Manöver abzuhalten, und was seine Rolle als oberster Schiedsrichter stärkte, da sich die Stände in ihren Interessen und Bestrebungen meistens weit voneinander entfernten. Die klassische Einteilung in drei Stände (Klerus, Adel und Bürgertum) wurde nicht zur allgemeinen Regel. Nicht selten kam es beispielsweise vor, dass hoher und niederer Adel getrennt voneinander berieten, und auch der Klerus bildete nicht immer eine Einheit: Während die Hierarchie mit den Magnaten beriet, setzte sich die niedere Geistlichkeit mit dem Adel zusammen. Die Beteiligung der Bürger war zwar die Regel – eine Ständeversammlung ohne sie wäre nicht komplett gewesen – doch ebenso war es die Regel, dass man ihre Rolle zu beschneiden und sie gegenüber den „höheren" Ständen auf die Hinterbänke zurückzudrängen versuchte. Am weitesten ging man dabei in Polen: Nach 1505 verschwanden dort die Vertreter der Städte aus dem Abgeordnetenhaus – mit Ausnahme des dabei missachteten Abgeordneten von Krakau – der Sejm wurde als feudale Zweikammervertretung gebildet, der den Senat bestehend aus weltlichen Magnaten und Bischöfen und das Abgeordnetenhaus mit Vertretern des Adels umfasste. In Böhmen gehörten die Herren (Magnaten), der Adel und die Städte zum Sejm, und ähnlich war es in Aragón, wo die Reichen (*ricos hombres*), der Adel (*infanzones*) und die Städte das Parlament ausmachten. In Ungarn gab es zwei Kammern – die der Magnaten und die der Abgeordneten – aber vier Stände – die geistlichen Magnaten, die weltlichen Magnaten, der Adel und die Bürger der Städte. Vier Stände waren auch im schwedischen *riksdag* vertreten – neben Klerus, Adel und Städten auch die freien Bauern, womit Schweden allerdings keine Ausnahme war, denn Bauernabordnungen begegneten ebenfalls in einigen deutschen Territorien.

Die Überzeugung, wonach die Vertretung von den durch sie Vertretenen gewählt werden sollte, brauchte lange, bis sie sich ihren Weg gebahnt hatte, denn anfänglich wurden die Vertreter der niederen Stände einfach von der Regierung bestimmt, wobei die Frage, ob jemand ein – z.B. städtisches – Amt bekleidete, eine Rolle spielen konnte. Aber auch nach dem Sieg des Wahlprinzips konnte man sich von dem Gedanken an eine Vertretung ohne Wahl, d.h. quasi von Amtswegen, noch nicht lösen. Man ging dabei davon aus, dass die Bauern von ihren adligen Lehnsherren und das gemeine Volk in den Städten (das meistens von der Wahl ausgeschlossen war) von den städtischen Oligarchen repräsentiert werden; auf der Ebene der Geistlichkeit galt oft die Hierarchie als Vertreterin des niederen Klerus, der vielen Versammlungen fernblieb. Daneben tauchten besonders in der frühen Phase der Herausbildung von Vertretungen Elemente der „direkten Demokratie" auf. Dies konnte man etwa in Polen und Ungarn beobachten, wo gewöhnliche „Adelsherren" massenweise in den Sejm strömten. Lange dauerte es auch, bis sich die Regel der einfachen Stimmenmehrheit durchgesetzt hatte, denn weit verbreitet war bei den Versammlungen das Prinzip der Einstimmigkeit, obwohl es nicht übertrieben streng gehandhabt wurde. Oft war es so, dass Einstimmigkeit durch Druck der Mehrheit erzwungen wurde und man sich über den Standpunkt der Minderheit einfach hinwegsetzte. Zu guter Letzt wurde Einstimmigkeit nur noch von den getrennt beratenden Ständen verlangt, während man den einzelnen Gruppen innerhalb der Stände zugestand, ihre Entscheidungen durch einfache Stimmenmehrheit zu treffen.

Aus der Existenz von Ständeparlamenten zogen sowohl die Herrscher als auch die „Gemeinschaft des Königreichs" großen Nutzen. Den Monarchen lieferten sie eine Plattform, von der aus sie auf politisch aktive und starke gesellschaftliche Strukturen Einfluss nehmen konnten, außerdem gestatteten sie ihnen, ihre Einnahmen durch Mehrabgaben zu erhöhen und boten ihnen schließlich Schutz vor anarchischen Revolten. Für die Stände wiederum waren sie von Vorteil, weil sie durch sie, indem neue gesellschaftliche Kräfte, der einfache Adel und das vermögende Bürgertum zu Wort kamen, zu – wenn auch noch in bescheidenem Ausmaß -Landesvätern neben dem König aufstiegen. Es entstand ein neues – effektiveres und weniger konfliktbeladenes – Machtsystem.

Aber wie schwer tat sich dieses System! Gegen Ende des 15. Jahrhunderts wurden Symptome sichtbar, die eindeutig auf eine Schwächung der Ständevertretungen hindeuteten. In England beispielsweise wurde das Parlament immer seltener einberufen – unter Eduard IV. (1461–1483) gerade sechsmal. Darüber hinaus mehrten sich die Klagen über Wahlmanipulation und Wahlfälschung seitens der Barone und Sheriffs, womit die aristokratischen Clans und die Regierung das Unterhaus mit ihren Leuten besetzen wollten. Ungeniert wurde das Parlament ausgenutzt, das zum Schauplatz und Austragungsort brutaler politischer Schlachten mutierte und für *impeachement* und die noch drastischere *bill of attainder* – eine Gesetzesform, mit deren Hilfe Gegner ohne Prozess und Recht auf Verteidigung zum Tode verurteilt oder in die Verbannung geschickt werden konnten – herhalten musste. Die Kämpfe, die das Unterhaus führte, um die Freiheit der parlamentarischen Diskussion und die Immunität der Abgeordneten zu erwirken, brachten keine entscheidenden Ergebnisse.

In Polen konnte der Sejm seine Position festigen, obwohl er personell durch den Auszug der städtischen Abgeordneten aus dem Parlament geschrumpft war. In Frankreich wurden zuerst die kühnen und reformerischen Generalstände aus dem Jahre 1484 von den Regierenden ausgebootet, danach schläferten die Monarchen die gesamtstaatlichen Ständeversammlungen für viele Jahrzehnte ein. In Spanien geriet der Einfluss der kastilischen Cortes ins Wanken, und in Deutschland verwandelten sich die Landtage in ein willfähriges Instrument der Fürsten, wie das Beispiel Brandenburgs zeigte.

Die Ursachen für diese Erscheinungen waren unterschiedlich. Die Herrscher wahrten zwar ihre Vormachtstellung gegenüber der Ständevertretung und zogen verschiedentlich Nutzen aus ihr, aber im Grunde ihres Herzens lehnten sie sie ab. England wurde in seiner politischen Stabilität durch den so genannten „Rosenkrieg" erschüttert, in dem die beiden Linien des königlichen Hauses, Lancaster (im Wappen eine rote Rose) und York (im Wappen eine weiße Rose), um den Thron stritten. Die Militärausgaben vieler Herrscher verringerten sich, da ab Mitte des 15. Jahrhunderts überall merklich Ruhe einkehrte (der Hundertjährige Krieg wurde beendet und der türkische Vorwärtsdrang auf dem Balkan wurde für längere Zeit gestoppt). Die französischen Könige erhielten die Zustimmung der Stände, eine konstante (später allerdings von den Herrschern willkürlich wieder angehobene) Steuer zu erheben, mit der ein ständiges Heer unterhalten werden sollte. Nach einer längeren Krise kam in Mitteleuropa der Abbau von Silber wieder in Gang und in Westeuropa begann über Portugal afrikanisches Gold einzufließen. Die Herrscher waren also finanziell mehr oder weniger auf das Wohlwollen der Stände angewiesen, deren Vertretungen allerdings durch mangelnde Solidarität der Stände untereinander sowie durch provinzionelle Kleinstaatereien, wobei eine Ständevertretung auf gesamtstaatlicher Ebene oft ungelegen kam, geschwächt waren.

Die königliche Regierung

Durch die vermehrten Aktivitäten, die die Staaten im Spätmittelalter entfalteten, wurde eine Modernisierung der Zentralverwaltung notwendig. Deshalb ging man schließlich dazu über, Funktionen am Hof (den Dienst beim König) und staatliche Ämter voneinander zu trennen. Dies tat man jedoch nicht überall: In der Mehrzahl der deutschen Fürstentümer hielt die Vermischung beider Sphären in ihrer vollen Ausprägung bis Ende des 15. Jahrhunderts an. Und in England kamen die höfischen Organe (Garderobe, Kammer) den Königen gelegen, um Aristokratie und Parlament in ihren Ambitionen zu zügeln. Wenn die Barone oder „Commons" beispielsweise Einfluss auf staatliche Ämter – etwa die Kanzlei (*Exchequer*) – gewannen, so brauchte dies den Monarchen nicht weiter zu kümmern, da er auf seine höfischen Organe zurückgreifen und diese elastisch so einsetzen konnte, dass seine administrativen und finanziellen Anliegen schnell und effektiv erledigt wurden.

Die Herausforderungen und die Aufgaben, die das 14. und 15. Jahrhundert mit sich brachten, waren so gewaltig, dass sie selbst ehrgeizige und tatkräftige

Herrscher mit ihrer Last zu erdrücken drohten. In dieser Situation wuchs die Rolle des „Stabsorgans", des engen („geheimen", „pivaten") Rats des Monarchen, der bei seiner Arbeit gewöhnlich ohne große Dokumentation und formalisierte Prozeduren auskam, was ihn aber nicht hinderte, Mittelpunkt von Diskussionen und Entscheidungen in den Bereichen Außenpolitik, Gesetzgebung, Finanzen und Justiz zu werden. Hier war es auch, wo die Szenarien für die Beratungen der großen Ständeversammlungen vorbereitet wurden. Das letzte Wort gebührte zwar stets dem Herrscher, doch entschieden die Räte in vielen Angelegenheiten, besonders in Standardfragen, ohne Beteiligung des Monarchen. Im Falle eines schwachen Herrschers versuchten die Magnaten sich des Rates zu bemächtigen und unter seinem Schild das Land zu regieren. Überall übten im Übrigen die mächtigen Herren Druck auf die Zusammensetzung des Rates aus. Auch die Ständeversammlungen ließen Bestrebungen erkennen, die darauf ausgerichtet waren, auf die Auswahl der Mitarbeiter des Herrschers Einfluss zu nehmen, aber dies sollte ihnen sobald noch nicht beschieden sein.

Die Umsetzung der auf der obersten Machtstufe getroffenen Entscheidungen oblag zentralen Dienststellen. Im Allgemeinen handelte es sich dabei um Organe, die schon früher gebildet worden waren – etwa die Kanzlei, die Rechnungskammer und das höchste Gericht des Monarachen – und die man nun nur noch stabilisieren und ausbauen musste. Neu war das diplomatische Personal, das sich im Zusammenhang mit den ab dem 15. Jahrhundert entstehenden ständigen Botschaften und der Vervollkommnung der Kunst der Diplomatie herausgebildet hatte. Viele Staaten Europas waren auf diesem Gebiet bei den italienischen Stadtstaaten in die Lehre gegangen. Bemerkenswert ist schließlich noch der politische Aufstieg, den das Amt der königlichen Sekretäre in Frankreich und in England unter den Yorks zu verzeichnen hatte.

Noch war die Zeit der zahlreichen, speziell ausgerichteten Zentralressorts nicht gekommen. Eine Ausnahme war Moskau, wo ab Ende des 15. Jahrhunderts die so genannten *prikazy* vermehrt auftraten, die normalerweise von dem Monarchen nahe stehenden Bojaren geleitet und mit Fachbeamten (*d'jaki*) besetzt wurden. *Prikazy* gab es in den Bereichen Fiskus, Militär, Außenpolitik, für Hof- und Postverwaltung etc. Sie erwiesen sich aber als nicht allzu effektiv, und ihre Kompetenzen waren nicht präzise genug abgesteckt. Generell ließ sich die Tendenz beobachten, dass das administrative Fachpersonal zahlenmäßig stark zunahm und die Rolle der Bürger (neben den Geistlichen und dem Adel) dabei wuchs. Büros und Archive breiteten sich aus, der Papierverbrauch stieg immens, der Hang zu Statistiken wurde immer stärker. Einige Unternehmungen, die man in Angriff nahm, waren äußerst arbeitsintensiv (z.B. die allgemeine Zählung der Haushalte in Frankreich aus dem Jahre 1328) und führten im Ergebnis lediglich zu ganz groben Näherungswerten. Die Verwaltungstechnik verbesserte sich jedoch, was sie zum Großteil dem städtischen Handels- und Bankwesen zu verdanken hatte, dessen Techniken auf die Verwaltung übertragen wurden. Schon ab dem 13. Jahrhundert war die doppelte Buchführung bekannt, ab dem 14. Jahrhundert kannte man Schecks und Wechsel, im 15. Jahrhundert wurden indische – in Europa arabisch genannte – Ziffern Allgemeingut und ersetzten die umständlichen römischen Ziffern, auch operierte man mit Plus- und Minuszeichen.

Dort, wo vorher keine eng mit dem Herrscher verbundene Lokalverwaltung entstanden war, installierte man sie jetzt. In Böhmen tauchten schon im 13. Jahrhundert – in Polen später – Starosten, in den deutschen Territorien Amtmänner und Pfleger, in Serbien unter Stefan Duschan Gespane (*zuspani*) auf. Die Lokalbeamten erfüllten weiterhin gleichzeitig Funktionen im Polizei-, Finanz- und Gerichtswesen, obwohl sich dies angesichts zunehmender Aufgaben der Staatsmacht immer schwieriger gestaltete: Die Rechtsprechung verkomplizierte sich, auf dem Gebiet der öffentlichen Finanzen wuchs die Rolle der Steuern und Abgaben. Also leitete man einen Spezialisierungsprozess ein. In England hatten schon früher die Sheriffs einen Teil ihrer Befugnisse an Ämter mit quasi Selbstverwaltungscharakter abtreten müssen. Eines jener Ämter, das des so genannten Friedensrichters, avancierte im 15. Jahrhundert zur Hauptstütze der Verwaltung in den Grafschaften. Allerdings waren die Sheriffs nach wie vor einflussreich, da sie gebraucht wurden um die immer zahlreicher auftretenden Befehle des Königs an die Grafschaften weiterzuleiten. Sehr weit fortgeschritten war der Spezialisierungsprozess in Frankreich. Die Baillis und Seneschalls büßten nach und nach ihre Zuständigkeiten für das Militär (das von den Gouverneuren übernommen wurde), die Justiz und die Verwaltung der Domäne ein. Eine völlig eigenständige Sektion wurde für die Steueradministration eingerichtet. Die französische Lokalverwaltung stand in enger Abhängigkeit vom Herrscher, in England dagegen war die Mehrheit der Beamten in den Grafschaften vom Gesetz abhängig, und weniger von der Regierung: Ihr Vermögensstatus, ihre Verbindungen zur lokalen Elite und die unentgeltliche Ausübung von Amtsfunktionen verliehen ihnen eine Position mit quasi Selbstverwaltungscharakter.

Die administrativen und gerichtlichen Befugnisse der städtischen Selbstverwaltungen wurden alles in allem zwar respektiert, doch wachte der Apparat des Monarchen darüber, dass die Städte ihren finanziellen, militärischen und administrativen Verpflichtungen gegenüber dem Staat nachkamen. Diese Verpflichtungen wurden bisweilen schrittweise vergrößert und die Kontrolle des Monarchen über die Städte verschärft. Auf Widerstand stieß man dabei immer dann, wenn die Städte solidarisch in starken Bündnissen auftraten. Im Norden Deutschlands war dies etwa die Hanse, im Süden der Schwäbische Städtebund und in Spanien die so genannte Hermandad. Sobald es den deutschen Fürsten gelang, die Kontrolle über die Städte zu verstärkten, war eine ihrer ersten Forderungen der Austritt aus der Hanse. Andererseits wiederum sicherten sich die so genannten Kaiserstädte des Reichs *de facto* eine halbsouveräne Position. Und die norditalienischen Städte gingen sogar noch weiter und nahmen selbständige staatliche Strukturen an, wobei im 13. Jahrhundert die Signorie als oberste Behörde entstand. In Mailand regierten in jener Zeit die Visconti, in Mantua die Gonzaga, in Ferrara die Herzöge von Este, in Verona die Scaliger. Florenz verteidigte lange seine republikanischen Institutionen, bis die Medici im 15. Jahrhundert die Regierung übernahmen. Venedig dagegen hielt am System einer oligarchischen Republik mit einem Fürsten (Dogen) als Ehrenoberhaupt der Regierung fest.

In den Städten entstanden zahlreiche neue administrative Einrichtungen wie z.B. Sozialfürsorgesystem, Feuerwehr, Baupolizei und wirtschaftliche Körperschaften, die bestimmte Machtfunktionen ausübten, usw. Bemerkenswert ist auch der Einfluss, den das Stadtrecht auf die allgemeine Rechtsentwicklung, besonders das Privatrecht, nahm.

Bei der Besetzung von Posten in der staatlichen Administration dominierten die Ernennungen, die vom Monarchen vorgenommen wurden, aber darüber hinaus konnte es schon einmal passieren, dass Ämter gekauft oder vererbt wurden – letzteres dann, wenn es das Herrscherprivileg dem Beamten gestattete, seinen Nachfolger zu bestimmen. Die einstige Vergütung durch Landgabe war bereits weitgehend durch geldliche Entlohnung abgelöst worden. Hin und wieder begegnete man noch altmodischen Systemen wie der Verpachtung von Ämtern oder der im Moskauer Staat verbreiteten so genannten *kormlenije*, womit die Versorgung der Beamten durch die Bevölkerung gemeint ist.

Wiederhergestellt war bereits die Oberhoheit des Herrschers in der Justiz: Die höchsten Gerichte nehmen Berufungen von Gerichten aus dem ganzen Land entgegen, die Gerichte des Monarchen kontrollieren die Patrimonialgerichtsbarkeit, d.h. die Rechtsprechung der Grundherren über die Bauern. Aber die höchste Gerichtsbarkeit ist nicht zentralisiert, oft konkurrieren hier verschiedene Organe miteinander. In Frankreich bildenten sich neben dem höchsten Gericht in Paris (recte *parlement*) im 14. und 15. Jahrhundert Provinz*parlements* heraus. Dagegen gewannen in Gerichten letzter Instanz ausgebildete Juristen immer mehr an Bedeutung. In niederen Gerichten durfte der „soziale Faktor“ nicht fehlen, d.h. Schöffen, die besonders in Stadtgerichten auftraten. In England formierten sich Geschworenengerichte, wobei die Geschworenen im Gegensatz zu den Schöffen nur über die Schuld, nicht jedoch über das Strafmaß befinden durften. Diese Geschworenengerichte standen allerdings wegen ihrer Beherrschung durch vermögende Grundbesitzer in keinem guten Ruf. Hinzu kam, dass bis Mitte des 14. Jahrhunderts die Geschworenen oft Anklage mit Schuldspruch verbanden, sodass sich lange die Überzeugung hielt, dass die Geschworenen in einem Strafprozess stets auf „schuldig“ erkennen.

Die herkömmlichen Einnahmen des Monarchen aus Domäne, Monopolen, Zöllen und Gerichtsgebühren reichten schon längst nicht mehr aus. Aber da die Herrscher das Prägen von Münzen monopolisiert und private Münzanstalten verdrängt hatten (in Spanien verschwanden die letzten allerdings erst im 16. Jahrhundert), tat sich ihnen eine neue Einnahmequelle auf, die in der Manipulation des Geldes bei seiner Herstellung – sei es, dass man das Gewicht reduzierte, sei es, dass man dem Gold Kupfer beimischte – bestand. Dies verursachte ein noch größeres Geldchaos und rief eine Unzufriedenheit hervor, die dazu führte, dass man sich leichter mit Steuern abfinden konnte. Die Parlamente hatten im Übrigen eingesehen, dass sich Steuern nicht vermeiden ließen, wollte man dem staatlichen Mehraufwand gerecht werden und die steigenden Kriegskosten abdecken. Steuern waren also eine Notwendigkeit, daran gab es keinen Zweifel, aber eine Notwendigkeit, die sowohl unangenehm für die Bevölkerung als auch technisch schwer umsetzbar war, denn erstens gab es Probleme bei der Festlegung der Besteuerungsgrundlage und zweitens war es nicht so einfach, ein effizientes Steuereinzugsverfahren zu finden. Die französische Repartitionssteuer, bei der das aufzubringende Steueraufkommen im Ganzen festgesetzt und anschließend auf die Steuerpflichtigen umgelegt wird, war zwar weniger ehrlich – und barg zudem die Gefahr von Verdunkelung in sich – aber dafür aus Sicht des Staates bequemer als die englische Quotitätssteuer, bei der nicht das Gesamtaufkommen, sondern der Steuersatz festgesetz wird, sodass sich das Steueraufkommen erst nach Durchführung der Besteuerung ergibt. Leicht zu erheben waren indirekte Steuern, hauptsächlich Verbrauchssteuern, aber diese stießen auf tiefe Ablehnung bei den ärmeren Bevölkerungsschichten. Die Einkünfte des Königs wurden schließlich durch Geschenke und Darlehen ergänzt, die von reichen Bürgern, Großgrundbesitzern und Würdenträgern mehr oder weniger erpresst wurden. Als Gegenleistung für ein Darlehen konnte eine Stadt beispielsweise mehr Privilegien und ein Würdenträger das Recht auf Bestimmung seines Nachfolgers eingeräumt bekommen. An Rückzahlung des Darlehens war allerdings nicht zu denken, außer man hatte es mit reichen Bankiers zu tun, die sich generell abzusichern wussten, wenn sie an Monarchen Geld verliehen. Aber selbst das mächtige Bankhaus Bardich und andere Florentiner Banken erlitten im 14. Jahrhundert riesige Verluste, weil sie dem englischen König Eduard III. für seinen Hundertjährigen Krieg zu viel geliehen und sich dabei verkalkuliert hatten.

Der letzte Pfeiler, auf den sich die Macht des Monarchen nach Administration und Finanzwesen stützte, war das Militär. Die Kriegskosten schnellten rasant in die Höhe, denn man benötigte immer größere Schiffe und immer schwerere Geschütze, musste die Schutzmauern verstärken und immer zahlreichere Söldnertrupps bezahlen, ganz abgesehen davon, dass das Dauerkontingent der Streitkräfte das der bisherigen Garnisonen weit übertraf.

Der traditionelle Lehnsdienst (oder der dem sehr ähnliche Ritterdienst) hatte zur Zeit des Landsturms stets große Bedeutung, aber sein Wert begann unter den neuen Bedingungen der Kriegsführung zu sinken. Im Gegenzug spielten jetzt befestigte Städte und Bürgermilizen eine größere Rolle, und wie besonders die englische Praxis zeigt, schreckte man auch nicht davor zurück, mit der Heranziehung von Städtern und Bauern zum Dienst auf dem Schlachtfeld zu experimentieren.

III

Die absolute Macht

Europa am Scheideweg

Im 16. Jahrhundert wurde der Begriff „Ständestaat" nicht benutzt. Das, wofür er steht, ging in dem Terminus „Mischstaat" auf, womit eine Ordnung beschrieben wurde, in dem das Nebeneinander von monarchischen Prärogativen und Ständerechten als notwendig und für beide Seiten vorteilhaft eingeschätzt wurde. Es stimmt zwar, dass nur schwer von einem Gleichgewicht der Kräfte die Rede sein kann, denn die Tendenz zur Stärkung der königlichen Macht bei gleichzeitiger Schwächung der Ständevertretung trat immer deutlicher zutage, aber dennoch hätte niemand – weder die Engländer unter der Regierung von Elisabeth I. (aus dem Hause Tudor) noch die Franzosen zur Zeit Franz' I. oder Heinrichs III. und IV. noch schließlich die Schweden unter der Regentschaft Gustavs I. (aus dem Hause Wasa) – zu behaupten gewagt, die „Mischform" wäre der Alleinherrschaft gewichen: „Wir sind doch hier nicht in Moskau oder Konstantinopel", hieß es allenthalben. Aber selbst im despotischen Moskau Ivans des Schrecklichen gab es eine ständische Vertretung in Form von Ständeversammlungen (*sobory zemskie*) bestehend aus – wenn auch zugegebenermaßen vom Zaren bestimmten – Vertretern des Adels und der Stadtbevölkerung, die sich für den Herrscher bei seinen brutalen Vorgehen gegen die Bojarenaristokratie als äußerst nützlich erwiesen. Das alleinherrschaftliche Temperament, das etwa in Gustav Wasa oder den Tudors, in Heinrich VIII. und Elisabeth I. schlummerte, stand einer ziemlich reibungslosen Zusammenarbeit mit dem *ridksdag* oder dem Parlament nicht im Weg. Schlechter stellte sich dabei Heinrich III. an und auch sein Nachfolger Heinrich IV. verriet keinerlei Absicht, die Generalstände, die vorher zur Zeit des Chaos, das die Glaubenskriege angerichtet hatten, der Krone nicht zu Hilfe gekommen waren, einzuberufen. Dennoch kann man denen zustimmen, die die Regentschaft Gustavs, Elisabeths und sogar (wenn nicht gerade) Heinrichs IV. als „väterlichen Absolutismus" definieren.

Im Übrigen haben die absolutistischen Herrscher auch später, als sie schon fest im Sattel saßen, nicht immer die Ständevertretung beseitigt oder sie ihrer politischen Aussagekraft beraubt. Die absolutistischen Herrscher sind bisweilen ganz gut mit dem Parlament ausgekommen, wie sich anhand der Beispiele, die Gustav Adolf und Karl XI. von Schweden gegeben haben, überzeugend nachweisen lässt. Ständeversammlungen behaupteten sich auch in zahlreichen – darunter auch großen – deutschen Staaten, in der absoluten Monarchie Spaniens blieben sie nur in Aragón und Sizilien erhalten, während sie in Kastilien ihren Stellenwert verloren und aus Neapel völlig verbannt wurden. In Italien und gelegentlich auch in Frankreich wurden die großen Ständeversammlungen durch Zusammenkünfte von Notabeln, die vom Herrscher ernannt wurden, ersetzt.

Europa war am Scheidepunkt seiner Systemgeschichte angekommen. Der Absolutismus war keineswegs etwas, was irgendwie vorbestimmt und damit unvermeidbar gewesen wäre. Die Entwicklung konnte ebensogut in entgegengesetzter Richtung verlaufen und eine staatliche Ordnung hervorbringen, in der die unteren Schichten der Gesellschaft immer mehr in den Regierungsprozess einbezogen werden. Und einige Länder schlugen genau diesen Weg ein. In England beispielsweise neigte sich die Schale nicht zugunsten eines Absolutismus in Reinkultur. Jener „Absolutismus" der Tudors oder sogar der Stuarts war ziemlich untypisch, da er weder dem König wirksame Machtinstrumente für einen Einsatz in den Grafschaften und den durch quasi Selbstverwaltungsorgane geleiteten Städten an die Hand lieferte noch dem Parlament in seinen grundlegenden politischen Befugnissen Beschränkungen auferlegte. So war es kein Wunder, dass sich aus den Wirrungen der „großen Rebellion" Mitte des 17. Jahrhunderts letztendlich eine liberale konstitutionelle Monarchie herauskristallisierte und in der Folge stabilisierte, um die England von allen Gegnern des Absolutismus auf dem Kontinent beneidet wurde. Im großen polnisch-litauischen Staat hielt die – abgesehen von einigen Reibereien – gute Zusammenarbeit zwischen dem König, dem von den Großgrundbesitzern dominierten Senat und dem adligen Abgeordnetenhaus das ganze 16. Jahrhundert hindurch an. Ähnlich wie in England, so war auch hier der Monarch eines der Mitglieder des Parlaments, gehörte also gewissermaßen zum „Stand des Sejm", und auch hier ließ er jegliches Interesse am Aufbau eines wirksamen königlichen Machtapparats in den Territorien vermissen. Die so genannte Adelsdemokratie machte aus der Republik einen Einständestaat (obwohl *de iure* die Geistlichkeit, die politisch durch die Bischöfe im Senat vertreten wurde, als Stand dem Adel übergeordnet war). Die Niederländer und die Venezianer, die einen eine Seefahrer-, die anderen eine Handelsgemeinschaft, schufen solide oligarchische Republiken, ohne dabei allerdings völlig auf monarchistische Elemente zu verzichten. Die Vereinigten Provinzen der Niederlande wurden von den französischen Calvinisten als vorbildhaft angesehen, und sie standen Modell, als in Südfrankreich in der Zeit der Glaubenskriege eine protestantische Republik der „Vereinigten Provinzen Südfrankreichs", wie sie Historiker (wohl in Vorwegnahme der Ereignisse) manchmal bezeichnen, entworfen wurde. Auf originelle Weise entwickelten sich die republikanischen Kantone der Schweiz, während die unabhängigen städtischen Kommunen Italiens ein schwereres Schicksal erwartete. Zwar konnten sie expandieren und ihre Territorien ausdehnen, doch fielen sie dann entweder fremden Herrschern in die Hände – Genua war ab 1499 französisch, ab 1528 spanisch; Mailand wurde mehrmals von Frankreich erobert und wieder verloren, dann war es kaiserlich und ab 1555 schließlich spanisch – oder erlagen der monarchistischen Alleinherrschaft wie im Falle des Florenz' der Medici, das im Jahre 1569 zum Großherzogtum Toskana wurde. Nur einige Kommunen – Lucca, San Marino – schafften es, ihren republikanischen Charakter zu bewahren. Als oligarchische Städterepubliken hielten sich die freien Städte des Reichs mit Hamburg, Bremen und – dem im 16. Jahrhundert allerdings abbauenden – Lübeck an der Spitze, deren Unabhängigkeit durch die nominelle Obrigkeit des römisch-deutschen Kaisers nicht eingeengt wurde.

Das System jender Staaten, die vom Absolutismus verschont blieben, begann man in Europa als republikanisch zu bezeichnen, und zwar ganz egal, ob sie einen König (wie das liberale England oder die polnisch-litauische Adelsrepublik) oder irgendeinen Ersatz für einen König (z.B. einen Dogen wie in Venedig oder eine *stathouder* wie in den Niederlanden) hatten oder eine Republik „in Reinkultur" darstellten. Demnach liegt eine republikanische Staatsform dann vor, wenn der Einfluss der oberen Gesellschaftsschichten auf den Prozess der Machtausübung gewahrt bleibt.

Der zweite Weg, der sich vor Europa an der Schwelle zur Neuzeit auftat, war wesentlich dichter gedrängt. Er führte zur absoluten Monarchie und war weitaus länger, beschwerlicher und komplizierter als man gemeinhin vermutet. Der Absolutismus ist kein Konstrukt, das von irgendeiner großen Persönlichkeit, etwa von Richelieu und Ludwig XIV. in Frankreich, von Philipp II. oder dem Grafen und Herzog Olivares (*condeduque de Olivares*) in Spanien oder von Ivan dem Schrecklichen in Russland kreiert worden wäre. Richelieus mühevoll aufgebaute Machtstruktur begann schon gleich nach seinem Tod zu bröckeln, als sich Frankreich zur Zeit der Fronde erhob. Der grausame und chaotische Absolutismus, wie er von Ivan dem Schrecklichen praktiziert wurde, scheiterte letztendlich und kurz danach brach die Zeit der Wirren (*smuta*) an. Bisweilen ereigneten sich „monarchistische Revolutionen", die von einem Tag auf den anderen die absolute Herrschaftsform einführten. So ging etwa Frederik III. 1660 in Dänemark vor, nachdem er sich vorher der Unterstützung seitens der Bürger Kopenhagens und des Klerus versichert hatte. Dem dänischen Beispiel eiferten 1680 die Schweden nach, als die beiden Kammern des *rikdag* im Namen des minderjährigen Karls XI. unter Mitwirkung der Bürger und des Adels einen Umsturz herbeiführten. Die Rückkehr zum Absolutismus vollzog sich dort gegen die Aristokratie. Während sich der Absolutismus in Dänemark im 18. Jahrhundert festsetzte, brach für Schweden rasch eine längere „Periode der Freiheit“ (1719–1772) an, die erst von König Gustav III. beendet wurde, als es ihm gelang, mit Müh und Not einen neuen, diesmal „aufgeklärten“ Absolutismus auf die Beine zu stellen.

Die zitierten skandinavischen „Königsrevolutionen“ zeigen, dass der Absolutismus mitunter auf starken Rückhalt in der Gesellschaft stieß. Dies passierte im 16. Jahrhundert häufiger als später, denn der „Renaissance-absolutismus“ war meistens nicht despotisch angehaucht. Der Zuwachs an Befugnissen auf Seiten des Monarchen löste bei einem Teil der Untertanen Proteste aus, viele andere jedoch profitierten nicht schlecht davon. In den Gesellschaften zur Zeit der Renaissance hatte sich das Bewusstsein verankert, dass alle das gleiche Los teilen: Ein starker Monarch konnte zum Symbol der Staatsmacht und damit zum Gegenstand nationalen Stolzes aufsteigen. Im 16. Jahrhundert verschärfte sich die Rivalität zwischen den Staaten Europas, die auf Territorial-, Handels-, Kolonial- und Religionsebene ausgetragen wurde. Ein starker Herrscher kam da gerade recht, um Bedrohungen vom Staat abzuwenden und Erfolge davonzutragen. Die politisch aktiven sozialen Schichten wollten jedoch ihren Einfluss auf die Außenpolitik und die Entscheidung über Krieg und Frieden nicht aufgeben, zumal diese Bereiche schon zur Zeit der Ständemonarchie ständig im Mittelpunkt des Interesses der großen ständischen Versammlungen gestanden hatten.

Eigentlich wurde Europa erst im 17. Jahrhundert von einer großen Kriegswelle überrollt, als Ludwig XIV. seine vernunftwidrigen *guerres de prestige* führte. Im 16. Jahrhundert wurde der Grundstein zu den euopäischen „Imperien“ gelegt. Darunter konnte man einmal große territoriale Blöcke verstehen – man denke etwa an Russland, das sich bis in die Tiefe Asiens (Wolgagebiet, Sibirien) vorgeschoben hatte, das Österreich der Habsburger nach dem Anschluss Böhmens und Ungarns, die Türken mit ihren erfolgreichen Raubzügen in Südosteuropa und die polnisch-litauische Republik mit ihren vorerst letzten territorialen Eroberungen (das Lehen des Fürstentums Preußen, Livland). Zu diesen „Imperien“ trat später Schweden hinzu, das im 17. Jahrhundert Finnland, einen Teil Norwegens und Livland beherrschte und das dank seiner Errungenschaften im Reich die Oder-, Elb- und Wesermündung kontrollierte. Gemeinsames Merkmal all dieser Staatsgebilde war ihre Mulitethnizität, die Anlass zu Spannungen geben konnte und Konfliktstoff in sich barg.

Eine andere Art Imperium bildeten Spanien und Portugal mit ihren schon im 16. Jahrhundert riesigen kolonialen Besitztümern. Wieder anders lagen die Dinge im Falle der beiden Seemächte England und Niederlande, deren Kolonialpolitik in erster Linie darauf abzielte, Basen und Handelsniederlassungen zu gründen.

Zum Kreis der Kolonialstaaten aufrücken wollte schon zur Zeit Franz‘ I. und Heinrichs IV. auch Frankreich. Aus den Kolonialgegensätzen erwuchsen zahlreiche Konflikte, die an der allgemeinen politischen Entwicklung Europas nicht ganz spurlos vorüberzogen.

Und dann schließlich noch die Reformantion des 16. Jahrhunderts mit ihren komplizierten politischen Nachwehen, aus der einerseits die Monarchen materiell und – dank ihrer Kontrolle über die Kirchen – politisch gestärkt hervorgingen, die andererseits aber wiederum Zwistigkeiten, Animositäten und Glaubenskriege hervorrief, die zunächst noch auf das Gebiet der Einzelstaaten beschränkt blieben, dann aber auf die zwischenstaatliche Ebene übergriffen.

Mit der gewissen Ruhe, die Europa in der zweiten Hälfte des 15. Jahrhunderts erleben durfte, war es damit erst einmal vorbei: Frankreich und Spanien waren in die Kriege um Italien verstrickt, es begann die mörderische Auseinandersetzung zwischen den Habsburgern und den Vallois, der türkische Vormarsch in Europa markierte den Höhepunkt der territorialen Expansion des osmanischen Reichs, „allrussische“ Ambitionen verleiteten Russland zu einem Krieg mit dem Großfürstentum Litauen und dann mit der polnisch-litauischen Realunion...

Angesichts dieser Ballung von Konfliktherden musste ein starker Monarch zum Erfolgsgarant und Schutzschild für die Staaten avancieren. Es genügt sich in diesem Zusammenhang an das Entsetzen zu erinnern, das die Franzosen befiel, als sie erfuhren, dass Franz I. in spanische Gefangenschaft geraten war, oder an die Unterwürfigkeit, die die stolzen Engländer Elisabeth I., einer Königin mit nicht alltäglichen Fähigkeiten, entgegenbrachten, oder schließlich an die Loyalität, die die noch stolzeren Spanier Philipp II. zollten, wobei man in letzterem Fall allerdings auch nicht die Kehrseite der Medaille übersehen darf, denn gerade der starken Persönlichkeit Philipps II. war es zu verdanken, dass sich die Niederländer so dauerhaft und verbissen gegen eine spanische und katholische Regentschaft zur Wehr setzen konnten.

Der Renaissanceabsolutismus

Vor dem Hintergrund von Interessensgegensätzen und der daraus resultierenden Streitigkeiten zwischen den Untertanen kann nur ein starker Monarch – um mit den Worten Jean Bodins, eines Theoretikers des Renaissanceabsolutismus, zu sprechen – „seine Majestät behaupten und in Konflikten als Neutraler entscheiden“. Nur ein absoluter Herrscher kann wirklich unparteiisch sein – absolut in dem Sinne, dass ihm niemand (er dagegen allen) Befehle erteilen kann, was nicht dahingehend missverstanden werden darf, als könne er damit tun und lassen, was er will, denn schließlich ist er sowohl an göttliches Recht, so wie es in der Heiligen Schrift geschrieben steht, als auch an natürliches Recht, das der gesunde Menschenverstand vorgibt, gebunden. Die Rechte und Privilegien der Stände hingegen bestimmt allein der Herrscher, und er ist es auch, der diese Rechte und Privilegien wieder abschaffen bzw. entziehen kann. Auch für ihn unantastbar sind alleine Verträge, die der Monarch bisweilen mit seinen Untertanen schließt, aber solche Erscheinungen besitzen auf der Ebene der souveränen Macht ohnehin Seltenheitswert, zumal die Zeiten der Lehnsverträge längst vorbei sind.

Die Befürworter eines „Mischstaates" verteidigten eisern jene Ständeprivilegien und kehrten im 16. Jahrhundert gern zur Idee des Vertragsverhältnisses zurück, in dem Herrscher und Untertanen zueinander stehen sollten. Ihnen schwebte dabei kein Lehns-, sondern ein Gesellschaftsvertrag vor, den die beiden Seiten – zum einen der Herrscher, zum anderen die ständisch organisierte „Gemeinschaft des Königreichs" – miteinander eingehen.

Die Renaissancemonarchie setzte – so lautete die allgemeine Vorstellung – auf die Verbindung von starker Macht und echter Autorität bei den Regierenden. Fundament des Staates müsse das gegenseitige Vertrauen sein, dass sich Herrscher und Untertanen schulden. Nun ist Vertrauen aber eine subjektive Erscheinung, und so suchte man auf beiden Seiten nach Mitteln und Wegen, die wechselseitigen Beziehungen zu objektivieren. Auf Seiten der Untertanen landete man dabei bei der Theorie des Gesellschaftsvertrags, die Monarchen flüchteten sich dagegen in die Objektivierung der staatlichen Institutionen, die sich auf beständige Regeln und nicht auf wechselnde Personen stützen sollten. Heiß propagiert wurde dieser Ansatz gerade von dem zitierten Bodin, aber bei ihm erscheint in der Rolle des ausschließlichen Hüters jener „dauerhaften Regeln" der souveräne Herrscher, weil Souveränität seinem Wesen nach auf „dem Beschluss und der Aufhebung von Gesetzen" beruht. Die Theorie des Gesellschaftsvertrags öffnete den – allerdings noch weiten – Weg hin zum Liberalismus (Grundlage der politischen Verpflichtung ist die freie Zustimmung der Menschen, diese Verpflichtung einzugehen) und zum Staatspluralismus (der es erlaubt, den Gesellschaftsvertrag inhaltlich verschieden zu gestalten). Bodins Theorie dagegen, wonach der Herrscher das Gesetzeshütermonopol innehat, schlägt eine direkte Brücke zum Absolutismus. Was nutzte es da schon, dass sich nach dieser Konzeption der Herrscher an das göttliche Recht halten musste, wo es den autoritären Monarchen doch wenig Mühe kostete, unter den gelehrten Theologen und Juristen fähige und gefügige Interpretatoren zu finden, die es fertigbrachten, selbst die halsbrecherischsten königlichen Projekte mit dem göttlichen Recht in Einklang zu bringen. Als Heinrich VIII. von England beschloss, sich von seiner alten und unfähigen, ihm einen männlichen Erben zu schenken, Gemahlin Katharina von Aragón scheiden zu lassen, der Papst aber die Annullierung der Ehe ablehnte, schaffte es der König, dem Papst die Meinung der gesamten europäischen Universitätselite entgegenzuhalten und zu einem erschwinglichen Preis die Gelehrten zu der Feststellung zu veranlassen, dass die Ehe von Anbeginn an mit dem göttlichen Recht unvereinbar und daher ungültig war.

An der Stärkung der Macht des Monarchen arbeitete auch die Reformation im 16. Jahrhundert kräftig mit. In England, im Schweden Gustavs I. Wasa und in den lutherischen Staaten Deutschlands gestattete sie es den Monarchen, die Hand nach Kirchen- und vor allem Ordensgütern auszustrecken. Die Pastoren fanden sich als Kostgänger der weltlichen Macht wieder, die jedweder Unterstützung durch eine mächtige Organisation, wie es die römische Kirche war, beraubt und mit Familie belastet keinen politischen Druck auf die Machthaber ausüben konnten. Nur der Calvinismus (in Genf, Schottland und den Niederlanden) zeitigte das Phänomen der politischen Einflussnahme durch Pastoren. Ansonsten waren die protestantischen Kirchen in der Mehrheit nicht mehr als willige Helfer des immer weiter erstarkenden Herrschers. Auch in katholischen Ländern wie etwa Frankreich und Spanien manifestierte sich ein immer größer werdender Einfluss der Monarchen auf die Landeskirchen, die durch den Vormarsch des Protestantismus erschrocken um Unterstützung bei der weltlichen Macht nachsuchten. Die Päpste, die aufgrund der schwierigen politischen Lage in Italien genug mit sich selbst zu tun hatten, ließen sie nicht nur gewähren, sondern halfen sogar bisweilen mit, die Kontrolle der Monarchen über die Kirche zu stabilisieren. Man stelle sich vor: Im Konkordat von Bologna (1516) wurde den französischen Königen das Recht zugestanden, zehn Erzbistümer, 82 Bistümer, weit über 500 Abteien und eine Vielzahl von Prioraten und Kanonikaten zu besetzen! Den Königen trug dies beflissenen Gehorsam seitens des Klerus ein. Mehr noch: Die Könige verteilten die Einnahmen aus Kirchenbenefizien an ihre Schützlinge, sogar an Frauen und Kinder. So nimmt es nicht wunder, dass die Herrscher in Frankreich an der Reformation, die ihnen politisch gar nichts und materiell nicht viel bringen konnte, kein Interesse bekundeten.

Der Renaissancestaat expandierte immer mehr, erfasste Industrie, Handel, Transport- und Kreditwesen, kümmerte sich um Produktionstechniken und die berufliche Qualifikation der Leute, intensivierte die Propaganda usw., was aus der Sicht der Herrscher den Bedarf an fachlich besser ausgebildeten Beamten steigerte. Diese Beamten konnten ihre Position entscheidend verbessern, und zwar dadurch, dass sie auf der gesellschaftlichen Leiter ein gutes Stück nach oben kletterten. In den deutschen Staaten, in Frankreich und in Skandinavien etwa war in den Ständeversammlungen des 16. Jahrhunderts eine immer größere Zahl an Funktionärsabgeordneten vertreten, die sich auf alle ständischen Gruppen verteilten. Dies war für die Monarchen sehr bequem, und so mancher unter ihnen fand sogar selbst an der Büroarbeit Gefallen. Das Berufungsverfahren für die Beamten sah verschieden aus: mal Ernennung durch den Monarchen, mal Ämterpacht oder -kauf, seltener Wahl (etwa bei den

Beamten der städtischen Selbstverwaltung). So langsam bildete sich schon so etwas wie eine Körperschaftssolidarität innerhalb der Beamtenschicht heraus, man entwickelte eigene Zielvorstellungen, die nicht unbedingt mit denen der Stände, aus denen man hervorgegangen war, d.h. dem Adel oder Bürgertum, übereinstimmen mussten. Die gestiegenen fachlichen Anforderungen erleichterten es Bürgern, den „Schreibkundigen", zu Ämtern Zugang zu finden. Förderlich wirkte sich hierbei auch die in Westeuropa (in Frankreich, England, Spanien und den italienischen Stadtstaaten) um sich greifende Gepflogenheit des Ämterkaufs aus, die bei den weniger Vermögenden infolge der hohen Preise Protest auslöste. Besonders schrien aber die Aristokraten auf, die es gewohnt waren, durch Protektion ganze Scharen ihrer Klientel in Ämter einzuschleusen. Den Monarchen wiederum gereichte der Verkauf von Ämtern sehr zum Vorteil, denn dadurch stiegen die Einnahmen des Fiskus, die Loyalität der Beamten wurde gestärkt (wer eine große Summe in den Kauf eines Postens gesteckt hatte, dem musste an der Stabilität des Systems gelegen sein) und dank der Käuflichkeit von Ämtern wurde nicht zuletzt auch das aristokratische Gönnertum zurückgedrängt.

Die Herrscher in der Renaissance mühten sich mitunter heftig in dem Bestreben, den Stellenwert der aristokratischen Würdenträger zu schmälern, ihre Räte mit Fachkräften zu besetzen, ja sogar sich durch den Erwerb genauer Sachkenntnisse in die Lage zu versetzen, selbst über alles zu entscheiden. Das war die Vorgehensweise Philipps II., des großen einsamen Wolfs, der nur sich selbst vertraute und es deshalb vorzog, sich selbst in die Lektüre bürokratischer Berichte zu stürzen und sich in sie hineinzuvertiefen, bis er unter ihrer Last fast zusammenbrach. Unter seinen Nachfolgern fand diese Form der Regierung allerdings keine Nachahmer. Nicht so Heinrich von Vallois in Frankreich, der ebenfalls in Amtspapieren zu ersticken drohte, weil er die bürokratische Arbeit so sehr mochte. Nicht umsonst bekam er den Beinamen „König Federfuchser". Sein ehrgeiziger Versuch jedoch, den Staat 1579 mit seiner *Großen Ordonnanz von Blois* zu reformieren, kam über den Status eines Programms der guten Absichten nicht hinaus. Die Stärkung der Königsmacht stieß bei der Aristokratie auf heftigen Widerstand und die inneren Konflikte im Staat schufen günstige Rahmenbedingungen für die Herausbildung rivalisierender Großgrundbesitzerclans, die sich auf eine Privatarmee und ganze Heerscharen von streng hierarchisierten Klienten stützen konnten. Dies war im früheren England zur Zeit des „Rosenkriegs" nicht anders als im von Glaubenskriegen zerrissenen Frankreich des 16. Jahrhunderts. Unter dem Vallois rivalisierten ungehemmt drei Lager der Magnaten miteinander: zum einen der ultrakatholische Clan der Herzöge von Guise, zum anderen der calvinistische Klan der Herzöge von Bourbon und schließlich der gemäßigte pragmatische Klan der Herzöge von Montmorency. Jeder von ihnen wollte entscheidend Einfluss auf den König, den

Verteiler von Ämtern, Gütern und Würden, gewinnen um so den Machtapparat mit seinen Protegés durchsetzen zu können.

Eine wesentliche Rolle spielte übrigens auch im königlichen Machtsystem weiterhin der Faktor persönliche Treue, der den Boden bereitete, auf dem vertikal angeordnete Hierarchien von Klienten gedeihen konnten. Die Herrscher selbst halfen dabei gelegentlich nach, indem sie höheren Beamten das Recht einräumten, niedere Positionen frei nach eigener Wahl zu besetzen. So gelangten also die „Kreaturen" der Würdenträger (wobei dieser Begriff damals noch nicht negativ gefärbt war) in Ämter, und ihr beruflicher Werdegang hing einzig und allein von der Gnade des Patrons ab.

Die zweite Säule der monarchischen Macht war das Heer. Im 16. Jahrhundert, das von Kriegen und Konflikten übersät war, trugen nahezu alle (nicht nur der Adel) Waffen. Erst der Absolutismus des 17. Jahrhunderts bewirkte hier ein Umdenken und leitete eine gewisse Gegenbewegung ein, zumal die Techniken der Kriegsführung inzwischen so weit vorangeschritten waren, dass eine Zivilbevölkerung unter Waffen ohnehin mehr oder weniger zur Bedeutungslosigkeit verurteilt gewesen wäre. Bewaffnete Zivilisten bewegten sich nicht immer außerhalb des Gesetzes: Bürger- und sogar Bauernmilizen waren oft sehr wichtig und wurden deshalb gerne geduldet. In den Niederlanden etwa erwiesen sich die städtischen Milizen mit ihrer Artillerie in den schweren Kriegen mit Spanien als eine Macht, die Tudors gründeten in den Grafschaften Englands eine Nationalmiliz mit einer Wehrpflicht vom 16. bis 60. Lebensjahr (tatsächlich wurden von diesem Potential aber nur 10% genutzt), in Spanien unter Philipp II. wurde fast eine halbe Million Leute von der Miliz erfasst, von denen dann aber nur 60000 ausgebildet und bewaffnet wurden, in Schweden unter Gustav Adolf verliehen die traditionellen Milizen einer „nationalen" Armee erste Konturen und auch in den deutschen Staaten wie Bayern und Brandenburg und in Frankreich nahmen die Milizen einen hohen Stellenwert ein.

Auch zählte in ganz Europa noch der adlige Landsturm, obwohl die Veränderungen in der Kriegstechnik seine Rolle schmälerten und dazu zwangen, zur Berufsarmee überzugehen. Eine Lösung konnte dabei das Söldnerheer, das Kondottierentum (*la condotta*), sein, das auf dem Gipfel seiner Entwicklung in Italien im 15. und in Deutschland im 17. Jahrhundert angelangt war, also dort Furore machte, wo die politische Zerstückelung die Kontrolle über die Kondottieri erschwerte. Das Kondottierentum war im Grunde eine private Unternehmung, bei dem die Anführer und Organisatoren in einer Person entweder auf eigene Kosten oder mit dem Vorschuss, den sie von einem etwaigen Auftraggeber bekamen, Hauptleute und diese wiederum Freiwillige als Soldaten anheuerten. Handelte es sich um eine Söldnerarmee, die vom Kondottiere finanziert wurde, so verfuhr dieser nach dem Motto „wer gibt mehr“ und bot jener Regierung seine Dienste an, die dafür am meisten zu zahlen bereit war. Die Kosten, die dabei anfielen, konnten erheblich sein, denn die Kavalleristen der Reiterei und die Landsknechte der Fußtruppen stellten eine professionelle und deshalb nicht billige Streitmacht dar. Einige Nationen hatten sich auf den Söldnerdienst geradezu spezialisiert, etwa die Schotten, Schweizer, Deutschen, Ungarn oder Albaner. Die hoch geschätzten Schweizer Regimente fielen allerdings insofern etwas aus dem Rahmen, als sie kein Privatunternehmen waren, sondern die Kantonsbehörden bei ihrer Aushebung Pate standen, die ihrerseits an der Kriegsindustrie ordentlich verdienten. Ein Söldner hatte aber nicht nur den Nachteil, dass er teuer war, sondern darüber hinaus war er noch schwer unter Kontrolle zu halten. Plünderungen waren keine Seltenheit, womit die Söldner die öffentliche Meinung gegen sich aufbrachten. So erklärt sich der Erfolg einer anderen Formel, die darauf hinauslief, dass die Freiwilligen von königlichen Offizieren und mit staatlichen Geldern als Soldaten angeworben wurden. Die Gesetzgebung des 16. Jahrhunderts behielt dem Herrscher zwar oftmals das Monopol bei der Heeresrekrutierung vor, doch die Effektivität dieser Maßnahme ließ stark zu wünschen übrig. Ein Söldnerheer kostete viel, aber die von Staatswegen rekrutierten Regimente waren auch nicht gerade billig, wenn man bedenkt, dass die Freiwilligen beim Anwerben bezahlt und dann später ausgerüstet und unterhalten werden mussten, was Betrügereien und Veruntreuungen seitens der Offiziere Tür und Tor öffnete. So suchte man sein Heil bei einer dritten Art Soldaten zu gewinnen, die vor allem in Kriegszeiten beliebt war und die darin bestand, dass der Monarch Städten, Provinzen und Berufskörperschaften die Pflicht auferlegte, auf eigen Kosten Soldaten für die königliche Armee zu rekrutieren. Diese Methode wurde oft in England und den Niederlanden angewandt, die spanischen Könige nahmen gar die Provinzen noch mehr in die Pflicht, indem sie von ihnen verlangten, für die Unterhaltung der ruhmreichen Infanterie (*tercios*) aufzukommen. Spanien war auch führend, wenn es um die Überwachung der Armeeausgaben und die Verfolgung von Unterschlagungen seitens der Offiziere ging, und nahm damit gewissermaßen das Prinzip der zivilen Kontrolle über die Armee vorweg. In rückständigeren Ländern pflegte man ein Modell, das den halbberuflichen Militärdienst vorsah. In Russland beispielsweise rief Ivan der Schreckliche den „Tschin“ der Reiter ins Leben, der seinen Dienst mit Landgabe vergütet bekam, und schuf die Garde der „Strelizen“, die um die Städte herum angesiedelt wurden und in Friedenszeiten Handel trieben oder einem Handwerk nachgingen.

Die Unterhaltung des Hofes, des Beamtencorps und der Armee verschlang viel Geld. Die Domäne – die oft verpfändet wurde, um an klingende Münze heranzukommen – verlor weiter an Bedeutung, während der Staat seinen Steuerdruck erhöhte, was ihm angesichts der Schwächung der Ständeversammlungen um so leichter fiel. Die Belebung der Wirtschaft im 16. Jahrhundert hatte zur Folge, dass mehr Einnahmen aus Zöllen und indirekten Steuern in die Staatskasse flossen. An der Reformation hatten sich vor allem die protestantischen Herrscher bereichert, aber auch die katholischen Monarchen fanden Mittel und Wege, die Kirche zu finanzieller „Hilfe" und „freiwilligen Spenden" zu bewegen. Von Würdenträgern nahm man gerne Zwangsdarlehen. Das Vertrauen in die Monarchie vergrößerte die Schuldenlast im Innern des Staates, denn sowohl die Vermögenden als auch die kleinen Sparer brachten ihr Geld in der Hoffnung auf solide Zinsen („Renten") in die öffentlichen Kassen ein – eine Hoffnung, die sich in Spanien und Frankreich manchmal als trügerisch herausstellte. In England jedenfalls ließ die sparsame Elisabeth I. eine Verschuldung der Regierung mit unabwägbaren Risiken erst gar nicht zu. Überall im Westen stiegen die Einnahmen aus Ämterverkäufen, sodass man versucht war, neue Ämter – und dabei nicht immer unbedingt notwendige – zu schaffen, sehr zum Leidwesen der Besitzer „alter" Ämter.

Internationale Gegensätze, Glaubenskonflikte und der kulturelle Fortschritt in der Renaissance förderten die Entwicklung der monarchistischen – manchmal allerdings auch der oppositionellen – Propaganda, die in Wort und Bild erschien und bei der man auch nicht vor Straßenliteratur und billigen Illustrationen mit großer Auflage zurückschreckte. Als äußerst hilfreich erwies sich dabei auch die Reformation, und zwar insofern, als sie die heimischen Sprachen aufgewertet hat.

Getragen von vier Säulen – einem immer größeren Beamtencorps, einem immer professionelleren Heer, verschiedensten Einnahmen des Fiskus und einer suggestiven Politpropaganda – wagte sich die Monarchie der Renaissance nun ganz bedächtig an den Bereich des Standesrechts heran. Dabei vermied man so lange wie möglich einen Frontalzusammenprall mit den großen aristokratischen Clans, die eine zahleiche Klientel und eine beträchtliche Streitmacht in der Hinterhand hielten. Zwar sah man noch davon ab, die großen – zentralen wie provinziellen – Ständeversammlungen aufzulösen, doch ergriff man bereits Maßnahmen, die darauf ausgerichtet waren, sie zu schwächen, ihren Bestand mit Beamten und Vertrauten des Hofs zu unterwandern und Themen, die dem Herrscher nicht genehm waren, aus den Beratungen herauszuhalten. Was die städtischen Selbstverwaltungen angeht, so wurden diese nicht abgeschafft, aber man schränkte ihe Rechte ein, übte Druck auf die Wahl ihrer leitenden Behörden aus – wobei man nicht müde wurde, regierungsfreundlich eingestellte Kandidaten zu protegieren – und verkleinerte den Kreis der Wähler.

Dieser frühe Absolutismus nahm väterliche Züge an, die Monarchen stellten sich gern als Väter iher Untertanen hin. Dabei kam es ihnen nicht in den Sinn, dass ein Vater zwar das Recht hat, von seinen Kindern freiwilligen Gehorsam zu verlangen, dass er aber gleichzeitig die Pflicht hat, seine Kinder auf die Zeit des eigenständigen Entscheidens über sich selbst vorzubereiten.

Die Republiken

Bessere Chancen, über sich selbst entscheiden zu können, boten die republikanischen Staatsgebilde, wenn auch nur ein unbedeutender Teil ihrer Bevölkungen davon betroffen war. In der frühneuzeitlichen Geschichte Europas spielten drei Republiken eine wichtige Rolle – die Vereinigten Provinzen der Niederlande, Venedig und der polnisch-litauische Staat – und dies nicht zuletzt deshalb, weil sie die allgemein gängige Auffassung widerlegten, wonach einzig die Monarchie einem Staat zu Stärke verhelfen könne.

Die Vereinigten Provinzen der Niederlande entsprangen dem Feuer der Revolution gegen die spanische Regentschaft und wurden besiegelt in der Union von Utrecht aus dem Jahre 1579. Anfänglich hatte man gar keine republikanische Staatsform geplant, aber auf der Suche nach einem Monarchen wurde man einfach nicht fündig, obwohl man lange nach ihm Ausschau gehalten hatte. Als Ersatz für die Monarchie fungierten die so genannten Statthalter (*stathouder*) der Republik, deren Macht die Fürsten von Oranien in Händen hielten. Die Niederlande bildeten zu Beginn einen losen Verband sieben souveräner Staaten (Provinzen), von denen jeder eine eigene Adminstration, separate Ständeversammlungen, eigene Gerichte, eigene Gesetze und eine eigene Währung unterhielt. Gemeinsames Organ dieses Staatenbundes waren die Generalstaaten, eine Art Konferenz von Botschaftern unabhängiger Staaten. Es galt das Prinzip der Einstimmigkeit, d.h., das Veto einer Provinz konnte jedes Gesetz blockieren. Dazu gab es Grund genug, denn die Provinzen waren durch Interessensgegensätze und Feindseligkeiten, die zwischen ihnen aufkamen, weit davon entfernt, sich immer einig zu sein. Jeder Provinz stand ein Chef vor, der die exekutive und militärische Gewalt ausübte und der von den jeweiligen Ständen gewählt wurde. Gestützt auf ihre Autorität versuchten die Fürsten von Oranien, die Provinzen dazu zu bewegen, ihnen diesen Posten anzuvertrauen, was ihnen in der Regel bis auf wenige Ausnahmen gewährt wurde. Die Oranier vereinten aber bereits die Stelle des Generaladmirals und des Oberbefehlshabers der Landstreitkräfte auf Konföderiertenebene in sich, woraus sie mit Blick auf den langen Krieg mit Spanien quasi monarchische Macht bezogen, sodass sie *de facto* nicht nur Statthalter der Provinzen, sondern des gesamten Staatenbundes waren.

Die Praxis stärkte auch die legislative Gewalt, die Generalstaaten, die von Holland dominiert wurden, das ein riesiges wirtschaftliches Übergewicht gegenüber den anderen Provinzen aufzuweisen hatte und zwei Drittel der Haushaltsmittel aufbrachte. Unter Ausnutzung seiner Spitzenposition schickte sich Holland an, auf die anderen sechs Provinzen einzuwirken, wobei man sich nicht nur auf Überredungskraft verließ, sondern sich auch der Korruption bediente und – wenn auch das nichts nutzte – kurzerhand das Gebot der

Einstimmigkeit missachtete und sich über die Opposition hinwegsetzte. So kam die Zustimmung der Staaten zum Westfälischen Frieden, der einen Schlusspunkt unter den achtzig Jahre währenden Krieg mit Spanien setzte, unter dem Diktat Hollands und trotz der ablehnenden Haltung Seelands und Utrechts zustande.

In der Republik durchgesetzt hat sich dann ein System, das eher dem Föderalismus als dem Konföderalismus nahe kommt. Dies scheint die These zu untermauern, wonach Konföderationen entweder abbauen und verschwinden oder sich zum Föderalismus hin entwickeln. Auch wurde in den Niederlanden eine ziemlich wacklige Teilung der Macht zwischen Generalstaaten und Statthalter vorgenommen, wonach der Fürst von Oranien zum Gebieter über Armee und Administration bestellt wurde, die Staaten hingegen den Geldhahn auf- bzw. zudrehen durften.

Die Staaten wurden von den Reichen dominiert, von den so genannten Regenten – Reedern, Bankiers, Großkaufleuten –, das Haus der Oranier fand Rückhalt bei den calvinistischen Pastoren, die auf die Volksschichten Einfluss hatten, aber auch beim vermögenden Adel, der in der Armee fest Fuß gefasst hatte. Die Regenten waren republikanisch, liberal, tolerant in Glaubensfragen (um so mehr, als Toleranz eine notwendige Voraussetzung war, um mit Partnern unterschiedlicher Rassen- und Konfessionszugehörigkeit Geschäfte zu machen) und pazifistisch eingestellt. Die Partei der Oranier neigte zur Monarchie in der Politik und zum Dogmatismus in Glaubensfragen, scheute sich nicht vor Sozialdemagogie und ging auch keinem Streit aus dem Weg. Als es dem Hause der Oranier im Jahre 1650 an einem volljährigen Oberhaupt fehlte, übernahmen die „Regenten" die gesamte Macht, wobei sie das Amt des Statthalters abschafften, Heer und Flotte drastisch reduzierten und unter zivile Aufsicht stellten. Die Städte konnten fortan selbst ihre lokalen Ämter wählen. So entstand eine liberal-oligarchische Republik, deren Führungsmannschaft bestehend aus herausragenden Intellektuellen mit dem Philosophen und Mathematiker Jan de Witt an der Spitze auf streng rationale Weise und gemäß den Regeln der „Sozialarithmetik" regieren wollte. In ihren Berechnungen unterschätzten jene Weisen jedoch die negativen Folgen, die eine Verknöcherung der Machteliten mit sich bringt, überschätzten dafür die republikanische Haltung des Volkes (dessen Chancen auf sozialen Aufstieg sich durch die Oligarchie verschlechtert hatten und die sich deshalb nach dem Prunk und der Demagogie der Oranier zurücksehnten) und nahmen die Bedrohungen, die von dem despotischen Ludwig XIV. ausgingen, auf die leichte Schulter. Nach der Niederlage im Krieg gegen Frankreich brach die liberale Regierung auseinander und musste erneut den Statthaltern der Oranier weichen, deren exekutive Gewalt sich inzwischen wieder erholt hatte.

Venedig, *Serenissima Respublica Venetiarum* und über Jahrhunderte hinweg nominell von Byzanz abhängig, war nicht nur eine Seemacht, sondern wie die anderen großen italienischen Städte ein starkes Herrschaftsterritorium, das ein ausgedehntes Gebiet im Nordosten Italiens einnahm (*Terraferma*), große überseeische Besitztümer in Istrien und Dalmatien hatte und die beiden Inseln Kreta (bis 1573) und Zypern beherrschte. Anders als in Mailand oder Florenz setzte hier keine Entwicklung zur Alleinherrschaft ein. Das monarchische Element im Staatsaufbau war der Doge, ein Wahlfürst auf Lebenszeit. Die Insignien seiner Macht waren prächtig, aber große Familiengeschlechter schränkten ihn in seiner Handlungsfreiheit ein und konnten einen nicht allzu nachgiebigen Herrscher durchaus zum Rücktritt zwingen. Der Doge war aber Mitglied aller Regierungsräte und als solcher in alle Geheimnisse der Republik eingeweiht; zudem hatte er gegenüber anderen Würdenträger den Vorteil, dass er auf Lebenszeit gewählt war. Eigentliches Entscheidungszentrum der Republik waren indes die Räte. Im Großen Rat (Rat der Weisen) saßen die venezianischen Patrizier *in corpore*, d.h., die Zahl seiner Mitglieder stieg gewaltig an – so gewaltig, dass sogar die Zweimillionengrenze überschritten wurde. Der Große Rat fungierte als Wahlkollegium, in dem andere Führungsorgane des Staates und ein Großteil der Beamten gewählt wurden. Einer der Kommissionen des Großen Rats verlieh man die stolze Bezeichnung „Senat“ und übertrug ihr die Hauptentscheidungskompetenzen. Aber da auch sie personell stark aufgebläht war und im 16. Jahrhundert schon bis zu 300 Personen umfasste, wurden die strategischen Entscheidungen in den Bereichen Sicherheit, Diplomatie und Finanzwesen an den Rat der Zehn weitergeleitet.

Sowohl in die Zusammensetzung als auch die Arbeitsweise der Räte kehrte politisches Gleichgewicht (*bilancia*) ein, auf das die Venezianer so großen Wert legten, was bedeutet, dass sich die miteinander rivalisierenden Geschlechter und Patriziergruppen in ihren Ansichten und Interessen kompromissbereit zeigten. Der Vorherrschaft irgendeines Clans oder Geschlechts sollte auch ein kompliziertes Beamtenberufungssystem vorbeugen. Der Verwaltungsapparat war zwar weit verzweigt (nicht zuletzt bedingt dadurch, dass der venezianische Handel zurückging und sich deshalb ein Teil des Patriziats auf die Administration verlagerte und von Amtsgeschäften lebte), aber dennoch erstaunlich effizient. Ziemlich zweifelhaften Ruhm erlangte die Polizei mit ihrem Netz von Agenten und Denunzianten. Überaus glänzend organisiert war die Diplomatie, die – allerdings nicht ganz ohne Intrigen und Hinterlist – der Verwirklichung der Staatsraison diente in einem Land, das von Feinden – die Türkei, Österreich, Frankreich und Spanien, wobei die beiden letzteren nacheinander das Herzogtum Mailand regierten – umringt war.

Im Gegensatz zu den calvinistischen Vereinigten Provinzen der Niederlande war Venedig eine katholische Republik. Allerdings gewann die weltliche Macht eine solche Kontrolle über die Kirche, dass man sich an die „gallikanischen“ Befugnisse des französischen Königs erinnert fühlte. Die daraus resultierten Konflikte mit dem Papst wollte Spanien zu seinen Gunsten ausnutzen. Den Spaniern musste die Eroberung der *Terraferma* allein schon deshalb verlockend vorkommen, weil sie damit ihre italienischen Besitztümer Genua und Mailand an die verbündete österreichische Monarchie der Habsburger hätten ankoppeln können. Glücklicherweise schritt Frankreich ein und rettete Venedigs Unabhängigkeit, die noch bis Ende des 18. Jahrhunderts anhielt und unter die erst General Bonaparte nach tausend Jahren einen Schlussstrich setzte.

Der polnisch-litauische Staat im 16. und der ersten Hälfte des 17. Jahrhunderts war keineswegs ein wundersames Gebilde und hielt den Vergleich mit anderen republikanischen Staaten sehr wohl aus. Der Monarch nahm hier eine ungleich stärkere Machtposition ein als der Doge in Venedig, und seine Macht wies andere Züge auf als die des niederländischen Statthalters, stand dieser aber in nichts nach. Der adlige Sejm kam mit dem Gebot der Einstimmigkeit – das erst später zum unglückseligen *liberum veto* entartete – nicht schlechter zurande als die Generalstaaten der Niederlande. Der herrschende Adelsstand repräsentierte proportional gesehen keinen kleineren Teil der Bevölkerung als die niederländischen „Regenten" oder das venezianische Patriziat. Die Exklusivität politischer Reche war im Europa jener Tage ohnehin an der Tagesordnung. Die polnischen Magnaten und Angehörigen des Kleinadels blieben, was ihre geistige und politischen Kultur angeht, in keiner Weise hinter den „Regenten" in Amsterdam oder den Patriziern Venedigs zurück. Die liberale Partei eines Jan de Witt hätte dem Komplex an Freiheitsrechten – darunter die politische Freiheit, Garantie der Freiheit der Person, nahezu uneingeschränkte Meinungs- und Glaubensfreiheit – den der polnische Adel erfochten hatte, bestimmt nicht den Rücken gekehrt. Venedig faszinierte den polnischen Adel, aber damals weniger als Beispiel eines tiefgreifenden Einschnitts in die Macht des Monarchen als vielmehr unter dem Aspekt seiner Vorreiterrolle im Bereich des intelligenten politische Gleichgewichts, das durch Gesetze und das, was wir heute gern politische Kultur nennen (*legibus et moribus*), hergestellt und aufrechterhalten wurde.

Ohne Zweifel war Sigismund I. versucht, in dem Stil zu regieren, den wir weiter oben unter dem Begriff des „väterlichen Absolutismus" zusammengefasst haben. Er suchte politischen Rückhalt beim Hochadel, der ihm in diesem Ansinnen entgegenzukommen allerdings weder genügend Kraft noch genügend Lust verspürte. Die Kehrtwende, die sein klügerer und flexiblerer Sohn Sigismund II. August im Jahre 1562 vollführte, als er sich dem mittleren Adel zuwandte um mit ihm eine Allianz zu schließen, eröffnete dem Staat ungeahnte Möglichkeiten. Mit der gewachsenen Bedeutung des Abgeordnetenhauses ging keineswegs eine Schmälerung der Rolle des Königs einher – ja ganz im Gegenteil, der König ging gestärkt daraus hervor. Die Entstehung der „Exekutivpartei" im

Sejm zeigte, dass in Polen die positive Auswahl einer freisinnigen, kompetenten und prostaatlichen politischen Elite möglich ist. Im Zuge ihrer Zusammenarbeit mit dem Monarchen wurde – nicht ganz, aber immerhin ansatzweise – das Finanzwesen reformiert, eine kleine, aber ständige Armee aufgestellt, der König zog die in der Gegend verstreuten Güter der Krone wieder ein, das aufsässige Danzig kehrte in seinen Machtbereich zurück und es wurde – schon unter Stefan Bathory – ein Krontribunal einberufen. Der Akt der Warschauer Konföderation (1573), der ungeachtet der Proteste der Bischöfe verabschiedet wurde, krönte die Bestrebungen, die die Sicherung der Glaubensfreiheit zum Ziel hatten. Gleichzeitig wurde der Bund mit Litauen enger geknüpft. Ebenfalls 1573 erschien ein Akt, der die grundlegenden Prinzipien des polnisch-litauischen Staates festschrieb, die *Heinrichartikel*, womit im Grunde genommen die erste polnische Verfassung entstand – eine Verfassung, die keine Gewohnheitsrechte festhielt und deren Inhalt ganz wie die so genannten grundlegenden Rechte der französischen Monarchie aus dem 14.–15. Jahrhundert sehr allgemein gehalten war, eine Verfassung, die nicht wie Cromwells *Instrument of Government* (Regierungsinstrument) für die Englische Republik aus dem Jahre 1653 von der Regierung aufoktroyiert wurde, kurzum: eine Verfassung, die die staatliche Grundordnung festlegte, die vom gewählten Sejm angenommen und vom König – wenn auch erst 1576 – gebilligt wurde.

Man übertreibt sicherlich nicht, wenn man sagt, dass in den Republiken des 16.–17. Jahrhunderts viele Machtmechanismen getestet wurden, die sich später als wichtig erweisen sollten (etwa der Aufbau eines Einheitsstaats, die Gewaltenteilung, die Freiheitsrechte, die Verfassung...) – und darin liegt zweifelsohne ihr großes Verdienst. Aber die Republiken haben sich auch um jene Zeit als solche verdient gemacht, indem sie die Verhältnisse in den beiden Jahrhunderten, denen man nur allzu gern den puren Stempel des Absolutismus aufdrückt, entsprechend zurechtgerückt haben.

Der „klassische" Absolutismus und seine zwei Gesichter

Für die Ursachen, die jenen Absolutismus so erfolgreich expandieren ließen, hält man verschiedene Erklärungsmuster parat. So führt man etwa das Argument ins Felde, dass das 17. Jahrhundert eine Zeit war, in der die Wirtschaft am Boden lag, schreckliche Krieg wüteten und große Bauernaufstände stattfanden, eine Zeit also, die die Menschen vor Herausforderungen stellte, auf die – angeblich – nur die absolute Herrschaft eine Antwort geben konnte, denn immerhin ging es darum, das durch Krisen und Kriege gefährdete nationale Interesse zu wahren und die von massenweise meuternden Bauern bedrohten Privatinteressen des herrschenden Adels zu schützen. Dabei vergisst man gerne, dass doch auch die vernichtenden Kriege und die gesellschaftlichen Revolten nicht vom Himmel gefallen sind. Der Absolutismus war expansiv und kriegerisch. Einer seiner Theoretiker aus dem 17. Jahrhundert behauptete allen Ernstes, dass große Staaten „jenen Tieren ähneln, die eingehen, wenn sie aufhören zu wachsen". Es steht doch außer Frage, dass die aus Kriegen und der Verschwendungssucht der Despoten entstandenen Kosten einen unerträglichen Steuerdruck erzeugten und dass die verzweifelten Volksaufstände hauptsächlich auf ihn zurückzuführen waren. Man sollte sich also an dieser Stelle sehr wohl davor hüten, Ursache und Wirkung miteinander zu verwechseln.

Der Absolutismus im fortgeschrittenen Stadium steht in dem Ruf einer politischen Expositur der konservativ-aristokratischen Gesellschaft. Gleichwohl griff er auch in die politischen Rechte des Adels ein, indem er keine Ständeversammlungen mehr duldete. In Frankreich wurden die Generalstände nach 1614 nicht mehr einberufen, in den Ländern der Habsburger Monarchie schrumpften die Ständeversammlungen nach dem Dreißigjährigen Krieg merklich zusammen, und in Brandenburg-Preußen verschwanden sie Ende des 17. Jahrhunderts ganz. In Russland wurden die *sobory zemskie* von Mitte des 17. Jahrhunderts an nicht mehr zusammengerufen und einige Jahrzehnte später verschwand auch die Bojarenduma von der Bildfläche.

Andererseits konnte der Absolutismus – wie in Dänemark oder Schweden, wovon bereits die Rede war – durchaus beim Bürgertum auf Anklang stoßen, und auch aus der Sicht des Volkes musste die Bilanz aus Gewinn und Verlust nicht unbedingt negativ ausfallen, denn die absolute Herrschaft dämmte die adlige Willkür ein, was man auf Seiten der ohnehin entrechteten einfachen Leute als Aufwertung der eigenen, d.h. völkischen, Schichten auffassen konnte – vorläufig jedenfalls.

Die absolutistische Propaganda schaffte es tatsächlich, die öffentliche Meinung zu beeinflussen. Man versprach Prestigegewinn für Staat und Nation, eine vernünftige Ordnung, Sicherheit, Wohlergehen und Stabilität und weckte damit Hoffnungen, die dann oft enttäuscht wurden und dennoch nach einiger Zeit wiederkehrten. Nicht ohne Bedeutung für das Verhältnis der Menschen zum Absolutismus war seine Rolle als Modernisator. Die frühneuzeitliche Epoche brachte beeindruckende Fortschritte auf dem Gebiet der Wissenschaft, der Technik und der frühkapitalistischen Wirtschaft mit sich, von denen vor allem die beruflich in Handel, Finanzen und Industrie ansässige Bourgeoisie profitierte. Der Absolutismus bemühte sich diese Prozesse weiter voranzutreiben, und zwar hauptsächlich deshalb, um sich an ihnen zu nähren. Gleichzeitig hielt er an den traditionellen Grundsätzen, Ideen und Institutionen des Lehnswesens fest und verstärkte diese sogar noch. Diese zwei Gesichter des Absolutismus, der sich Traditionalismus und Modernismus gleichermaßen verschrieben hatte, lassen sich sowohl in seiner Ideologie als auch im Staatsaufbau nachweisen.

Die Theorie der von Gott verliehenen Herrschaft der Könige („Gottesgnadentum“) setzte sich nicht nur weiter fort, sondern erfuhr zusätzlich noch einen mittelalterlichen, fast byzantinischen Einschlag. Der absoluten Macht Gottes über die Welt (deren Bild durch den Protestantismus noch geschärft wurde) entspricht die ebenfalls absolute Macht der Könige über ihre Länder. Allein der Monarch ist die tragende Säule, auf den sich die gesellschaftliche Ordnung stützt – würde sie einstürzen, dann würde die ganze Welt im Chaos versinken. Daher rührt die rückhaltlose Pflicht, den Herrschern – politisch wie religiös – Gehorsam zu leisten. Wer gegen ihre Befehle aufbegehrt oder auch nur murrt, begeht eine Todsünde. Diese traditionelle Beweisführung wird noch durch einen weiteren Umstand erhärtet: Seine Legitimation bezieht der Absolutismus auch aus vergangenen Zeiten, denn für ihn spricht die Erfahrung unserer Vorfahren.

Im 18. Jahrhundert jedoch wurden auch neue Argumente vorgebracht, die den Absolutismus nicht damit rechtfertigen, was er ist, und ihn damit also gewissermaßen *a priori* legitimieren, sondern darauf verweisen, was er leistet. Gerade die absolute Herrschaft – so hieß es – garantiert uns Ordnung, Sicherheit, steigenden Wohlstand jedes Einzelnen und allgemeines Wohlergehen. Die Tatsachen schienen diese These *a posteriori* zu bestätigen, denn nach der langen Zeit des Stillstands im 17. Jahrhundert brach in den Zwanzigerjahren des 18. Jahrhunderts eine lang anhaltende Periode wirtschaftlichen Aufschwungs an. Diese neue Argumentation ging mit der nüchternen, bürgerlichen Philosophie des Utilitarismus einher, wonach das moralisch und richtig ist, was gesellschaftlich Nutzen bringt. Je stärker sich unter den Eliten der Hang zum religiösen Skeptizismus breit machte, desto mehr schlugen jene Argumente zu Buche, denen zufolge die absoluten Herrscher das Nützlichkeitsprinzip verwirklichen, d.h. Nutzen für die Gesellschaft mehren und Widrigkeiten, die das Leben der Untertanen belasten, mindern.

Diese Argumentation hatte große Überzeugungskraft, beinhaltete aber für den Herrscher auch ein Risiko. In der utilitaristischen Sichtweise hörte der Absolutismus auf, ein Element der unverrückbaren und von Gott geschaffenen Weltordnung zu sein, denn er unterlag nun der empirischen Verifikation durch die Untertanen – analog der These Aristoteles‘, wonach den Erfolg eines Banketts die Gäste besser beurteilen können als der Koch. Hieraus konnte man also folgern, dass es prinzipiell gerechtfertigt ist, einen schlechten Koch oder sogar die ganze Küche, sollte sie schlecht ausgerüstet sein, auszuwechseln. Nur der Absolutismus – das behaupteten seine Befürworter – sorge für das Wohl der Untertanen, denn er sichere Frieden und Ordnung und schaffe damit die notwendigen Voraussetzungen des Wohlstands; nur der absolute Herrscher habe bereits alles und beanspruche nichts mehr für sich, was ihn befähige, im Namen des Gemeinwohls zu handeln; nur der Herrscher könne, da er am höchsten stehe, über vollständiges Wissen über den Zustand des Staates verfügen und von oben aus alles am besten überblicken, das Interesse der Allgemeinheit im Dickicht der Interessen einzelner erspähen. Dies waren gleichwohl lauter empirisch überprüfbare Behauptungen und der Monarch als Stifter des Wohls seiner Untertanen lief damit Gefahr, dass man ihm auch die Verantwortung für Stagnation, Krise und Armut anhaftet.

Aus diesem Grund hüteten sich umsichtige Verteidiger des Absolutismus wohlweißlich davor, die althergebrachten Argumente vom göttlichen Statthaltertum der Könige und von der unerschütterlichen Beständigkeit der „Monarchie der Väter und Großväter“ zu verwerfen (vergaßen aber dabei ganz, dass der Absolutismus eine Erscheinung neueren Datums ist), womit man sich wohl gegen Misserfolge und Krisen wappnen wollte. Dass dies nicht immer funktionierte, davon musste sich letztlich Ludwig XVI., der keinen Zweifel an seiner göttlichen Mission hegte, nachhaltig überzeugen.

Die zwei Gesichter des Absolutismus, der modernisieren wollte, aber gleichzeitig in der Tradition verhaftet blieb, lassen sich leicht auf der Ebene der Machtmechanismen erkennen. Im Verwaltungssystem griff man auf bürgerliche Techniken der Organisation, Buchhaltung und Statistik zurück. Im Westen streckte man weitgehend die Hand nach neuen Leuten aus der Bourgeoisie aus und bekannte sich zu dem Grundsatz, dass ein Amt ein käufliches Gut darstellt. Diese Administration war aber zugleich langsam und veraltet, denn sie beruhte auf dem Kollegialprinzip, erlag dabei nur allzu gern den Einflüssen der aristokratischen Clans und Cliquen und im Osten wurde sie zudem vom Adel dominiert. Auf der Ebene des Militärs nutzte man beflissentlich den technisch-industriellen Fortschritt aus, und es wurden erste Versuche unternommen, die Wehrpflicht einzuführen. Nach wie vor überwiegten jedoch die überholten Methoden, Soldaten mit Geld anzuwerben, und im Offizierscorps übte weiterhin der Adel Dominanz aus. Die Armee wurde dann bemüht, wenn es darum ging, die feudale Gesellschaftsordnung mit Gewalt aufrechtzuerhalten, Kriege wurden gemeinhin wegen Grenzstreitigkeiten und aus Prestigegründen geführt. In der Wirtschafts- und Finanzpolitik wurden viele Maßnahmen ergriffen, die darauf abzielten, die – hauptsächlich industrielle – Produktion und den Export anzukurbeln, wobei man allerdings nur schwerlich von einer prokapitalistischen Ausrichtung sprechen kann, denn das Motiv für diese Vorgehensweise lag einzig in der Absicht, sich an jenem Frühkapitalismus – vor allem durch wachsenden Steuerdruck – zu laben.

Die Zwiespältigkeit des Absolutismus bekommt aber noch eine weitere Dimension, denn zwischen dem Anspruch, den die „unbegrenzte“ Herrschaft erhebt, und den realen Möglichkeien, diesen Anspruch in die Tat umzusetzen, klafft eine große Lücke. Man muss zwar zugeben, dass es nicht um einen „totalitären“ Anspruch ging, dass man nicht danach strebte, das Staatsgebiet und die darauf lebende Bevölkerung völlig unter Kontrolle zu bringen, doch war man nichtsdestoweniger stark darauf bedacht, sich in den Gebieten, die als wichtig galten – und welche im Einzelnen als solche einzustufen waren, bestimmte man selbst – das Entscheidungsmonopol vorzubehalten.

Nun, die Entscheidungen der absoluten Machthaber wurden nicht selten durch fehlende Kraft und Mittel konterkarriert, was zu schmerzlichen Misserfolgen führte. Davon konnte Ludwig XIV. ein Lied singen, als er den Calvinisten unter Androhung härtester Strafen die Flucht aus dem ab 1685 intoleranten Frankreich verbot und hinterher feststellen musste, dass sich trotzdem über 200000 Protestanten ins Ausland abgesetzt hatten und damit der französischen Wirtschaft schweren Schaden zufügten. Und auch Peter der Große blieb diese bittere Erfahrung nicht erspart, als er 1714 den Beschluss fasste, adlige Söhne – wovon alle mit Ausnahme dessen, der die Familiengüter erbte, betroffen waren – zwangsweise in den Militär- bzw. Verwaltungsdienst einzuspannen. Die Sache funktionierte von Anfang an schlecht, sodass Peters Nachkommen das Ganze zunächst einschränken und dann sogar unter Wiederherstellung der „Adelsfreiheit“ ganz davon abrücken mussten. Die Liste mit Beispielen ließe sich beliebig fortsetzen.

Aber auch zahlreiche technische Hindernisse versperrten der absoluten Macht den Weg und wiesen sie in die Schranken – etwa die zu dünne Personaldecke in der Exekutive (bei Polizei, Zoll und Grenzschutz), die Primitivität der Fortbewegungsmittel (hier hatte sich seit dem Spätmittelalter nicht viel geändert, die Herrscher mussten sich weiterhin mit Pferden, Kutschen und Segelschiffen begnügen), der verheerende Zustand der Straßen etc. So hing die Verbindung mit Provinzen oder Kolonien nicht zuletzt vom Wetter ab – davon, ob es schneite, regnete, taute oder starker Winde wehte – was sie nicht nur langsam, sondern auch unsicher machte.

Der Absolutismus war anspruchsvoll und reglementierend, wusste aber dafür Wissen um den Zustand des Staates zu schätzen. Informationswesen, Buchhaltung und Statistik hatten einen großen Sprung nach vorne gemacht, und auch der Staat nutzte die frühkapitalistischen Techniken zu seinen Gunsten aus. Der Absolutismus saß also auf einem riesigen Berg Papier, war aber angesichts der noch unterentwickelten Archivierungstechnik kaum in der Lage, dieser Dokumentation Herr zu werden. Noch fehlte es an wissenschaftlichen Grundlagen für die Erstellung von Bevölkerungs- und Wirtschaftsstatistiken, sodass die Daten, die die Rechnungsführer selbst unter größter Anstrengung – was nicht die Regel war – erhoben, von zweifelhaftem Nutzen waren. Die Kategorisierung der Begriffe stimmte oft nicht mit der beschriebenen Wirklichkeit überein, man warf Werte, obwohl sie gar nicht zusammen passten, dennoch einfach in einen Topf, und die Zählungsbeamten verstanden nicht immer den Sinn ihrer Arbeit.

Noch gravierender wurden die Handlungen absolutistischer Regierungen durch gesellschaftliche Grenzen beeinträchtigt. Die Kontrolle über die Bevölkerung war durch die geringe Bevölkerungsdichte erschwert (in Europa entfielen im 18. Jahrhundert auf einen km^2 durchschnittlich immerhin noch ein paar dutzend Einwohner, im euopäischen Teil Russlands dagegen gerade einmal zwei). Hinzu kam, was noch schlimmer war, dass infolge Privilegien, Exemptionen, Distinktionen, Immunitäten und lokaler Gesetzesregeln die Struktur der Gesellschaft kaum durchschaubar war und einem Dickicht glich, in dem die Macht nur mit Mühe vom Fleck kam und bisweilen völlig im Dunkeln tappte. Dennoch tolerierten die Herrscher diesen Zustand, und zwar nicht nur aus Angst vor Widerstand der gesellschaftlichen Materie, sondern auch deshalb, weil eine undurchsichtige und differenzierte Lage die Herausbildung einer zwischenständischen Solidarität behinderte und es einem intelligenten Herrscher gestattete, frei nach dem Motto „teile und regiere" zu verfahren.

Die Beamten, vor allem die lokalen und städtischen unter ihnen, waren eher bereit, sich den Unmut eines Ministers oder der örtlichen Notabeln zuzuziehen als dem Druck der Eliten nachzugeben, denn wohlwollend eingestellte Eliten ließen es nicht zu, dass ein Beamter in Ungnade fiel und daran zugrunde ging. Eine solche Rückversicherung war gerade dort notwendig, wo sich die Ämterkäuflichkeit noch nicht durchgesetzt hatte und der Beamte wehrlos den Launen der Regierung ausgeliefert war.

Die Unzuverlässigkeit des Informationssystems, unter dem die Effektivität der Handlungen des Herrschers zu leiden hatte, ging nicht nur auf technische, sondern auch gesellschaftliche Ursachen zurück. Die Leute, vor allem die aus unteren sozialen Gruppen, neigten dazu, die Daten, die die Zählungsbeamten benötigten, zu verschleiern oder zu verfälschen, denn man hegte gemeinhin den Verdacht, dass eine allzu neugierige Regierung keine lauteren Absichten verfolgen und die Offenlegung der Wahrheit mithin nur schaden könne. Der Adel wiederum, insbesondere in Osteuropa, entrüstete sich darüber, dass die Behörden sie „wie Neger" zählen bzw. ihr Vermögen und ihren Bauernbestand berechnen wollten, und knüpfte damit an den klassischen Vorläufer aus Żeromskis *Zu Schutt und Asche* an, nämlich den galizischen Adligen, der über den österreichischen Kommissar erbost war, als dieser die „Zählung der Bauernseelen" ankündigte. Schließlich waren die Beamten, gerade dann, wenn sie stark von der Obrigkeit abhängig waren, selbst geneigt, Statistiken und Berichte zu schönen, denn sie fürchteten, ein negatives Bild könne den Zorn der Vorgesetzten erregen.

„Die Souveränität ist so wenig teilbar wie ein geometrischer Punkt", schrieb im 17. Jahrhundert der hervorragende Theoretiker des Absolutismus Cardin Le Bret. Wortwörtlich genommen bedeutet diese Formel, dass jede politische Entscheidung Ausdruck des souveränen Willens des absoluten Herrschers ist.

Natürlich ließ sich bei Standardfragen und auf lokaler Ebene die Delegierung der Macht an Beamte nicht umgehen (dabei bediente man sich eines Tricks, der darin bestand, dass man vertraute Sekretäre des Königs berechtigte, die Unterschrift des Herrschers auf Standarddokumenten zu imitieren). Ein fleißiger und ehrgeiziger Monarch hatte indes den Hang, den Bereich jener Entscheidungen, die er für strategisch wichtig hielt, sehr weit zu fassen. Ein typisches Beispiel hierfür waren die preußischen Könige Friedrich Wilhelm I. und Friedrich II., die es sich nicht nehmen ließen, selbst gigantische Berge von Papieren abzuarbeiten und jedes Dokument eingenhändig zu unterzeichnen. Gleichwohl sind selbst den fleißigsten unter uns, was das „Fassungsvermögen" an Entscheidungen angeht, Grenzen gesetzt, und in absoluten Regimen passierte es nicht selten, dass die politischen Entscheidungskanäle verschlammten. Klar, der Herrscher verfügte über eine gut ausgebaute und fachmännisch besetzte Zentralverwaltung, die ihm nach Leibeskräften unter die Arme griff, aber der Geschmack, den die Organe der staatlichen Verwaltung am Kollegialprinzip gefunden hatten, legte ihnen neue Steine in den Weg, denn dies gab Anlass zu Kompetenzstreitereien und erschwerte das Handeln.

Die absolute Macht kann also nicht alle Bereiche, das gesamte Staatsgebiet und die ganze Bevölkerung kontrollieren. Im Übrigen verfolgt sie auch keinen totalitären Anspruch, und dort, wo sie allzu sehr bemüht ist, das Leben der Untertanen zu reglementieren, stößt sie mitunter auf Barrieren und verliert an Effizienz. Die Absolutheit der Macht beruht darauf, dass niemand auf Erden das Recht besitzt, ihre Handlungen und ihre Willkür (*le bon plaisir*) zu überwachen oder ihnen Einhalt zu gebieten. Jene Willkür äußerte sich darin, dass die Macht ausnahmslos jeden Untertanen – die Großen wie die Kleinen – zu jeder Zeit und unter jedem x-beliebigen Vorwand treffen konnte. Symbol dieser Willkür sind die berüchtigten versiegelten Briefe, kraft derer jeder ins Gefängnis geworfen und dort – unter Umständen sogar lebenslang – festgehalten werden konnte, und das ganz ohne Anklageschrift, Gerichtsverfahren und richterliches Urteil.

Die Mechanismen der Macht

Um seine Stabilität zu gewährleisten, musste der Absolutismus vitales Interesse daran haben, die Thronfolge – in der Regel auf der Grundlage der Primogenitur, d.h. des Erbfolgerechts des Erstgeborenen und seiner Nachkommen – festzulegen und genau zu beachten. Dabei gab es allerdings ein Problem: Es konnte nicht ausgeschlossen werden, dass die Macht einem Herrscher in die Hände fällt, der entweder keinen Regierungswillen erkennen lässt oder faul oder dumm oder verrückt oder alles zusammen ist. So etwas passierte mehr als einmal, und hieraus erklärt sich der Erfolg der Institution des ersten Ministers, mit dem man quasi ein Ebenbild des Herrschers schuf und der seiner mehr oder weniger strengen Kontrolle unterstand. Berühmte Vertreter dieses Amtes waren Richelieu zur Zeit Ludwigs XIII., Olivares am Hofe des spanischen Königs Philipp III., Buckingham neben Jakob I. aus dem Hause Stuart, Reichskanzler Oxenstierna an der Seite der schwedischen Christine und Fürst Menschikow unter Zarin Katharina I. – um nur einige zu nennen. Aber ein Monarch, der sich als völlig unfähig herausstellte oder dem jeglicher Regierungswille abging, konnte auch abdanken bzw. einem Attentat zum Opfer fallen. Letztere Option galt als Spezialität Russlands im 18. Jahrhundert, dessen Regime man als durch Zarenmord gemäßigte Alleinherrschaft bezeichnete.

In der Praxis gelang es aber auch einem ehrgeizigen und arbeitsamen Monarchen, auch wenn er noch so peinlich darauf bedacht war, seine Macht vor den Herrschaftsgelüsten der Würdenträger zu schützen, nicht ganz sich dem Zugriff von Interessensgruppen verschiedenster Provenienz – angefangen von Hofcliquen, der eigenen Familie, aristokratischen Clans und mächtigen Wirtschaftsverbänden über Angehörige der geistlichen Hierarchie bis hin zu Beichtvätern – zu entziehen. Interessensgruppen regieren nicht, aber sie haben Zugang zum Monarchen, finden bei ihm Gehör, üben Druck auf ihn aus und beeinflussen seine Entscheidungen. Unbeirrt verschaffen sie ihren Günstlingen Positionen beim Staat und bei Hofe, diese wiederum ziehen eigene Verwandten und Klienten nach und bauen damit eine weit verzweigte Einflusshierarchie auf. Durch besondere Aktivität aufgefallen sind dabei die Hofcliquen – man denke an den großen Einfluss, den die Gruppe um die Favoritin am Hofe, die Marquise de Pompadour, auf Ludwig XV. ausübte – und die mächtigen Familiengeschlechter, die ihre Leute im königlichen Rat unterbringen wollten, was das Stabsorgan um den Vorteil seiner fachlichen Kompetenz brachte. Seltener waren Einflussnahmen auf die Politik des Herrschers von Seiten wirtschaftlicher Verbände zu verzeichnen. Eine Ausnahme bildete erneut Frankreich unter Ludwig XV., wo die so genannte „Generalpacht“, eine Gesellschaft, der 40 Millionäre angehörten und die alle sechs Jahre eine Pacht aus königlichen Domänen und indirekter Steuern erhiel, große Bedeutung gewann; ihr langer Arm reichte natürlich bis in die Wirtschaftspolitik hinein. Ein eigenes Kapitel ist in diesem Zusammenhang die Tätigkeit verschiedener Wirtschaftsmagier, die bei den Herrschern ein offenes Ohr fanden. Negatives Beispiel war der Schotte John Law zur Zeit der Regentschaft des Herzogs von Orléans über Frankreich, positiv schlug dagegen Johan Liljencranz zu Buche, der dem schwedischen König Gustav III. zur Seite stand. Dabei muss man nur bedenken, dass der Einfluss auf die Wirtschaftspolitik des Staates nicht selten auf den Bereich der „reinen“ Politik übergriff.

Was die Souveränität eines Monarchen angeht, so galt Bodins Definition, wonach ihr Wesen in dem Monopol des Herrschers verankert ist, bestehende

Gesetze abzuschaffen und zu verändern sowie neue einzuführen. Im Grunde hat der Absolutismus bei all seinem beachtlichen gesetzgeberischen Engagement übrigens an dieser Stelle mehr verändert als neu geschaffen. Montesquieu wiederum lehrte die Eliten des 18. Jahrhunderts, dass zwischen der Monarchie in Europa und dem Despotismus in Asien ein klarer Unterschied besteht: Im Falle der Monarchie „regiert eine Person, aber auf der Grundlage dauerhafter und bekannter Gesetze", im Despotismus hingegen „regiert eine Person, aber ohne Gesetze und Regeln". Aber der französische Philosoph warnte zugleich, die Monarchien neigten dazu, despotische Herrschermethoden nachzuahmen und keine der Monarchien – die „sich im Despotismus verlieren wie die Flüsse im Meer" – sei gegen diese Versuchung gefeit. Tatsächlich kam es in absoluten Regimen oft vor, dass Gesetze aufhörten „dauerhaft und bekannt" zu sein, weil sie den Launen der Herrscher ausgesetzt waren. Seit römischer (republikanischer) Zeit wiederholte Europa gern den Aufruf, den Cato seinerzeit an die Adresse der Regierenden gerichtet hatte und der da lautete: „Achte die Gesetze, die du selbst erlassen hast". Gleichzeitig durfte der absolute Herrscher, der einzige Gesetzeshüter, aber jede Norm aufheben oder ändern, und nur solange er dies nicht tat, musste er sich an sie halten. Soweit die Theorie – in der Praxis konnte der absolute Herrscher jeder Norm ausweichen, eine Ausnahme von ihr machen, jede Angelegenheit entgegen geltendem Recht entscheiden, sämtliche Grundsätze und Verfahrensvorschriften verletzen – und das alles als legal ansehen, denn „legal ist etwas, wenn ich es will", wie einst Ludwig XVI. vorm obersten Gericht verkündete. Mit anderen Worten: Der Herrscher konnte das Gesetz ohne es zu ändern durch einmalige Akte despotischen Willens brechen.

Die theoretische Bindung der Monarchen an die Gebote des göttlichen Rechts bildete wie schon gesagt ein Hindernis, das ihrer Willkür nur scheinbar den Weg versperrte. Es stimmt, dass der Grad der Achtung vor dem Gesetz von einem absolut regierten Staat zum anderen differierte und in Abhängigkeit von der Zeit und der Besetzung des jeweiligen Throns variierte. In Frankreich beispielsweise war es unter Ludwig XVI. besser als unter Ludwig XIV., und im Schweden Gustavs III. oder in der Toskana zur Zeit der Regentschaft des Großherzogs Leopold viel besser als etwa im Preußen Friedrichs II. Zwar priesen die preußischen Lobredner der Aufklärung die Gesetzestreue, die letzteren angeblich auszeichnete, wobei man sich als Hauptargument auf die – allerdings völlig entstellte – Anekdote berief, die von einem zivilrechtlichen Streit zwischen dem König und dem Müller Arnold handelte, in dessen Verlauf der bescheidene Müller sich vertrauensvoll einem Gericht anheim stellte („Es gibt noch Richter in Berlin!") – und den Prozess gewann, während der König den Urteilsspruch, der zu seinem Nachteil ausging, respektierte. Eine in der Tat schöne Geschichte, die an der Wirklichkeit allerdings leider total vorbeigeht, denn in Wahrheit hat sich Friedrich II. über die Unabhängigkeit der Gerichte wo es nur ging hinweggesetzt, bestehende Gesetze brutal verletzt und über Jahre hinweg völlig unschuldige Menschen ohne vorherige Gerichtsverhandlung im Gefängnis festgehalten.

Es stimmt aber auch, dass unter der Regentschaft absoluter Monarchen – von Sankt Petersburg über Berlin und Wien bis nach Versailles und Lissabon – im 18. Jahrhundert Anstrengungen unternommen wurden – in verschiedenem Ausmaß und mit wechselndem Erfolg – die auf eine Reform des sozialpolitischen Systems und des Rechts abzielten. Der absolute Monarch hatte gut verstanden, dass von der Zivilisation und dem Reichtum eines Landes das Prestige des Herrschers und seine wahre Stärke abhängen. Und was zivilisitorischen Fortschritt und Lebensstandard anlangte, zeichnete sich bereits eine sichtlich zunehmende Ungleichheit unter den europäischen Staaten ab, was die besagten Reformbestrebungen und jenen Willen der absoluten Herrscher erklärt, aus den Errungenschaften in Wissenschaft, Bildung, Handel, Industrie usw. Nutzen zu ziehen. Es wird an anderer Stelle noch Gelegenheit geben, diesen Faden wieder aufzunehmen und weiter zu spinnen.

Eine Eigenart des Absolutismus lag in seiner Vorliebe für Kollegialorgane, von denen die zentrale Administration und – etwas weniger – die lokale Verwaltung durchzogen waren. Man dachte nämlich, die Kollegien seien vielseitiger (weil man sie mit Leuten unterschiedlicher Veranlagung und Befähigung besetzen konnte) und würden für mehr Ehrlichkeit und Unbefangenheit sorgen. Kollegialorgane schienen zudem den Vorteil mitzubringen, Würdenträgern in ihrem Wettstreit mit dem Monarchen weniger Chancen einzuräumen als Einpersonenämter, denen es leichter fiel, ein Stück von der souveränen Macht zu erhaschen. Außerdem ermöglichten es Kollegialämter durch schrittweise und flüssig vollzogenen Personalwechsel eine bessere Kontinuität in der Politik zu gewährleisten. Vom Standpunkt der Untertanen aus betrachtet waren sie noch aus einem anderen Grund nützlich: Angesichts des launenhaften und unvorhersehbaren Despotismus des Herrschers schirmten sie durch ihre Schwerfälligkeit, Routine und Langsamkeit im Handeln die traditionellen Rechte und Privilegien gegen Übergriffe ab – aber das klappte natürlich nicht immer.

Aus der Sicht der Monarchen lag gerade in ihrer Schwerfälligkeit die Schwäche der Kollegien – übrigens nicht die einzige: Bemängelt wurde auch die Kompetenzverteilung in diesem System, die sich komplizierter gestaltete und Streitigkeiten hervorrief, sodass sich oft nicht mehr zurückverfolgen ließ, wer für bestimmte Entscheidungen die Verantwortung trug. Ein weiteres Problem war die Koordinierung der Zusammenarbeit zwischen verschiedenen Ämtern, die wesentlich erschwert wurde und die auf den Monarchen zurückfiel, der nun leichter mit Ministern als mit Kollegialorganen arbeiten konnte.

Besonders chaotische Züge nahm das System der zentralen Kollegialorgane (*prikazy*) in Russland an, denn es gab zu viele von ihnen und die Kompetenzen waren schlecht auf die einzelnen Ämter verteilt. Unter Peter dem Großen, der diese Mängel erkannt hatte, wurden die *prikazy* dann ab 1717 durch gemessen an den damaligen Verhältnissen bedeutend moderner konzipierte Kollegien ersetzt und in ihrer Zahl deutlich reduziert. In Spanien wurde die Zentralverwaltung durch Räte (*consejos*) gebildet, in Österreich durch Kollegien, die den Beinamen „höfisch" erhielten. In Preußen gliederte sich das Generaldirektorium in Kollegialdepartements mit Ministern an der Spitze, und auch die separaten Ministerien für Justiz und auswärtige Angelegenheiten waren Kollegialorgane. Friedrich II. achtete peinlich darauf, dass die Chefs jener Kollegien, die Minister, ihm nicht über den Kopf wuchsen und betraute sie deshalb hauptsächlich mit der Aufgabe, die königlichen Befehle weiterzuleiten. Untypisch war das französische System. Dem König standen vier Räte zur Seite: der Große Rat als Stabsorgan, der Depeschenrat für innere Verwaltungsangelegenheiten, der Finanzrat und der Gerichtsrat als Kassationshof. Ihre Rolle ließ aber nach und ging allmählich auf vier Staatssekretäre – für Auswärtiges, Krieg, Hofwesen sowie Marine und Kolonien – über, von denen jeder über einen langen Zeitraum hinweg auch die Verwaltung einer der vier Regionen, in die Frankreich aufgeteilt war, überwachte. Später wurde diese Aufteilung aufgehoben, und die innere Administration wurde *de facto* dem Generalkontrolleur der Finansen (dem Finanzminister) unterstellt. Chef der Justiz war der Kanzler. Diese Einpersonenämter auf Ministerebene wurden nie zu einem Regierungskabinett zusammengefasst: Der König (oder mitunter der erste Minister) arbeitete mit jedem einzelnen Minister getrennt unter vier Augen. Nach 1743 verschwand die Institution des ersten (leitenden) Ministers, was aber nicht verhinderte, dass einer der Minister gegenüber den restlichen eine herausragende Position einnahm. *De iure* bekleidete der Kanzler den höchsten Rang, *de facto* fiel meistens dem Generalkontrolleur der Finanzen die dominierende Rolle zu, eine Folge der fast permanenten Krise der öffentlichen Finanzen, von der Frankreich gegen Ende des Ancien Régime heimgesucht wurde. Ab der Wende vom 18. zum 19. Jahrhundert gewann in den absolutistischen Ländern jedoch das Führerprinzip die Oberhand, und das Kollegialprinzip musste den Rückzug antreten.

Im Westen erfreute sich im 17. und 18. Jahrhundert das Prinzip der Ämterkäuflichkeit nach wie vor großer Beliebtheit, das war in England unter den Stuarts nicht anders als in Spanien, Frankreich oder den italienischen Stadtstaaten. In Frankreich ging der Absolutismus seit Beginn des 17. Jahrhunderts noch einen großen Schritt weiter: Wer ein Amt erwarb und zusätzlich eine jährliche Abgabe entrichtete, konnte von da an das Amt einem frei gewählten Nachfolger übertragen, was praktisch der Erblichkeit und

Abtretbarkeit gekaufter Ämter gleichkam. Die Anforderungen, die ein Nachfolger erfüllen musste, waren nicht übertrieben. Er musste lediglich mindestens zwanzig Jahre alt sein und eine entsprechende (aber nicht unbedingt auf einen bestimmten Bereich festgelegte) Ausbildung mitbringen. Der Regierung bescherte die Zusatzabgabe, die die Beamten leisteten, eine gewaltige Mehreinnahme, aber der Hauptnutzen, der aus der Veräußerbarkeit und Erblichkeit von Ämtern erwuchs, war eher politischer Natur, denn auf diese Art und Weise wurde das Bündnis des Monarchen mit der einflussreichen und freisinnigen Schicht der Würdenträger gestärkt, der Einsatz der Bürokratie zum Schutz des Systems, das ihr einen solch soliden Status verlieh, gesichert und der Spielraum der Aristokratie, die es gewohnt war, Verwandte, Freunde und Klienten durch Protektion in Ämter einzuschleusen, eingeengt. Aus den Käufern hoher Ämter, bei denen es sich meistens um vermögende Bürger handelte, gingen Dynastien eines neuen Amtsadels „in der Toga" hervor, und dieser Toga schrieb man gemeinhin von vornherein Bildung, Kompetenz und Gewissenhaftigkeit zu. So kam es, dass dynamische Gruppen der Finanz-, Industrie- und Handelsbourgeoisie im System feudaler Institutionen, Privilegien und Sitten aufgingen. Dies gereichte letztlich nicht nur der Aristokratie zum Vorteil, sondern auch dem absolutistischen Staat, dem neue Talente zuflossen, der auf die Fähigkeiten des Bürgertums zurückgreifen konnte und der dadurch die Möglichkeit besaß die ganze Machtsphäre zu rationaliseren, d.h. besser Steuern einzutreiben, die Rechtsprechung effizienter zu gestalten, die Armee moderner auszurüsten etc.

Allerdings wurde die Veräußerbarkeit von Ämtern von den Regierungen der westlichen Staaten außer Frankreich vorsichtig gehandhabt, und auf ihre Erblichkeit ließ man sich erst gar nicht ein. Der Adel verwünschte die Veräußerbarkeit von Ämtern, den Königen nahm sie das Gefühl der Allmacht, weil sie ihren Einfluss auf die Besetzung von Ämtern reduzierte. Noch mehr Nachteile brachte allerdings ihre Erblichkeit mit sich, denn nicht jeder Sohn wusste mit Tugenden und Fähigkeiten zu glänzen und ein Erbwürdenträger rechnete schon nicht mehr mit Aufstieg, was dem allgemeinen Wettbewerbsgeist und der Einsatzbereitschaft nicht gerade zuträglich war.

Sehr zu schätzen wussten die Regierungen jedoch die Einnahmen aus dem Verkauf von Ämtern, und die hohen Preise, die man dafür einstrich, sorgten nach wie vor für eine Vermehrung von Ämtern, die jeder Vernunft widersprach. Kardinal Richelieu, ein großer Gegner der Ämterkäuflichkeit, fügte den bereits erwähnten Nachteilen noch einen weiteren hinzu, indem er den Bürgern vorwarf, mit ihrem Wettlauf um Positionen schwächten sie die Dynamik der Wirtschaft des Landes. In Ämtern sei nur Platz für den Adel, und die Städter sollten ihr Kapital gefälligst in Schifffahrt, Handel und Produktion inverstieren, und nicht in den Kauf von Land und Würden. Der staatliche Rückkauf von Ämtern aus privater Hand überstieg jedoch die Möglichkeiten des Fiskus, und die Konservativen mussten sich damit trösten, dass einige wichtige Ämter – in der Regierung z.B. das Amt des Staatssekretärs, in den Provinzen die an Bedeutung gewinnenden Intendanten – von der Käuflichkeit ausgenommen blieben. Dies änderte freilich nichts an der Tatsache, dass Frankreich weiterhin das Land war, in dem am meisten Ämter – in Verwaltung, Rechtsprechung, Finanzwesen und Städten – zum Verkauf freigegeben wurden und in dem sich sogar Offiziere das Kommando über Kompanien und Regimenter erkaufen konnten.

Die Erwerblichkeit von Ämtern hat in Osteuropa, in Preußen, Österreich, Russland und Schweden, keine Wurzeln geschlagen. Dort entschieden die Herrscher über die Vergabe von Posten. Die einzelnen Verwaltungsstellen waren mit Ausnahme von Preußen weniger stark ausgebaut, der Zulauf von Bürgern in Ämter war weitaus schwächer ausgeprägt als im Westen, und das selbst dort – etwa in Schweden – wo die gesellschaftliche Rolle des Adels weniger erdrückend war. Aus dem Rahmen fiel erneut Preußen, wo Friedrich Wilhelm I. gerne Bürger in Ämter beförderte, aber schon unter seinem Sohn, Friedrich II., wurde die alte Dominanz des Adels in der Administration wieder hergestellt.

Die Eigenart des östlichen Absolutismus bestand darin, dass er sich die Macht, die die Grundherren über die bäuerliche Bevölkerung in Verwaltung und Rechtsprechung ausübten, zunutze machte. Als im Westen die Gerichtsbarkeit der Lehnsherren entweder bereits ganz verschwunden (wie dies in England schon seit langem der Fall war) oder unter königliche Kontrolle gestellt worden war, blühte sie in Preußen, Österreich und Russland weiterhin wie am ersten Tag. Nach der Reform von 1760 gelangte sie in Österreich und Preußen unter staatliche Aufsicht, in Russland dagegen wuchs ihre Eigenmächtigkeit. Noch Zar Nikolaus I. sprach vom Adel als „seinen kostenlosen Polizeikommissaren", womit er meinte, dass sich Russland mit relativ niedrigem Aufwand an staatlicher Macht regieren ließ. Kontrolliert wurde der Adel, der russisch-orthodoxe Klerus und die Bürger größerer Städte, insgesamt also nur einige von den 35 Millionen Einwohnern, die Russland im 18. Jahrhundert aufwies, womit die von den Zaren direkt regierte Bevölkerung der Zahl nach ungefähr mit der der größeren deutschen Staaten – etwa Bayerns oder Sachsens – oder Portugals verglichen werden kann.

Überall hat die absolute Monarchie ihre Beamten ziemlich mies bezahlt. Selbst die preußischen Herrscher, die von ihnen harten Einsatz forderten, machten da keine Ausnahme. Daher rührt die französische Redensart „für den preußischen König arbeiten", was schwere Arbeit für wenig Lohn bedeutet. Allerdings bekamen die preußischen Beamten immerhin so viel, dass sie davon ihren Lebensunterhalt bestreiten konnten, was in vielen anderen Ländern nicht unbedingt die Regel war. Ein Zubrot verdienten sich die Beamten landauf, landab mit tariflichen Gebühren, mit denen sie Leute, die mit einem Anliegen zu ihnen kamen, und Angeklagte belegten. An der Tagesordnung war natürlich auch die Korruption.

Die Obrigkeit schaute bis zu einem gewissen Maß darüber hinweg, zumal durch die Beamtenbestechlichkeit ein Teil der Verwaltungskosten auf die Untertanen umgelagert wurde. Zwar drohten viele Monarchen mit Untersuchungen, Prozessen und harten Strafen, aber oft war dies nur ein Mittel, um von den Beamten eine „freiwillige" Leihgabe oder eine Gegenleistung für die Einstellung des Verfahrens zu erpressen. Man musste schon ein besonderer Halsabschneider sein oder sich an staatlichem Eigentum vergreifen, um sich Repressalien ausgesetzt zu sehen, denn Schmiergelder als solche wurden nicht als Symptom gewertet, die auf die Krankheit des politischen Systems hindeuten und deshalb auszumerzen sind. Bestechungsgelder nahmen selbst die arbeitsamsten und loyalsten Beamten, die dabei zwar ein ungutes Gefühl bekamen, weil sie fürchteten aufzufliegen und bestraft zu werden, die aber dennoch daran glaubten, dass ihnen in Anbetracht ihrer schweren Arbeit ein solches Bakschisch zusteht. Jeder, der das berühmte *Tagebuch* von Samuel Pepys gelesen hat, weiß Bescheid, worum es geht.

Die Zentralisierung der Bürokratie im Absolutismus erfolgte nicht komplett. In vielen Regionen, Provinzen und Ländern hielten sich – sei es aus historischen Gründen, sei es infolge ethnischer Eigenständigkeit – autonome oder halbautonome Institutionen. Es bedurfte schon außergewöhnlich günstiger Umstände und einer hohen Verwaltungskultur, um ethnisch eigenständige Provinzen mit dem Rest des Landes zu integrieren ohne ihnen Autonomie zugestehen zu müssen. Gelungen ist dies um die Wende vom 17. zum 18. Jahrhundert den Schweden mit dem dänischen Schonen und dem französischen Absolutismus mit dem deutschen Elsass.

In Frankreich blieben die stark entpolitisierten Ständeversammlungen vieler Provinzen – Bretagne, Béarn, Burgund, Provence – erhalten, Spanien, wo sich der Absolutismus inzwischen in seiner ganzen Pracht darbot, respektierte die autonomen Institutionen Aragóns, der österreichische Absolutismus integrierte die deutschen Alpenländer – in denen die Ständeversammlungen dennoch weiterhin einen gewissen Stellenwert besaßen – mit dem ihnen an Reichtum überlegenen Königreich Böhmen. Der dritte Teil der Habsburger Monarchie, das Königreich Ungarn, war mit Wien nur durch eine Personalunion verbunden, die sich oft als brüchig erwies und im 17. und 18. Jahrhundert mehr als einmal Risse bekam. Als sie schließlich im 18. Jahrhundert in eine Realunion umgewandelt wurde, verschmolz Ungarn nicht mit dem restlichen Teil des Staates, sondern Maria Theresia zeigte, um die Situation nicht unnötig anzuheizen und bei den Nachbarn keine Verstimmung aufkommen zu lassen, Verständnis für das Bedürfnis der Ungarn nach Eigenständigkeit. Auch das despotistische Zarentum duldete die autonomen Institutionen der neu hinzugekommenen baltischen Provinzen – Estlands, Livlands und Kareliens – sowie die Strukturen der Kosakenautonomie in der Urkraine (Saporoscher Setsch), bevor es sie gegen Ende des 18. Jahrhunderts zerbrach. Im 19. Jahrhundert war dem Königreich Polen das gleiche Schicksal beschieden, während das Großfürstentum Finnland seine Autonomie behalten durfte.

Die zweite Säule des Absolutismus nach der Bürokratie war die Armee. Jetzt entstanden große und professionelle Kriegsmaschinen mit schon ganz moderner Artillerie, verbesserten Schusswaffen, raffinierten Befestigungsanlagen, Waffenarsenalen und Kriegsschiffen. Im auslaufenden 18. Jahrhundert hielt Österreich 200000, Frankreich 180000 und Russland 300000 Mann unter Waffen. Sämtliche Rekorde in Sachen Rüstung brachen jedoch Schweden und Preußen. Während des Nordischen Kriegs stellte Schweden ein Heer von 110000 Mann auf – das entsprach 8% der Bevölkerung – die preußische Armee zählte zur Zeit des Siebenjährigen Krieges 260000 Soldaten, d.h. 7% der Einwohner Preußens wurden zu den Waffen gerufen. Das auf dem absteigenden Ast befindliche Spanien verringerte nach dem Erfolgekrieg Mitte des 18. Jahrhunderts seine Armee auf nur noch 60000 Mann.

Das alles verursachte gewaltige Kosten, und die absolutistischen Herrscher des 18. Jahrhunderts bestimmten ungefähr die Hälfte – Preußen sogar etwa zwei Drittel – der Haushaltsausgaben für die Armee. Allerdings hatten die progressiven Grundsätze bei der Organisation des Militärsystems – Professionalisierung und hohe Technisierung der Armee – die konservativen noch nicht völlig verdrängt. Im 18. Jahrhundert konnte es immer noch passieren, dass man sich in verzweifelter Lage auf den Landsturm des Adels oder die traditionellen Milizen besann. Bei der Rekrutierung von Soldaten dominierten nach wie vor Freiwilligen- und Söldnerheere, wobei letztere allerdings gegenüber ersteren schon etwas zurücktraten. Gerne warb man Ausländer an, weil man glaubte, diese eigneten sich besonders gut, Revolten niederzuschlagen und das Landesinnere zu befrieden. Der Adel mochte es indes nicht, wenn zu viele Bauernsöhne in die Kriegskunst eingeführt wurden. Dauernd experimentierte man auch mit der Wehrpflicht, die das Anwerben gegen Geld ablösen sollte.

In Schweden entwickelte sich die so genannte *indelta*, die so aussah, dass die einzelnen Heereseinheiten ihre speziellen Rekrutierungsbezirke zugewiesen bekamen und dass die zum Dienst an der Waffe einberufenen Bauern von ihren Nachbarn ein Stück Land erhielten, auf dem sie ein Haus bauten. Der Soldat verließ sein Dorf nur während eines Feldzuges, und in dieser Zeit bestellten eben diese Nachbarn sein Land. Die Armee bekam damit halbprofessionellen Charakter – was nicht verhinderte, dass sich die Bauern als gute Soldaten hervortaten – und nahm nationale Züge an, weil die Soldaten nicht vom normalen Gesellschaftsleben abgeschnitten waren.

In Preußen wurden die Heereseinheiten ebenfalls in Rekrutierungsbezirke eingeteilt, in so genannte Kantone. Während zahlreiche Bevölkerungsgruppen vom Militärdienst ganz befreit waren, unterlag der Rest der Wehrerfassung, von der Jungen schon im Alter von 10 Jahren betroffen waren. Diejenigen, die sich bei der Musterung am geschicktesten anstellten, wurden von Offizieren als Rekruten („Kantonisten“) ausgewählt. Der Dienst dauerte eineinhalb oder zwei Jahre, aber auch nach Ablauf dieser Zeit, musste ein Kantonist alljährlich einige Monate in der Armee ableisten. Dieses Kantonssystem führte dazu, dass Preußen, das, was die Einwohnerzahl angeht, an elfter Stelle in Europa rangierte, nach Russland und Österreich die drittgrößte Armee unterhielt. Der Vorrang von Soldaten vor Zivilisten wurde hier zu einem ungeschriebenen Gesetz, die Kantone waren ein wichtiger Bestandteil des Gesellschaftslebens, der Militärstil drückte den Beziehungen zwischen Grundbesitzern und Bauern seinen Stempel auf, ausgediente Offiziere durchsetzten die gesamte preußische Bürokratie. Die Wirtschaft des Landes war in großem Maße auf die Bedürfnisse der Armee zugeschnitten und in Europa galt Preußen nicht als Staat, der eine Armee besitzt, sondern als eine Armee, die ihren Staat besitzt.

Ein konservatives Element, das das Militärsystem absolutistisch regierter Staaten prägte, war die große Übermacht des Adels im Offizierscorps. Dies konnte man in Preußen, Schweden, Ungarn und überhaupt allen stark militarisierten Ländern beobachten. Aber der schwedische und besonders der durch die Türkenkriege abgehärtete ungarische Adel waren auch politisch sehr ambitioniert und eckten damit bei den Monarchen an. In Preußen hingegen war der Adel vom Staat militarisiert und zum Kriegsdienst „erzogen“ worden. Dasselbe hatte seinerzeit auch schon Peter der Große versucht und war gescheitert. Allerdings darf man dabei nicht übersehen, dass der russische Adel zahlenmäßig den preußischen Adel um das Zehnfache überstieg und dass die Armee keine Probleme hatte, Dienstwillige zu finden. Ähnlich war es in Spanien und Frankreich: Beide Länder brachten es auf jeweils ca. 400000 Adlige, sodass die Offiziersanwärter für die Armee nicht ausgingen.

Konservativ war schließlich auch die Kriegsphilosophie, der der Absolutismus huldigte und die auf Landgewinne und territoriale Ausdehnung ausgerichtet war. Man ging davon aus, dass die Reichtümer dieser Welt begrenzt sind und dass es Aufgabe des Staates ist, sich ein möglichst großes Stück von diesem Kuchen zu sichern. Der Krieg glich einem Spiel, bei dem in der Addition unterm Strich nichts herauskam: Frankreich z.B. gewinnt ebensoviel Land, wie Spanien verliert. Man erkannte nicht, dass im modernen Wettstreit – etwa beim Seehandel – die Kontrahenten zusammen – wenn auch nicht alle in gleichem Maße – gewinnen können.

Eine mächtige, kasernierte und gut disziplinierte Armee half also, als Reserve der inneren Sicherheit das System der absoluten Macht zu stabilisieren.

Nicht selten schritt sie bei inneren Auseinandersetzungen ein – egal, ob diese politisch, religiös, gesellschaftlich oder sonstwie motiviert waren. Nicht nur die großen Kondottiere, sondern auch die königlichen Marschälle pflegten politische Ambitionen zu verfolgen, aber nirgends – abgesehen von England zur Zeit Cromwells – ist es so weit gekommen, dass die Armee den Absolutismus abgeschafft und die Macht an sich gerissen hätte.

Im Alltag war es natürlich der Polizei – die von den absolutistischen Herrschern sehr stark aufgebläht wurde – vorbehalten, Sicherheit zu gewähren. An ihrer Spitze standen Leute, die Ministerialposten oder einen ähnlich hohen Rang bekleideten. Zwar hatte die Polizei auch einen politischen Auftrag – man denke nur an den immensen Aufwand, der betrieben wurde, um oppositionelle Schriften oder Äußerungen aufzuspüren, als man in Hinterzimmern der Post private Briefe öffnete und ein ganzes Netz von Denunzianten strickte, dem nicht nur Hoteliers, Frisöre oder Lakaien, sondern auch Vertreter der besseren Gesellschaft angehörten –, aber sie beschränkte sich nicht darauf. Auf große Erfolge konnte die Polizei beispielsweise auch bei der Verbrechensbekämpfung, als Hüter der öffentlichen Ordnung, bei der Umsetzung städtischer Projekte (die in die Zuständigkeit von Baupolizei und städtischer Überwachungsdienste fielen) und bei der Verbesserung des Sanitärwesens im Land zurückblicken.

Absolute Macht und sozioökonomische Erneuerung

Die ehrgeizige Wirtschaftspolitik des Absolutismus stützte sich auf die Lehre des Merkantilismus (dessen deutscher Ableger Kameralismus hieß). Die Merkantilisten waren gleichzeitig Voluntaristen, die den Wirtschaftsmechanismen nicht allzu viel Aufmerksamkeit schenkten und die daran glaubten, dass es selbst arme Länder zu Reichtum bringen können, wenn sie es nur wollen, denn es bedürfe lediglich politischen Willens, die wirtschaftliche Realität den jeweiligen Zielsetzungen anzupassen, es sei Sache der Politik, die staatliche Wirtschaftsordnung festzulegen und die Wirtschaftstätigkeit der Individuen aufeinander abzustimmen. Die Meinung, wonach es in der Wirtschaft vor allem darauf ankommt, möglichst viel zu produzieren und zu verkaufen, Rohstoffreserven anzulegen, den Export zu steigern und den Import zu minimieren, die demographische Entwicklung eines Staates im Auge zu behalten und für möglichst billige Arbeitskräfte zu sorgen, ist keine Erfindung des Merkantilismus, denn solche Ansichten wurden bereits im Spätmittelalter geäußert. Das Neue am Merkantilismus besteht darin, dass er zusätzlich der Industrie huldigte und die Expansion der Märkte ins Visier nahm. Man ging davon aus, dass der Leistungfähigkeit der Landwirtschaft wegen ihrer Abhängigkeit von den Witterungsverhältnissen natürliche Grenzen gesetzt sind, während die Industrie, die als reines Werk menschlicher Willens- und Schaffenskraft nicht den Unbilden des Wetters ausgesetzt ist und zudem den besonderen Schutz des Staates genießt, in der Lage ist, jederzeit einträgliche und gefragte Waren in großer Menge auf den Markt zu bringen und deshalb unbegrenzte Möglichkeiten in sich birgt, den Reichtum eines Landes zu vergrößern.

Mit diesem Schutz, unter dem Handel und Industrie standen, musste man allerdings den Nachteil kleinlicher Regelementierungen und neugieriger Kontrollen in Kauf nehmen und sich darauf einstellen, dass der Staat wohl alles daran setzen würde, den Großteil der Profite abzuschöpfen. Die Reglementierungen wurden dabei bisweilen ins Groteske gesteigert, als man z.B. verfügte, Leichname in Wollkleider zu hüllen, um der Wollindustrie auf die Sprünge zu helfen, oder sie im Gegenteil – um Kosten zu sparen, versteht sich – nur in Leichentüchern und ohne Sarg aufzubahren bzw. beizusetzen. Auch wurden von Amtswegen fleischlose Tage ausgerufen, was der fischverarbeitenden Industrie zugute kommen sollte. In Preußen und Österreich wurden, um die Kosten für Arbeitskräfte auf ein Minimum zu senken, Soldaten zur Fabrikarbeit herangezogen und Kinderarbeit erlaubt. Selbstverständlich gab es auch die andere – weniger umstrittene – Seite der Medaille: Durch die staatliche Protektion kam der technische Fortschritt besser voran, es wurden Produktions- und Handelsprivilegien erteilt, die Zollkontrolle wurde verbessert und es wurden Straßen, Kanäle, Brücken etc. ausgebaut.

Es wurde viel erreicht, wenn auch nicht überall: Schwächere Länder – etwa die italienischen Stadtstaaten, Sachsen und Portugal – hatten keine Chance, in diesem harten Wettbewerb zu bestehen. Überall jedoch blieben die Ergebnisse hinter den Erwartungen zurück, es rächte sich somit das doktrinäre Primat der Politik über die Wirtschaft. Der Absolutismus verspürte einen ständigen Drang nach Geld. In der Zwischenzeit hatten die königlichen Domänen immer mehr an fiskaler Bedeutung verloren, Adel und Klerus waren – wenn auch in geringerem Ausmaß als man manchmal unterstellt – Nutznießer von Steuerprivilegien. Der Merkantilismus folgte dem Trend, die indirekten Steuern anzuheben, die man für gerechter und leichter einzuziehen hielt. Damit stieß er auf Widerstand bei den ärmeren Gesellschaftsgruppen, besonders bei den Bauern, die jeder Form von Steuererhöhung, auch der indirekten, feindlich gegenüberstanden. Das Anziehen der Steuerschraube löste Volksaufstände aus, die im 17. Jahrhundert in Frankreich, Spanien und Deutschland die gesamte gesellschaftliche Ordnung bedrohten. Auch konnte man sich nicht an der Beamtenschicht schadlos halten, denn durch maßlose Abgaben und Zwangsdarlehen setzte man ihre Loyalität aufs Spiel und es geschah des Öfteren, dass Beamte insgeheim Volksaufstände wenn nicht unterstützten, so doch sich in ihrem Eifer zurückzuhalten wussten, sie zu unterdrücken. Eine Vermehrung der Staatseinnahmen versprach man sich also hauptsächlich vom steigenden Reichtum der Kaufleute, Bankiers, Reeder und Industriellen. Und nicht umsonst hat man gerade sie aktiv umworben.

Gleichwohl waren sich die vermögenden *bourgeois* völlig darüber im Klaren, dass ein großer Teil dessen, was ihnen der Staat mit einer Hand gibt – durch Privilegien und Monopole, Exportprämien, Zollprotektionismus und dgl. – er ihnen mit der anderen Hand durch höhere Steuern wieder wegnimmt. Aus diesem Grund zog es die westliche Bourgeoisie vor, Geld in Grund und Boden und Ämtern anzulegen, was auch Gewinn abwarf (der zwar geringer ausfiel, dafür aber sicherer war als im Falle von Industrie- und Handelsinvestitionen). Die schwache Wirtschaftskonjunktur des 17. Jahrhunderts tat ihr Übriges dazu und veranlasste die Angehörigen des Bürgertums erst recht zum Land- und Ämtererwerb, zumal ihnen dies das Tor zum Adelsstand öffnete und folglich längerfristig Steuerprivilegien in Aussicht stellte. Die Monarchie versuchte, die Bourgeoisie an die Wand zu drücken, und diese wiederum, sich wo sie nur konnte ihrem Zugriff zu entziehen.

Im 18. Jahrhundert wurden die Mängel einer solchen Wirtschaftspolitik durch eine gute Konjunktur wettgemacht, die Industrie und Handel belebte. Gleichzeitig wurden – nicht zuletzt dank der Physiokraten, die man böswillig und zu Unrecht als „Bauern mit Spitzenkragen" bezeichnet hatte – neue Agrartechniken entwickelt, die der Landwirtschaft zum Aufschwung verhalfen. Hemmend wirkte sich dabei aber immer noch das enge Korsett der Lehnsverhältnisse aus, in das man die Landwirtschaft hineingezwängt hatte und das besonders Osteuropa zu spüren bekam.

Seit einem halben Jahrhundert streiten sich die Historiker darum, ob es gerechtfertigt ist, in der zweiten Hälfte des 18. Jahrhunderts von einem „aufgeklärten Absolutismus" zu sprechen. Es wäre müßig und sicherlich nicht lohnenswert, sich an dieser Stelle auf diesen Streit einzulassen, aber einige Bemerkungen seien dennoch erlaubt. Erstens: Zur damaligen Zeit ging über Europa eine Welle reformerischer Aktivitäten hinweg, die nicht überall gleich hoch schlug und je nach Land unterschiedliche Auswirkungen zeitigte. Wenn man den aufgeklärten Absolutismus hauptsächlich mit Österreich, Preußen und Russland in Verbindung bringt, so ist dies mit Sicherheit nicht ganz exakt. Reformwerke wurden auch von zahlreichen anderen absolutistischen Herrschern – Gustav III. von Schweden, Großherzog Leopold in der Toskana – bzw. ersten Ministern – Turgot und Necker in Frankreich, Doktor Struensee in Dänemark, Graf Aranda in Spanien, Marquis Pombal in Portugal, Bernardo Tanucci in Neapel – angegangen. Viele von ihnen zeigten sich dabei eher von einer despotischen als von einer aufklärerischen Seite, aber dasselbe gilt für Katharina II. von Russland und wohl auch für Friedrich II. von Preußen. Zweitens: Die Reformbewegung ließ Strömungen erkennen, die von wesentlicher Bedeutung für den Fortschritt der Zivilisation waren. Sie sorgte für mehr Ordnung im kodifizierten Recht, mehr öffentliche Bildung, vor allem im Elementarbereich, mehr religiöse Toleranz und weniger Dominanz der Kirchen in der Gesellschaft, sie setzte sich für eine humanere Justiz und manchmal auch ein wenig für den Abbau von Steuerprivilegien bei Adel und Klerus sowie etwas mehr lokale Selbstverwaltung ein, verbesserte ein wenig die sozialrechtliche Lage der Bauern und reduzierte den Frondienst etwas... Natürlich traten diese Neuerungen nicht alle auf einmal in den Reformprogrammen auf, aber am vollständigsten waren sie in Österreich unter Joseph II. und in Schweden unter Gustav III. vertreten.

Drittens: Es lässt sich nicht immer eindeutig den Nachweis erbringen, dass jene Reformvorhaben auch tatsächlich in der Gesellschaftsphilosophie der Aufklärung wurzelten. Dort, wo bestimmte Veränderungen vollzogen wurden – man denke etwa an die Toleranz in Glaubensfragen oder die Humanisierung des Strafrechts – liegt ein solcher Zusammenhang auf der Hand und lässt sich nur schwer leugnen. Aber oft genug entpuppte sich der aufklärerische Anstrich, mit dem man die Reformpakete überzog, als reine Propagandahülle. Als Zarin Katharina II. von der „Gleichheit ihrer Untertanen“ sprach, so waren das nichts weiter als leere Worthülsen, die sich im Sinne der aufgeklärten Weisen deuten und auf deren Formel bringen ließen: „Im Despotismus wird alles gleich niedergetrampelt“. Natürlich konnte hier von Gleichheit nach liberalem – geschweige denn demokratischem – Verständnis keine Rede sein. Und Joseph II. ließ sich seinerseits wiederum bei seinen ungewöhnlich tiefen Einschnitten, die er in Bezug auf Struktur, Privilegien und Riten der katholischen Kirche und ihr Verhältnis zu Rom (das so ausgedünnt wurde, dass man schon fast von der Gründung einer nationalen Kirche sprechen konnte) vornahm, nicht von der Aufklärung und ihrer Feindschaft gegenüber dem Klerikalismus leiten, sondern folgte dem Jansenismus, einem eigenartigen „protestantischen Katholizismus“, der als solcher von den Philosphen des 18. Jahrhunderts fürchterlich verhöhnt wurde. Die Ideologen der Aufklärung beeinflussten stark Turgot, einen Liberalen, der sich ins konservative Lager verirrt hatte, und zwei Fürsprecher dessen, was man als freisinnigen Absolutismus bezeichnen könnte, Necker und Gustav III. Nur den Reformen des schwedischen Königs war im Übrigen Beständigkeit beschieden, womit wir allerdings beim Problem des „aufgeklärten Absolutismus“ schlechthin angelangt wären, dessen Reformen entweder im Sande verliefen oder nur von kurzer Dauer waren.

Viertens schließlich: Die Reformen – selbst so tiefgreifende wie in Schweden und Österreich – waren ganz klar darauf angelegt, die Position des Monarchen und seiner Machtinstrumente zu festigen. Gustav III. modernisierte das Gesellschaftssystem seines Landes, weil er sich mit der adligen Opposition herumschlug und deshalb Rückhalt bei den nicht adligen Schichten suchen musste. Im Laufe dieser Reform wurden die Vorrechte des Adels erheblich eingeengt und im Gegenzug Bürger und Bauern aufgewertet. Der „Josephinismus“, d.h. die österreichische Kirchenreform, hatte es nicht nur auf die Stärkung der (schon zuvor bestehenden) politischen Kontrolle über die Kirche abgesehen, sondern beabsichtigte gleichzeitig eine beträchtliche Erhöhung der staatlichen Einkünfte auf Kosten des Klerus. Außerdem ging es darum, die Kanzel in einen Resonanzkasten der Politik des Monarchen zu verwandeln und sie als Mittel elementarer Erziehung zu instrumentalisieren. Und auch von der Gründung öffentlicher Grundschulen und der Verbesserung des Status der Bauern sowohl in gesellschaftlich-rechtlicher als auch wirtschaftlicher Hinsicht erhoffte man sich eine Stärkung des Staates, denn dadurch wurde die Produktivität der Landwirtschaft, also auch ihre steuerliche Belastbarkeit, erhöht und man tat etwas für den geistigen und physischen Zustand der Soldaten, deren überwiegende Mehrheit immerhin von Bauern gestellt wurde.

Die Französische Revolution wurde für die absoluten Herrscher – wie der große Historiker und Soziologe Tocqueville im 19. Jahrhundert schrieb – zu Katastrophe und Lehrstück zugleich. Dort, wo der Absolutismus die Wirren überdauerte, musste man aus der Katastrophe die richtigen Schlüsse ziehen und sich in die Lehren der Vergangenheit vertiefen. Aber das ist ein anderes Kapitel in der Geschichte der absoluten Macht.

IV

Das liberale Machtsystem

Macht mit Willen und Zustimmung der Bevölkerung

Schon zur Zeit des klassischen Absolutismus im 18. Jahrhundert existierten liberale Machtsysteme. Diese Staatsform nahm beispielsweise die konstitutionelle Monarchie in England (seit der Union mit Schottland 1707 Vereinigtes Königreich Großbritannien) nach der „glorreichen Revolution" von 1688, also nach dem Sturz der Stuarts, an, und auch die Vereinigten Provinzen der Niederlande bewahrten fast das ganze 18. Jahrhundert hindurch ihren konservativ-liberalen Charakter. In Frankreich hingegen misslangen beide Versuche, dauerhaft eine liberale Staatsform im Land zu installieren: Die konstitutionelle Monarchie scheiterte schon nach drei (1789–1792), das „Direktorium" (*directoire*) nach vier Jahren (1795–1799). Ein Hauch liberalen Gedankenguts wehte schließlich, wie sich unschwer nachweisen lässt, auch über der polnischen Maiverfassung von 1791.

Der Besitzstand liberaler Formationen verbreiterte sich im Europa der ersten Hälfte des 19. Jahrhunderts. Zu den Grundsätzen des Liberalismus bekannten sich – wenn auch nicht ohne ab und zu in den Absolutismus zurückzufallen – Frankreich, Holland, Belgien und Schweden, die sich in ihrer Verfassungsgesetzgebung ziemlich stark ähnelten (die schwedische Verfassung von 1809 hielt sich bis 1975 und gilt abgesehen von der sehr spezifischen britschen als älteste Verfassung Europas). Eine Verfassung verabschiedeten 1815 auch die 22 Kantone der Schweizer Eidgenossenschaft, der damals einzigen republikanischen Formierung, wenn man einige „freie Städte" Deutschlands und den Freistaat Krakau einmal außer Acht lässt. Quasi-liberale, oktroyierte Verfassungen gab es auch in einigen westdeutschen Staaten wie Baden, Hessen-Darmstadt, Württemberg und Nassau. Völlig auf dem Liberalismus fußte nur das Herzogtum Sachsen-Weimar. In Spanien bemühte man sich mehrfach, auf revolutionärem Wege eine liberale Ordnung zu schaffen, aber ohne Erfolg, denn schon nach kurzer Zeit wurde der Liberalismus von einem reaktionären Sturm, der über das Land hinwegfegte, erfasst und vom Absolutismus wieder verdrängt. Das Königreich Polen (1815–1831), die einsame

Insel des gemäßigten Liberalismus in Osteuropa, überlebte die kurzzeitige revolutionäre Aufkündigung der Personalunion mit Russland nicht. Dafür breiteten sich die liberalen Prinzipien in der zweiten Hälfte des 19. Jahrhunderts weiter aus und drangen u.a. nach Italien und Spanien vor.

Der politische Liberalismus gründet sich auf einige einfache Thesen. Die Gesellschaft wird als Zusammenschluss von Individuen angesehen, die als solche keine Ziele und Interessen verfolgen darf, die an denen der Individuen, die sie konstituieren, vorbeigehen. Auf der gesellschaftlichen Werteskala ganz oben rangiert die Freiheit des Einzelnen. Jede Macht aber, besonders die politische, kann, da sie über Gewalt verfügt, eben diese Freiheit gefährden. Die Radikalen unter den Liberalen gehen deshalb so weit und definieren den Staat als notwendiges Übel. Die politische Macht lässt sich leider nicht ausschalten, da die Menschen von Natur aus gute und schlechte Neigungen mitbringen und somit darauf geachtet werden muss, dass niemand mit der Freiheit Missbrauch treibt. Als Grundlage der politischen Verpflichtung kann aber einzig und allein die Zustimmung der Individuen dienen. Wir sind verpflichtet, nur der Macht zu gehorchen, mit der wir uns vorher selbst einverstanden erklärt haben. Verfassungsmäßig findet diese Zustimmung im Gesellschaftsvertrag Ausdruck. Gleichwohl muss dieser Gesellschaftsvertrag auf rationaler Basis geschlossen werden, denn es ist eben die Vernunft, die uns unseren schlechten Neigungen Einhalt gebieten lässt und hilft, Freiheit und Ordnung miteinander in Einklang zu bringen. Vernunft und Freiheit können deshalb als solidarische Werte betrachtet werden. „Hätten wir die Freiheit nicht, würde uns auch die Vernunft nicht viel nützen; ohne Vernunft hingegen hätte Freiheit (sofern sie möglich wäre) keine Bedeutung", schrieb Ende des 17. Jahrhunderts der englische Patriarch des Liberalismus John Locke.

Gemeinhin wurde der Gesellschaftsvertrag nicht als konkreter, geschichtlich fest lokalisierter Akt aufgefasst. Man konnte in ihm eine gewisse logische Konstruktion erblicken, die die Daseinsberechtigung des Staates dokumentiert. Locke ging von der Konzeption des stillen Konsens (*tacit consent*) aus: Wer das Territorium eines bestimmten Staates betritt und seinen Schutz in Anspruch nimmt, akzeptiert stillschweigend die Regeln des Gesellschaftsvertrages. Wenn er diese nicht hinnehmen will, dann kann er schließlich auswandern und sich in der Folge entweder einer anderen bereits existierenden Gemeinschaft anschließen oder gemeinsam mit anderen eine neue Gemeinschaft gründen. Das schließt indes nicht aus, dass die Regierten in einer anderen Situation, dann nämlich, wenn die Regierenden den Gesellschaftsvertrag verletzen und ihre Befugnisse überschreiten, aktiv Widerstand leisten. Im Angesicht von Tyrannei konnte ein eingefleischter Liberaler ganz schnell in die Haut eines wütenden Revolutionärs schlüpfen.

Die Grenzen der Macht sind im Liberalismus eng und präzise abgesteckt. Demnach hat der Staat ausschließlich Schutzfunktionen wahrzunehmen, d.h. er hat die Aufgabe, die natürlichen Rechte des Menschen zu schützen und dafür Sorge zu tragen, dass seine Bürger von diesen Rechten ungestört Gebrauch machen können. Die Rechte des Individuums auf Leben, Freiheit, Eigentum und Sicherheit sind heilig, allgemein gültig und unveräußerlich. Die politische Macht hat uns also vor Mördern, Vergewaltigern, Räubern, Betrügern und Feinden aus dem Ausland zu bewahren. Nicht zu seinen Aufgaben gehört es, in solche Sphären des bürgerlichen Lebens einzudringen wie Wirtschaft, Religion, Erziehung, Kultur und Sitten. Da bekanntermaßen derjenige, der auf zu vielen Schultern tragen muss, leicht unterwegs zusammenbrechen kann, sollte sich der liberale Staat nur wenige Lasten aufbürden, diese aber dafür sicher ins Ziel bringen. Die alten Liberalen waren keineswegs Anhänger einer trägen und nachgiebigen Macht. Die sehr brutalen Unterdrückungssysteme der frühen liberalen Staaten – etwa Großbritanniens im 18. und teilweise 19. Jahrhundert, Frankreichs unter Louis Philippe oder Hollands – belegen dies.

Durch das Postulat der rationalen Macht sah sich der Liberalismus veranlasst, das Prinzip der „goldenen Mitte" in den Vordergrund zu rücken. Man zitierte damals gern Aristoteles, der behauptet hatte, die Aritokratie könne nur despotisch regieren, der Pöbel hingegen überhaupt nicht. Das legt den Schluss nahe, die Macht der mittleren Klasse anzuvertrauen, d.h. vermögenden und gebildeten Leuten. Die beiden Begriffe Vermögen und Bildung stellten in der Ideologie des Liberalismus Werte dar, die untrennbar miteinander verbunden waren (zumindest im 18. Jahrhundert war dies im Allgemeinen so, später ist man etwas davon abgerückt). Die Herrschaft der „goldenen Mitte" schloss sowohl Absolutismus (Tyrannei von oben) als auch Demokratie (Tyrannei von unten) aus und sollte also sowohl die vom Despotismus verletzte Freiheit als auch die von demokratischer Anarchie bedrohte Gesellschaftsordnung garantieren. Nur vermögende und gebildete Menschen – so behauptete man – seien gemäßigt, hätten genug Zeit um in aller Ruhe nachzudenken und Politik zu betreiben, denn sie bräuchten dem Geld nicht hinterherzujagen und seien deshalb unanfällig für die Verlockungungen der Korruption. Als Folge davon wurden in liberalen Staaten politische Rechte nur einer mikroskopisch kleinen Minderheit von Bürgern übertragen. Dies erreichte man ganz einfach dadurch, dass man das Wahlrecht an Bedingungen knüpfte, die so weit überzogen waren, dass sie nur von einem geringen Prozentsatz der Bevölkerung erfüllt werden konnten (im Großbritannien des 18. Jahrhunderts waren es 2–3%, in Frankreich unter Louis Philippe unter einem Hundertstel, in Holland auch nach der Wahlreform von 1850 nur 3,5%).

Liberale Systeme, die so wenig Rückendeckung aus der Gesellschaft bekommen, scheinen leicht zu kippen zu sein. Und in der Tat drohte von überall Gefahr: Rechts lauerten in großer Zahl regierungserfahrene konservative Kräfte (Aristokratie und Adel, Hofsphären, die geistliche Hierarchie, konservative Gruppen der Bourgeoisie), links die nach Demokratie schreienden und ihre politischen Rechte einklagenden Massen der Bauern, Kleinbürger und Arbeiter sowie diejenigen bourgoisen Schichten, die am Zensus scheiterten und denen die Voraussetzungen fehlten, um zu Wahlen zugelassen zu werden. Dennoch ließen sich die liberalen Regierungseliten bei ihrem Balanceakt zwischen rechts und links nicht aus dem Gleichgewicht bringen: Ihren konservativen Mitstreitern um die Macht konnten sie weismachen, sie seien das einzig wirksame Bollwerk gegen die „Tyrannei des Pöbels“ und den Zerfall der Gesellschaftsordnung, während sie sich vor den Demokraten als Schutzpatrone des Volkes und Feinde von Despotismus, Geburtsprivilegien und Klerikalismus ausgaben. Außerdem verstanden sie es geschickt, einen Keil zwischen die Linksoppositionellen zu treiben, indem sie gegenüber Kleinbürgern und Bauern die Arbeiter als Kommunisten hinstellten, die es auf Eigentum, Religion und Familie abgesehen hätten. Auf diese Art und Weise gelang es der „goldenen Mitte“, die Freiheit, Eigentum und Ordnung auf ihre Fahnen geschrieben hatte, über einen langen Zeitraum hinweg das Ruder der Macht fest in der Hand zu halten.

Garantien der Freiheit

„Eine Gesellschaft, die nicht die Menschenrechte garantiert und die sich nicht zur Gewaltenteilung bekennt, hat im Grunde keine Verfassung“, lautet Artikel 16 der Menschenrechtserklärung (*Déclaration des droits de l'homme et du citoyen*) von 1789. Daraus folgt, dass die Menschenrechte oberste Richtlinie für die Schöpfer einer Verfassung sind, die Verfassung ihrerseits wiederum oberste Richtlinie für den gewöhnlichen Gesetzgeber und die Gewaltenteilung Grundlage der Verfassungsordnung ist. Es stellte sich jedoch heraus, dass es viel einfacher ist, eine Verfassung zu schreiben und in ihrem Inhalt die Gewaltenteilung in der einen oder anderen Form zu verankern als „Garantien für die Menschenrechte“ zu schaffen.

Der Verfassungsgedanke ist übrigens keine Erfindung der Liberalen. Wir erinnern uns, dass zuvor bereits von den polnischen *Heinrichartikeln*, die mit einem starken konstitutionellen Einschlag versehen waren, und dem englischen *Instrument of Government* (Regierungsinstrument) die Rede war. Sei an dieser Stelle noch ergänzend hinzugefügt, dass auch Schweden nach dem Staatstreich von Gustav III. im Jahre 1772 eine Verfassung erhielt. Die Unterschiede zwischen diesen Verfassungsakten liegt darin, dass der erste auf ein Gesetz des Parlaments (des Sejm) zurückging, der zweite von Cromwell und seinen Mitstreitern aufoktroyiert und der dritte schließlich vom König zwar angelegt, aber von den schwedischen Ständen akzeptiert wurde.

Der liberalen Doktrin zufolge ist die Verfassung als Ausdruck des Gesellschaftsvertrages zu betrachten. Aber das ist reine Theorie, denn in der

Praxis waren die Verfassungen liberalen oder paraliberalen Inhalts nicht immer das Werk derer, die sich durch sie repräsentiert sehen sollten. Natürlich waren die Akte, denen die Briten konstitutionellen Charakter zuschrieben, Parlamentsgesetze, und auch die französische Verfassung von 1791 wurde mühsam von der Konstituanten (*Assemblée constituante*) erarbeitet. Dasselbe gilt für die polnische Maiverfassung, die ebenso aus der Volksvertretung hervorging wie die schwedische Verfassung von 1809 und die belgische aus dem Jahre 1831. Anders lagen die Dinge im Falle der französischen Charta (*Charte*) von 1814 und der Verfassung des Königreichs Polen (Kongress-Polen) von 1815, die von Ludwig XVIII. bzw dem russischen Zaren Alexander I. aufgezwungen wurden, und auch den westdeutschen Staaten erging es nicht besser, die ebenfalls ihre Verfassungen von Herrscherseite aufgedrückt bekamen. Nur einmal kam es vor, dass eine liberale (republikanische) Verfassung, die nämlich von Frankreich aus dem Jahre 1795, vom Parlament verabschiedet und danach zur Abstimmung ans Volk weitergereicht wurde. Dies ließ sich nicht umgehen, weil bereits zwei Jahre zuvor mit der erzdemokratischen Verfassung der Jakobiner auf gleiche Weise verfahren und damit ein Präzedenzfall geschaffen worden war. Auch passierte es, und zwar wiederum in Frankreich, dass eine oktroyierte Verfassung – die *Charte* von 1814 nach der Julirevolution – vom Parlament revidiert und im Geist von mehr Liberalismus abgeändert wurde.

Auch was die Inhalte der Verfassungsakte angeht, steckte die liberale Praxis voller Zweifel und schwankte hin und her. Man hatte einfach noch keine klare Vorstellung davon, wie das Wesen der „konstitutionellen Materie" beschaffen sein und was konkret in eine Verfassung aufgenommen werden sollte. In der Lehre hatte man schon längst differenziert zwischen einerseits Gesellschaftsvertrag (nicht nur in liberalem Sinne), der zugleich Grundlagen der Gesellschaft und Prinzipien des Regierens festlegt (*pactum unionis*), und andererseits Regierungsvertrag (*pactum subiectionis*), der lediglich den Aufbau der staatlichen Behörden bestimmt. Die Franzosen hatten nach dem Sturz des Absolutismus 1789 das Bedürfnis, sich wie durch einen eisernen Vorhang von der alten Gesellschaft – mit Ausnahme der Dynastie, die man beibehielt – zu distanzieren, und das nicht nur in politischer Hinsicht. Sie hatten erkannt, dass man nicht nur die Regierungsform, sondern auch die zwischenmenschlichen Beziehungen in den grundlegenden Bereichen wie Familie, Beruf, Religion, Wirtschaft, Erziehung fundamental ändern muss. Die Verfassung war dabei als Instrument gedacht, das diese großen Umbrüche und die Selbstorganisation der Gesellschaft effizient gestalten hilft. Infolgedessen fanden in den französischen Verfassungsurkunden von 1791 und 1795 nicht nur König, „Direktoren", Minister und Abgeordnete Berücksichtigung, sondern darüber hinaus wurde ein überaus buntes Spektrum an Leuten einbezogen, die das ganze Netz sozialer Bindungen abdeckten und fest mit einem bestimmten – familiären, beruflichen, örtlichen und konfessionellen

– Milieu verwurzelt waren. Die französischen Revolutionsverfassungen waren deshalb keine gewöhnlichen Regierungsverträge, sondern Gesellschaftsverträge im weitesten Sinne des Wortes. Und das erklärt auch ihren immensen Umfang, der alle Rekorde brach: Die Verfassung von 1791 enthielt 255 Artikel, der verfassungsgebende Akt aus dem Jahre 1795 gar 377.

Als Vorläufer des britischen Liberalkonstitutionalismus gelten eine Reihe respektabler Gesetzesleistungen, die aus unterschiedlichen Zeiten stammen. Dabei handelt es sich zum einen um die *Petition of Rights* (Rechtsbittschrift), die an der Schwelle zur englischen Revolution im Jahre 1641 entstand, zum anderen um die berühmte *Habeas-Corpus-Akte* von 1679, ein Gesetz über die Freiheit der Person, das zum Schutzprinzip gegen willkürliche Verhaftungen geworden ist, desweiteren um die *Bill of Rights* (Gesetz der Rechte) von 1679 und schließlich um das Thronfolgegesetz aus dem Jahre 1701. Die Engländer, die mit dem Absolutismus ganz andere Erfahrungen gemacht hatten als die Franzosen und die auf Gesellschaftsstrukturen zurückgreifen konnten, die von denen der Franzosen stark abwichen, hatten nicht vor, die Gesellschaft ganz neu zu „verfassen". Ihre Grundgesetze konzentrierten sich vielmehr auf die Rechte der Bürger, die Befugnisse der staatlichen Behörden und ihre wechselseitigen Beziehungen, wobei sie nicht einmal systematisch aufgebaut waren – die Vorschriften bezüglich der Unabhängigkeit der Gerichte fanden sich beispielsweise im Thronfolgegesetz wieder. Mehr noch: Jene Gesetzeskomplexe gaben kein vollständiges Bild über die Grundsätze des Staatsaufbaus, was der großen Rolle, die die britischen verfassungsmäßigen Bräuche spielten, sehr entgegenkam.

Bei weitem systematischer – wenn auch weniger liberal – angelegt waren die oben aufgelisteten oktroyierten Verfassungen der ersten Hälfte des 19. Jahrhunderts, die in Westeuropa (und im Königreich Polen) und damit auf einem Terrain entstanden, das vorher von Revolution und Napoleon gründlich beackert worden war. So gerieten sie durch ihren verfassungsrechtlichen Charakter in die Nähe der Grundgesetze Großbritanniens, und es war ihnen die den französischen Revolutionsverfassungen eigene Vorstellung fremd, man könne und müsse die neue Gesellschaftsordnung mit Papier und Tinte besiegeln. Die polnische Maiverfassung war in der Mitte zwischen diesen beiden Extrempolen angesiedelt: Einerseits stellte sie die Gesellschaft nicht völlig auf den Kopf, andererseits scheute sie nicht davor zurück, in die Tiefe der gesellschaftlichen Materie einzudringen. So war in ihr nicht nur von König, Abgeordneten und Senatoren, Regierung und Gerichten die Rede, sondern sie kam auch auf Adel, Städte, Bauern, religiöse Verhältnisse, Bildungsprobleme usw. zu sprechen. Den liberalen Schöpfer der Verfassung, allen voran Stanislaw II. August, schwebte das Ziel vor, das Land wahrhaftig zu erneuern, „den Rückstand zum aufgeklärten Europa aufzuholen" und folglich die mangelhaften gesellschaftspolitischen Institutionen aufzuheben. Sie hatten jedoch begriffen, dass sie der Macht der Magnaten, dem Konservatismus eines Großteils des Adels, der Schwäche der Städte und dem, was der König gesellschaftliche Minderjährigkeit der polnischen Dörfer nannte, Rechnung tragen müssen. Nicht ganz von der Hand zu weisen war allerdings die Auffassung, wonach sich in den Freiheiten des Adels die heimische Variante liberaler Freizügigkeit widerspiegelt, und die damit verbundene Absicht, diese angefangen vom vermögenden Bürgertum allmählich auf andere Gesellschaftsgruppen auszudehnen. Damit wäre der erste Schritt – der den Liberalen so sehr am Herzen liegt – in Richtung Umwandlung des Staates derer, die von edler Herkunft sind, in einen Staat derer, die besitzen, vollzogen.

Zwei große Ideen standen beim Liberalkonstitutionalismus Pate. Als Gegenstück zur launenhaften Willkür der Despoten sollte die Verfassung dem politischen Machtsystem eine beständige und rationale Grundlage verleihen. Beständigkeit wollte man dadurch gewährleisten, dass man eine spontane und möglicherweise voreilige Änderung der Verfassungsnormen erschwert (vorgesehen waren beispielsweise ein längerer Zeitraum, der verstreichen musste, bis die erste Novellierung ins Auge gefasst werden konnte, getrennt vom Parlament beratende Revisionsversammlungen, eine qualifizierte Mehrheit und die Ratifizierung der Änderungen durch Vertreter des Volkes). Die Durchschlagskraft dieser Maßnahmen erwies sich indes als minimal. Die Briten stellten erst gar keine solchen Barrieren auf, und im Falle von oktroyierten Verfassungen sah man erst gar keine Veranlassung, auf das Thema Revision gesondert einzugehen, da man ohnehin annahm, dass derjenige, der die Verfassung erlässt, auch das Recht hat, sie abzuändern. In Wahrheit entschied die gesellschaftliche Kräfteverteilung über die Dauerhaftigkeit von Grundgesetzen, von ihr hing ihre – bisweilen sehr kurze – Existenz selbst, ihre Auslegung und ihre Ummantelung mit veränderlichen verfassungsmäßigen Bräuchen ab.

Die Rationalität liberaler Verfassungen sollte sich in der Beschränkung der politischen Macht auf die ihr eigens zugewiesene Schutzsphäre niederschlagen. Schließlich wird die Macht deshalb von den Menschen eingesetzt, damit sie ihre Rechte schützt. Der der Freiheit des Individuums abträglichen Machtkumulation – der vom liberalen Standpunkt aus betrachtet Hauptsünde des Absolutismus – wollte man durch die verfassungsmäßige Verteilung der Macht auf viele Schultern zuvorkommen, wobei die Gesetzgebungs-, Selbstverwaltungs-, bisweilen auch die Regierungs- und zum Teil schließlich die rechtsprechende Gewalt von klugen (und vermögenden) Bürgern ausgehen sollte, die diese an von ihnen gewählte Vertreter vergeben. Es kommt nicht von ungefähr, dass der Liberalismus in der Gewaltenteilung der Weisheit letzten Schluss und den Schlüssel zu einer vernünftigen und gemäßigten Staatsform sieht. Man hatte Montesquieu noch nicht vergessen, der seinerzeit die Warnung ausstieß, jede Macht neige dazu, ihre

Befugnisse zu überschreiten und „wage sich so weit vor, bis sie an ihre Grenzen stößt“. Demzufolge konnte man es nicht dabei belassen, die Gewalten lediglich zu teilen, sondern man musste auch zusehen, dass man sie gleich gewichtet, damit sie sich gegeneinander aufheben. Dabei berief man sich auf keinen geringeren als Newton, der die Ansicht vertrat, wonach sich der Schöpfer selbst, als er die Weltordnung festlegte, an das Prinzip des Kräftegleichgewichts anlehnte. Von dieser Sicht der Welt fand sich das gesamte Hauptgedankengut des Liberalismus inspiriert: Daher rührt die Auffassung vom Ausgleich der Triebe durch den Verstand, hierin wurzeln zunächst Benthams einzigartige Moralbuchhaltung, der das „Prinzip des größten Glücks der größten Zahl“ zugrunde liegt, und dann später Adam Smiths Freihandel, der bewirken soll, dass sich alle Wirtschaftsparameter auf ein „natürliches Niveau“ einpendeln. Die Idee des Gleichgewichts unter den geteilten Gewalten entstammt ein und demselben Kreis klassischer Vorstellungen vom „liberalen Glauben“ (*liberal creed*).

Es ist auch kein Zufall, dass der oben erwähnte Artikel 16 der Menschenrechtserklärung Gewaltenteilung und Menschenrechtsgarantien in einem Atemzug als Kern der Verfassung erwähnt. Der entscheidende Einfluss des Parlaments auf die Gesetzgebung schien das Problem jener Garantien zu lösen, denn für die Menschenrechte stehen kluge gewählte Gesetzgeber mit ihren entsprechenden Gesetzen ein. Nicht umsonst überließ es die *Déclaration* vertrauensvoll eben diesen Gesetzen, die Menschen- und Bürgerrechte konkret mit Inhalt zu füllen und ihre Grenzen sowie ihren Anwendungs- und Gültigkeitsbereich genau abzustecken. Den liberalen Autoren der Erklärung wäre es im Traum nicht eingefallen, dass nicht nur ein Despot, sondern auch ein Parlament ungerechte und unkluge Gesetze erlassen könnte.

Eine Bedrohung für die Menschenrechte vermutete man nach den Erfahrungen des Absolutismus eher woanders – bei der Exekutive. Die Macht des Monarchen gelang es nur in Großbritannien rakikal einzuengen, aber den Ministern schauten die liberalen Verfassungen überall auf die Finger: Bei Gesetzesverletzungen konnten sie strafrechtlich belangt werden, und sie mussten sich in diesem Fall entweder nach altem englischen Muster vor den Kammern des Parlaments oder vor einem speziellen Gericht verantworten. Den Bürgern wurde der Schutz der Justiz vor der Willkür der Regierungsadministration zugesichert. Mit der Lokalverwaltung wurden – wenn auch nicht überall – die aus Zensuswahlen hervorgegangenen Selbstregierungen betraut. Die Erfahrung des Absolutismus, aber auch das Andenken, das Cromwell und später General Bonaparte hinterlassen hatten, zwangen zu der Einsicht, dass die Armee, die eigentlich dazu da ist die Menschenrechte zu schützen und dabei sogar unverzichtbar ist, gleichzeitig zu einer großen Gefahr für sie werden kann. Nur die Amerikaner, die durch den Ozean von dem wahnsinnigen Kriegstreiben auf dem alten Kontinent getrennt waren, konnten sich eine kleine Freiwilligenarmee und ein verzweigtes System von Bürgermilizen leisten. Im Europa der ersten Hälfte des 19. Jahrhunderts hatte sich zwar die Überzeugung festgesetzt, dass ein viertel Jahrhundert, das mit Kriegen übersät war (1792–1815), eigentlich ausreichen sollte, um alle großen Konflikte ein für alle Mal beizulegen, doch waren die großen liberalen Monarchien in Frankreich und Großbritannien weiterhin auf eine starke Streitmacht angewiesen, und sei es auch nur zur Verteidigung bzw. Erweiterung ihres überseeischen Besitzes. Allerdings wurde an dem Grundsatz der Neutralität des Heeres und seiner zivilen Kontrolle nicht gerüttelt. Während die Briten das Modell einer Freiwilligenarmee bevorzugten, setzte sich in Frankreich 1818 die Wehrpflicht durch, aber nicht die allgemeine: Jedes Jahr wurde unter den Wehrpflichtigen ein relativ kleines Kontingent ausgelost, wobei die reicheren von denen, auf die das Los fiel, sich gerne freikauften, indem sie sich von ärmeren für eine bestimmte Summe Geld „vertreten" ließen. Frankreich hielt auch an seiner paramilitärischen zivilen Nationalgarde (nach dem Zensusprinzip aufgestellt und von Offizieren, die sich dazu berufen fühlten, befehligt) fest, die seit der Revolution von 1789 schon zur Tradition geworden war, und fand damit Nachahmer in anderen Ländern. Die Garde sollte zwar kein Gegengewicht zur königlichen Berufsarmee bilden, war aber dennoch stark genug, um die häufig auftretenden und manchmal gefährlichen sozialen Unruhen zu ersticken. Diese hatte den Vorzug, dass man in solchen Situationen nicht die Armee bemühen musste, die somit aus der Innenpolitik herausgehalten und deren programmgemäßer Neutralitätsstatus nicht beeinträchtigt wurde.

Die liberale Ideologie rühmte sich ihrer pazifistischen Ausrichtung, und daran änderten auch die Kolonialkriege (der Briten in Indien und der Franzosen in Algerien) nichts, die nicht als Verstoß gegen die allgemein zur Schau getragene Friedfertigkeit gedeutet wurden... Selbst Schwedens konservativer und die liberale Verfassung von 1809 ablehnender Karl XIV., der einst als napoleonischer Marschall Bernadotte Berühmtheit erlangt hatte, handelte jenen liberalen Regeln der Friedenspolitik nicht zuwider.

Nach dem Drama der Französischen Revolution sah man die Freiheit auch durch die „Justiztyrannei" in Gefahr, und nicht umsonst legte man so viel Wert darauf, die Unabhängigkeit der Gerichte von Herrschern, Ministern und lokaler Administration zu wahren und sie in den strengen Rahmen des Gesetzes einzubetten. Montesquieu hatte einst behauptet, der Richter sei lediglich „das Sprachrohr eines [stummen] Gesetzes". Das hieß, dass nur eine solche Tat als Verbrechen eingestuft werden darf, die von einem Gesetz, das zur Tatzeit in Kraft war, als solches anerkannt wird, dass man keine Strafen verhängen darf, die nicht vom Gesetz vorgesehen sind, und dass man nicht die Funktion des Urteil fällenden Richters mit Untersuchung, Anklage und Verteidigung vermengen darf. Dies richtete sich ebenso gegen die absolutistischen Praktiken, aber auch gegen die des „Revolutionsdespotismus", wie der Grundsatz, dass man niemanden ohne Einwilligung des Gerichts einsperren darf und dass einem Angeklagten ein faires Verfahren zusteht.

Einen großer Fortschritt schließlich bedeutete der liberale Grundsatz der Gleichheit aller vor dem Gesetz. Der Liberalismus wies zwar einerseits das Prinzip, wonach alle gleiche Bürgerrechte (und besonders gleiches Wahlrecht) genießen, wütend zurück, doch da andererseits die Gerichte in Sachen Menschenrechte entschieden und die liberale Philosophie zu dem Schluss gelangt war, dass die Menschenrechte von Natur aus (und nicht von Staatswegen) gegeben sind und für alle gleichermaßen gelten, mussten folglich vor dem Gesetz alle gleich sein, Einheimische wie Ausländer, Arme wie Reiche, Gebildete wie Analphabeten. So großartig dieser Grundsatz auch war – mit seiner praktischen Umsetzung und sogar mit seinem Eingang in die Rechtsnormen haperte es bisweilen.

Das parlamentarische Regierungssystem

In den Vereinigten Staaten der Niederlande stand das Gleichgewicht zwischen Generalstaaten und Statthalter auf wackligen Füßen. In Großbritannien hingegen hatte das Parlament Oberwasser gewonnen, wenn auch nicht so schnell, wie man landläufig vermutet. Natürlich lag das Gesetzgebungsmonopol seit 1707, als Königin Anna Stuart als letzte auf einem Gesetzesentwurf, der ihr vom Parlament zugeleitet worden war, vermerkte, dass „sie es sich überlegt" und damit eine höfliche Formel wählte, ihr Veto einzulegen, bei den Kammern des Parlaments. Fortan ging man davon aus, dass die Monarchen ihr Vetorecht, da sie keinen Gebrauch davon machten, verwirkt hatten. Als Georg I., der Kurfürst von Hannover, nach seiner Thronbesteigung im Jahre 1714 die Sitte außer Kraft setzte, wonach der König bei den Beratungen der Minister im königlichen Kabinett den Vorsitz führte, erklärte man dies gewöhnlich unter Hinweis darauf, dass er des Englischen nicht mächtig sei und sich deshalb nicht verständigen könne. Dem entgegen steht allerdings die Tatsache, dass Georg I. durchaus ohne Englischkenntnisse auskam, um sich mit seinen Ministern zu unterhalten – indem er nämlich einfach auf Latein auswich – was den Verdacht erhärtet, dass der Grund für seine Abwesenheit wohl eher in der mangelnden Sympathie des deutschen Fürsten für die liberalen Mechanismen der englischen Politik zu suchen ist. Wie dem auch sei – fest steht, dass in der Folgezeit das Ministerkabinett die eigentlich dem König vorbehaltenen Prärogativen für sich in Anspruch nahm und Lords und Beamte ernannte, Orden verlieh, Verträge über Lieferungen an den Staat abschloss usw.

Die Briten hegten keinen Zweifel, dass die Einheit der ausführenden Gewalt unbedingt gewahrt werden musste, um Schaden vom Land abzuhalten. Und da der König offensichtlich außerstande war, sich der Exekutive anzunehmen, sprang die Regierung eben ein. Es machte sich die Überzeugung breit, dass das Kabinett solidarisch die vom Regierungschef vorgegebene Politik zu verantworten hat, allerdings nicht vor dem König (obwohl dieser weiterhin das Recht hatte, Minister zu ernennen), sondern vor dem Parlament. Die Kammern des Parlaments konnten der Regierung die Unterstützung versagen und sie auf diese Weise stürzen. Es wurde also gängige Praxis, dass der König unter den Politikern jener Partei, die aus den Wahlen zum Unterhaus als Sieger hervorgegangen war, die Minister auswählte. Das Kabinett regierte so lange, wie die Mehrheit des Parlaments hinter ihm stand, und reichte seinen Rücktritt ein, wenn die Mehrheit umschlug. Dies sorgte für eine gewisse harmonische Koexistenz von Regierung und Parlament, allerdings auf Kosten des Machtgleichgewichts, denn das Parlament stand über der Regierung. Die Rechenschaft, die die Regierung dem Parlament schuldete, ist nicht mit *impeachement*, der strafrechtlichen Verfolgung, der sich die Regierenden im Falle von Rechtsbruch aussetzten, gleichzusetzen, sondern entspricht der politischen Verantwortlichkeit der Regierung gegenüber dem Parlament. Wenn das Parlament die Regierung absetzt, dann bringt es damit seine negative Bewertung ihrer Politik und ihre mangelnde Übereinstimmung mit den politischen Leitlinien der parlamentarischen Mehrheit zum Ausdruck.

Unterhaus (*House of Commons*) und Oberhaus (*House of Lords*) hatten beide gleichermaßen das Recht, der Regierung das Vertrauen zu entziehen, aber über einen sehr langen Zeitraum hinweg arbeiteten sie harmonisch zusammen. Ihr gutes Einvernehmen zerbrach erst 1830 an einem Gesetzesentwurf der Regierung zur Reform des Wahlrechts, als Graf Grey dem oppositionellen Oberhaus drohte, so viele neue Lords zu ernennen, wie nötig sind um seinen Widerstand zu brechen – wir erinnern uns: dieses Recht, Lords zu ernennen, hatte die Regierung neben allen anderen königlichen Prärogativen übernommen – und damit die Kammern jäh entzweite. 1832 gaben die Lords schließlich nach und das Gesetz konnte passieren. Gleich danach, im Jahre 1839, formulierte Premierminister Melbourne mit Unterstützung von Königin Victoria den Grundsatz, wonach die Regierung im Falle eines Misstrauensvotums seitens des Oberhauses nicht zurücktreten müsse, sofern das Unterhaus sich diesem Antrag verweigere und seinerseits dem Kabinett das Vertrauen ausdrücklich ausspreche. Von da an wurde die Position des Oberhauses systematisch und kontinuierlich geschwächt.

Natürlich erforderte das parlamentarische Regierungssystem die Existenz mindestens zweier Parteien, einer mehrheitlichen Regierungs- und einer in der Minderheit befindlichen Oppositionspartei. Diese Parteien entstanden Ende des 17. Jahrhunderts mit den Torys (später Konservative genannt) und den Whigs (den Liberalen), die sehr elitär geprägt waren, eine Art „Klubcharakter“

aufwiesen, keine lokalen Strukturen herausgebildet hatten und deshalb noch nicht in das gewohnte Bild moderner politischer Parteien hineinpassten.

Das parlamentarische Regierungssystem war zwar klar konstruiert, doch in der Praxis stand bis zur Wahlreform von 1832 alles auf dem Kopf. Theoretisch sollte die parlamentarische Mehrheit über die Politik und sogar über die Existenz der Regierung entscheiden, praktisch war es aber die Regierung, die sich im Unterhaus eine ihr ergebene Mehrheit zu verschaffen wusste, und zwar zuerst die der Whigs, die unter Führung von Premierminister Robert Walpole einige Jahrzehnte in Ruhe regieren konnte, dann die der Torys, die 1791 die Macht antrat und diese nahezu siebzig Jahre lang nicht mehr aus der Hand gab.

Die Bildung einer willfährigen und regierungsfreundlichen Mehrheit im Unterhaus spielte sich auf zwei Ebenen ab. Zunächst im Laufe der Wahlen: Hierzu muss man wissen, dass das Elektorat, obwohl es ziemlich zahlreich vertreten war und schon im 18. Jahrhundert bei weit über 200000 Wählern lag, nur über ca. 200 der insgesamt 550 Sitze im Unterhaus über so genannte freie Mandate bestimmen konnte, während die Vergabe der restlichen Sitze einigen wenigen örtlichen Notablen oder gar nur dem Patron vorbehalten war. Es gab nämlich viele winzige und bereits „verfaulte" Städte, die im Mittelalter das Recht erworben hatten, einen Abgeordneten zu stellen, die dann später aber entweder ganz herunterkamen oder sogar völlig von der Landkarte verschwanden und Wiesen, Weiden, Parks oder Wasserflächen, sofern das Meer weit genug ins Landesinnere hineinragte, weichen mussten. Während der Wahlen stellte sich nun der besagte Grundbesitzer mitten auf eine solche Wiese oder fuhr mit seinem Boot aufs Wasser hinaus und verkündete, wer als Abgeordneter ins Parlament entsandt wird... Für die Regierung, die über die königlichen Prärogativen verfügte, war es vor diesem Hintergrund ein Leichtes, sei es durch Geld und Schmeicheleien, sei es durch den Abschluss lukrativer Lieferverträge für den Staat, sei es durch die Verleihung von Orden und Würden einige tausend einflussreiche Wähler für sich zu gewinnen.

Dann im Anschluss an die Wahlen, als man manipulativ auf diejenigen Abgeordneten einzuwirken versuchte, die noch unentschieden waren, ob sie sich einer Partei anschließen sollten und, wenn ja, welcher. Die Regierung hatte dazu einen großen Vorrat an Korruptionsmöglichkeiten angelegt, dessen Spektrum von Ämtern und Sinekuren über Titel und Orden bis hin zu Lieferverträgen reichte. Manchmal raffte sich das Parlament zu einer Geste auf, die die Absicht widerspiegelte, dieser empörenden Entwicklung einen Riegel vorzuschieben – indem beispielsweise Gesetze erlassen wurden, die die Verbindung einiger Ämter mit dem Abgeordnetenmandat untersagten –, aber auch das nutzte nicht viel.

Frei von Massenkorruption funktionieren konnte das parlamentarische Regierungssystem erst nach der Wahlreform, zu der sich die Regierung unter

Grey auf mächtigen Druck des Volkes hin durchgerungen hatte. Die Zahl der Wähler verdoppelte sich fast, denn man hatte das Zensusprinzip gelockert und den oben erwähnten „verfaulten“ Städten über 140 Mandate weggenommen und auf Grafschaften bzw. Großstädte umverteilt. Auch die Regierung fand sich in ihren Möglichkeiten, Abgeordnete durch Bestechung auf ihre Seite zu ziehen, stark eingeschränkt. Mit der Reform von 1832 wurde weder die politische Oligarchie durchbrochen noch Arbeitern und Angehörigen des Klein- und teilweise auch des mittleren Bürgertums das Wahlrecht eingeräumt. Die Anhänger der Demokratie betrachteten diese Reformen jedoch als Vorboten weiterer Veränderungen – in der Überzeugung, dass die Regierenden die Zugeständnisse nicht zurückziehen, wenn der Druck der Massen nachlässt und die Situation sich beruhigt. Und sie hatten Recht: Die britischen Eliten schreckten zwar nicht vor Heuchelei und Manipulation zurück, aber Dummheit konnte man ihnen nicht nachsagen. Die Konzessionen, die man ihnen abrang, gingen in der Regel zwar nicht so weit, wie die Anhänger der Reform sich das gerne gewünscht hätten, aber sie kamen zur rechten Zeit und wurden auch nicht zurückgenommen, nachdem sich die Welle der Unzufriedenheit gelegt hatte. Der beiderseitigen Bereitschaft, Kompromisse einzugehen, ist es zu verdanken, dass in dem stürmischen 19. Jahrhundert Großbritannien von Revolutionen verschont blieb.

Das parlamentarische Regierungssystem, so wie es sich nach 1832 herausgebildet hatte, entwickelte sich zu einem Muster, das von vielen europäischen Staaten nachgeahmt wurde und bis auf den heutigen Tag immer noch wird. Der König ernannte zwar nach wie vor Regierungschef und Minister, aber dennoch war sein Einfluss auf die Zusammensetzung der Regierung im Grunde genommen eher gering und kam hauptsächlich dann zum Tragen, wenn die Mehrheitspartei keinen starken und von allen Mitgliedern der Fraktion anerkannten Führer vorzuweisen hatte. Man sagte damals, dass dem König von Großbritannien nur drei Rechte geblieben sind: das Recht zu fordern, dass man ihn zu Rate zieht, das Recht Politiker aufzumuntern und das Recht, sie zu warnen.

Auf der Ebene der exekutiven Gewalt avancierte der Regierungschef (der erst nach 1905 offiziell den Titel Premierminister erhielt) zur Hauptperson. Er vereinigte drei Funktionen in sich: die des Vorsitzenden der Regierungspartei, die des Führers der parlamentarischen Mehrheit und die des Premiers. Es oblag ihm, Minister in sein Kabinett zu berufen (deren Zahl zwischen 12 und 15 schwankte), der König hatte hierbei in der Regel nur beratende Stimme. Da mutet es schon seltsam an, dass es noch bis 1914 dem Premierminister nahezu unmöglich war, einen einmal ernannten Minister ohne seine Einwilligung zu entlassen, auch dann, wenn seine Unfähigkeit außer Frage stand. Nur die erwiesene politische Unloyalität eines Ministers konnte einen solchen Schritt rechtfertigen. Ansonsten hielt der Premierminister in seinem Kabinett die Zügel fest in der Hand, und gab – bisweilen ziemlich willkürlich – die politischen Leitlinien aus, nach denen sich alle um ihn herum zu richten hatten, was ihm um so leichter fiel, als man während der Kabinettsberatungen Abstimmungen vermied, bis 1916 nicht ordentlich Protokoll geführt wurde und nur der Regierungschef berechtigt war, Notizen zu machen.

Die Regierung war nun gegenüber der Mehrheit des Unterhauses, die ihn stützte, aber auch kontrollierte, wirklich verantwortlich. Die Zeiten, in denen die Regierungsmannschaft Wahlen manipulieren oder Abgeordnete bestechen konnte, waren jetzt definitiv vorbei. Dafür gerieten die Abgeordneten nun zunehmend in die Abhängigkeit einer zahlenmäßig immer stärker werdenden Wählerschaft. Wenn die Regierung an Beliebtheit verlor, herrschte unter den Abgeordneten der Mehrheitspartei sogleich helle Aufregung. Dem großen liberalen Premierminister William Gladstone beispielsweise kehrte 1873 ein Großteil der Abgeordneten seiner Partei den Rücken zu, weil er zu energisch gegen den Alkoholismus angekämpft und sich deshalb den Unmut der Wähler zugezogen hatte. „Die Regierung ist in der Flut von Gin und Bier ertrunken", lautete damals Gladstones melancholischer Kommentar.

Der Regierung konnte aber auch die in der Minderheit befindliche Opposition Schaden zufügen, die seit den Zwanzigerjahren des 19. Jahrhunderts „Opposition seiner königlichen Majestät" hieß, womit hervorgehoben wurde, dass sie wenn auch nicht regiert, so doch immerhin wenigstens einen Teil des Machtsystems darstellt. Dies fand u.a. seinen Niederschlag in dem so genannten „Schattenkabinett", das die Oppostion als Alternative zur Regierung aufstellte. Die Rolle der Opposition wuchs um so mehr, je geringer ihr Rückstand zur Regierungspartei im Unterhaus war. Wenn es ganz schlecht lief, musste sie sogar in die Übereinkunft einbezogen werden, die die Gleichstellung der Abgeordneten bei der Regelung ihrer Urlaubsansprüche zum Gegenstand hatte. Die Opposition fand sich immer stärker in den Strukturen des Parlaments vertreten, ihr Anführer galt als sehr wichtige Person, denn er verkörperte einen potentiellen Premierminister. Es stimmt, dass sich die Minderheitspartei mit dem Misstrauensvotum zurückhielt, denn damit leistete man gewöhnlich nur dem Schulterschluss in der Regierungspartei Vorschub. Mehr versprach man sich davon, die Regierung in die Enge zu treiben – z.B. im Zusammenhang mit der Haushaltsdebatte – und sie dazu zu veranlassen, selbst aus eigenem Antrieb die Vertrauensfrage zu stellen, denn jetzt musste nur noch ein Teil der Abgeordneten der Mehrheitspartei abtrünnig werden, und schon hatte man genügend Stimmen gegen die Regierung beieinander.

Eine Regierung, die bei der Vertrauensfrage im Unterhaus durchfiel, stand vor der Wahl zwischen Rücktritt und vorzeitiger Auflösung des Parlaments. Da die Auflösung des Parlaments weder bei den Abgeordneten noch – was viel wichtiger ist – bei den Wählern auf große Gegenliebe stieß, entschied man sich eher für den Rücktritt und bot die Regierungsübernahme durch das „Schattenkabinett" an. Damit tat sich die Opposition, so sie auf das Angebot einging, aber keinen Gefallen, denn eine Partei, die auf einen Schlag von den harten Oppositionsbänken in die weichen Kabinettsessel wechselte, um von dort aus als Minderheitsregierung die Macht auszuüben, hatte bei den nächsten Wahlen schlechte Karten.

Während das Unterhaus seine Position im allgemeinen Machtgefüge ausbauen konnte, versank das Oberhaus fast in der Bedeutungslosigkeit. Es musste seinen aritokratischen Mantel ablegen, denn die Regierungen beriefen immer mehr Krösusse aus Industrie und Handel in die Kammer, die gegenüber anderen Nichtaristokraten wie Gelehrten, Literaten und Künstlern, die man seltener zu Lords machte, deutlich in der Überzahl waren. Den Lords wurde die Möglichkeit genommen, das Kabinett zu stürzen, ihre juristischen und gesetzgeberischen Kompetenzen wurden stark beschnitten und nach 1911 wurde das Vetorecht der höheren Kammer infolge eines riesigen Streits um einen von den Lords abgelehnten Haushalt bei Finanzgesetzen ganz aufgehoben und in anderen Fragen zum Einspruch mit nur noch aufschiebender Wirkung degradiert.

Das konstitutionell-monarchische System

Die auf dem Kontinent ansässigen liberalen Monarchien wichen bei der Ausgestaltung der Gewaltenteilung vom englischen Modell erheblich ab. Der Monarch spielte hier eine viel größere Rolle, und das Parlament war mit ungleich geringeren Machtbefugnissen ausgestattet. Dies erhellt sowohl aus der schwedischen Verfassung von 1809 als auch aus der französichen *Charte* von 1814 und besonders aus der Verfassung des Königreichs der Niederlanden aus dem Jahre 1815. Darüber hinaus waren überall dort die Machtmechanismen von den aristokratischen Gelüsten der Herrscher – Karls XIV., Karls X. (und teilweise auch schon Ludwigs XVIII.) und Wilhelms I. – überlagert. Dagegen bewirkte die nach der Julirevolution und der Thronbesteigung Louis Philippes vorgenommene Revision der *Charte* in Frankreich eine Wiederbelebung des Parlaments: Es entstand der Prototyp der „Monarchie von Orléans", die später von anderen Ländern kopiert wurde. Einige Franzosen glauben sogar ihre Spuren bis in de Gaulles V. Republik hinein verfolgen zu können.

Louis Philippe pflegte gern zu betonen, dass er selbst den „Fiaker lenkt", und es war bezeichnend, dass für ihn nicht die vor Gold strotzende Hofkarosse, sondern die bürgerliche Droschke Staatssymbol war. Allerdings wusste jener „Bürgerkönig" nur allzu gut, dass beim Fiaker die Passagiere auf den Bänken zwar bestimmen dürfen, wohin die Reise geht, der Kutscher auf dem Bock jedoch Route und Tempo festlegt. Sowohl der Liberale Tocqueville als auch der Kommunist Marx bescheinigten Louis Philippe einmütig großes Geschick und Erfolg im Umgang mit den „Entscheidungsträgern" von den Hinterbänken, d.h. den Angehörigen der Bourgeoisie – und vor allem der Finanzbourgeoisie -, mit denen er in Bezug auf das Ziel der Reise sehr schnell handelseinig wurde.

Die *Charte* von 1814 erlaubte selbst in ihrer liberalen Fassung von 1830 dem König, „den Fiaker zu lenken", der Thron war in der Monarchie von Orléans, wie es hieß, kein leerer Sessel. Es war Sache des Königs, Regierungschef und Minister zu berufen und abzuberufen, das Vertrauen des Parlaments gegenüber dem Kabinett war nicht notwendig. Als Premierminister setzte Louis Philippe gerne Stümper ein, wobei er sich geschickt die Legende um Napoleon zunutze machte (seine Schmeichler nannten ihn gar „Friedensnapoleon"). So kam es, dass sich unter den Regierungschefs ehemalige Marschälle des Kaisers befanden, etwa Gérard, Mortier und vor allem Soult, einst Triumphator vor Austerlitz, aber inzwischen komplett verkalkt. Der König wählte die Minister so aus, dass sie einander nicht mochten. Er ertrug es nicht, wenn diese sich seiner Kontrolle entzogen, er selbst hingegen agierte gern hinter ihrem Rücken, insbesondere in der Außenpolitik. So verhasst er bei den immer zahlreicher auftretenden Republikanern und Legitimisten – die die Rückkehr der 1830 verjagten älteren Linie der Bourbonen auf den Thron befürworteten – war, so gut kam er beim Bürgertum an.

Das Parlament nahm in diesem System eine sehr elitäre Stelle ein. Die Anforderungen des Zensus wurden dermaßen in die Höhe geschraubt, dass über die Zusammensetzung der Deputiertenkammer (*Chambre des députés*) gegen Ende des Regimes gerade mal ca. 240000 Franzosen – die reichsten des Landes – bei einer Gesamteinwohnerzahl von 35 Millionen per Wahl entscheiden durften. Die Stimmen der Wähler waren nicht gleich gewichtet, denn die Wahllandschaft war so beschaffen, dass die Großstädte eindeutig benachteiligt wurden. Dies begünstigte die Korruption, da es in einigen Wahlkreisen völlig ausreichte, eine kleine Zahl an Wählern zu bestechen, um ein für die Regierung vorteilhaftes Ergebnis zu erzielen. Die so gewählte Kammer konnte der König jederzeit nach Belieben auflösen, was er oft tat, um die regierungsfreundliche Mehrheit der Abgeordneten zu stärken. Die Mitglieder der höheren Pairskammer (*Chambre des pairs*) wiederum wurden vom Monarchen auf Lebenszeit ernannt. In beiden Kammern wimmelte es nur so von Würdenträgern und Beamten: In der unteren Kammer betrug ihr Anteil ca. 40%, in der oberen Kammer stellten sie sogar die Mehrheit. Der König teilte sich mit den Kammern die Gesetzgebungsinitiative, und darüber hinaus genoss er uneingeschränktes Vetorecht bei Gesetzen, die vom Parlament verabschiedet wurden.

Den Kabinetten wurde das Regieren angesichts der entschiedenen Gegnerschaft der Deputiertenkammer nicht gerade leicht gemacht. Man machte sogar von der Institution des Misstrauensvotums Gebrauch, indem das Kabinett die Vertrauensfrage stellte und die Kammer zur Abstimmung aufforderte. Damit wäre man schon fast in Richtung parlamentarisches Regierungssystem abgedriftet, wenn nicht im letzten Augenblick der Umstand dazwischengekommen wäre, dass eine von der Deputiertenkammer abgelehnte Regierung nur mit Zustimmung des Königs zurücktreten konnte. Von den siebzehn Regierungen, die unter Louis Philippe gebildet wurden, sind nur fünf an einem Konflikt mit der Deputiertenkammer zerbrochen. Der Standpunkt der Pairskammer spielte in diesem Zusammenhang keine Rolle. Letztlich lässt sich resümierend festhalten, dass sich die Staatsform von Orléans um Ausgleich und Harmonie zwischen Regierung und gewählter Kammer bemühte, aber vom parlamentarischen Regierungssystem noch weit entfernt war, denn dazu fehlten auf beiden Seiten – sowohl bei der Regierung als auch beim Parlament – die Voraussetzungen.

Das Kabinett war mit Sicherheit keine Solidargemeinschaft unter Führung eines Premierministers – Louis Philippe wusste dies zu verhindern. Ebenfalls ausgeschlossen war es, dauerhafte und klare Mehrheitsverhältnisse in der Deputiertenkammer zu schaffen. Der hohe Vermögenszensus schien ihr soziale Homogenität versehen mit einem konservativ-liberalen Anstrich zu bescheren, aber man muss bedenken, dass die Kammer ungefähr sechs verschiedene parteiliche Strömungen unter ihrem Dach beherbergte, die zudem innerlich zerrissen waren. Ein Zweiparteiensystem wie jenseits des Kanals war in Frankreich ein unerreichbares Ziel, und das nicht nur mit Blick auf die größere Differenziertheit des Landes und den Hang seiner Bürger zum Individualismus. Obwohl seit der stürmischen Revolution schon über dreißig Jahre vergangen waren, sind dennoch die Konflikte und Zerwürfnisse, die damals entstanden, im Gedächtnis der älteren Franzosen haften geblieben. Sie haben der Gesellschaft ihren Stempel aufgedrückt und ziehen sich wie ein roter Faden durch Ideologie, Verfassungsmechanismen und politischen Wortschatz (wie Balzacs „menschliche Komödie" – *la comédie humaine* – schön dokumentiert). In der Zeit nach der Revolution wechselten Verfassungen, Regime und Regierungsmannschaften, was neue, scharfe Gegensätze aufkommen ließ. Der schnelle Fortschritt des Kapitalismus bewirkte, dass sich innerhalb der Eliten branchen-, regional- und gruppenspezifische Interessen verrieben. Die Zerstrittenheit der Deputiertenkammer ist das Spiegelbild jener Erscheinungen, und ein solcher Zustand ist auf Dauer jedem parlamentarischen Regierungssystem – soll es einwandfrei funktionieren – abträglich.

Durch die Eingriffe des Königs wurden zusätzlich die politischen Prozesse in ihrem Verlauf gestört. Louis Philippe verfügte über eine effiziente, zentralisierte Bürokratie, die die Monarchie nach ihrer Restaurierung von Napoleon geerbt hatte und die in Verbindung mit einer klug geplanten Wahllandschaft ein großes Potential an Möglichkeiten zur Wählermanipulation bot. Berühmtheit erlangte das Beispiel der Wähler des Languedoc, die dem Präfekten ihres Departements versprachen, dass sie jedem, den er ihnen nennt, ja selbst seinem Pferd ihre Stimme geben, solange damit sichergestellt wird, dass die gerade im Bau befindliche Bahnlinie nicht um ihre Stadt herum verläuft. Auch knüpfte man an die bekannte britische Praxis an und bestach bereits gewählte Abgeordnete damit, dass man ihnen lukrative Posten und Sinekuren in Aussicht stellte. Dies erklärt den hohen Anteil an Funktionären unter den Abgeordneten. Auf besonders bissige Weise werden die Auswüchse der Korruption jener Tage in Stendhals letztem Roman *Lucien Leuwen* geschildert. Es ist bezeichnend, dass die Korruptionspraktiken nicht dazu geführt haben, die Zersplitterung der Parteien zu überwinden und der Regierung eine solide Mehrheit in der Deputiertenkammer zu verschaffen. Ihre einzige Leistung besteht darin, dass sie die Monarchie von Orléans um ihren guten Ruf gebracht hat. Im Übrigen waren sie ohnehin nur die Spitze des Eisbergs: Eine besonders hohe Dichte an Betrug und Bestechung hatte das Regime Louis Philippes unter den Eliten vorzuweisen, die sich an der Schnittstelle von Macht und Reichtum begegneten. Alle konnten sich dabei frei entfalten und kamen in der Regel ohne Strafe davon. Als man ganz zum Schluss, um die öffentliche Meinung zu beruhigen, dennoch einigen Würdenträgern wegen Bestechlichkeit vor der Pairskammer auf dem Wege des von England übernommenen *impeachement* den Prozess machte, war König Louis Philippe alles andere als begeistert und gab erbost die Maxime aus, dass wenn man schon stehle, man es hinterher auf keinen Fall zugeben dürfe.

Die Selbstverwaltung

Zum Kanon liberalen Denkens gehörte die Forderung nach einer billigen und rationalen Regierung. Auf dem Gebiet der Lokaladministration schrieb man beide Vorzüge der Selbstverwaltung zu, die darüber hinaus, wie es Tocqueville formulierte, „die Grundschule der Freiheit" sein sollte.

Zum einen trug die Selbstverwaltung dem Gebot Rechnung, möglichst geringen Kostenaufwand zu betreiben. Die Bewohner von Städten, Gemeinden, Pfarreien, Grafschaften oder Kantonen sollten die lokalen Steuern dazu benutzen, die von ihnen selbst gewählten Verwaltungsorgane zu unterhalten und auf diese Weise ihren vor Ort entstehenden Verpflichtungen nachzukommen. Natürlich: Wenn die Selbstverwaltungsbehörden Gelder aus lokalen Steuern ausgaben, dann mussten sie hierbei den Steuerzahlern Einblick gewähren. Die Selbstverwaltung ist also nicht der Regierung oder ihren Vertetern Rechenschaft schuldig, sondern der örtlichen Gemeinschaft sowie selbstverständlich den Gerichten, sofern sie sich über geltendes Recht hinweggesetzt hat. Zum anderen erwies sich die Selbstverwaltung als eine rationale Lösung. Die Liberalen traten für Vielfalt, Pluralität und Buntheit in der Welt ein, und alle Versuche, dies durch Vereinheitlichung und Gleichmacherei zu ändern, hielten sie für unvernünftig und tödlich. Für sie lag klar auf der Hand, dass die verschiedenen Städte, Gemeinden und Kreise eigene, stark differenzierte Bedürfnisse und Ansprüche haben, über die nicht die Beamten in der Hauptstadt befinden sollten. Die Selbstverwaltung sollte schließlich Schule und Garantie zugleich der Freiheit sein. Der Liberalismus ging davon aus, dass die Ausdehnung der Regierungsmacht „bis ganz nach unten" in Form von Filialen, die für lokale Angelegenheiten zuständig sind, die Gefahr mit sich bringt, dass die exekutive Gewalt auf despotische Weise in die Sphäre der Bürgergesellschaft eindringt. So viel zur Theorie – in der Praxis wichen die liberalen Monarchien von diesen Maximen mitunter grundlegend ab.

Das britische *self-government* behielt bis ins 19. Jahrhundert jenen Charakter bei, den es im Spätmittelalter angenommen hatte. Auf der untersten Stufe, in den Pfarreien, war es nur in geringem Maße von den Bewohnern abhängig, da hier die Grundbesitzer und die anglikanischen Pfarrer den Ton angaben. In den Grafschaften war der von der Regierung ernannte Friedensrichter am wichtigsten, der nicht den Rang eines Ministers bekleidete, stets der örtlichen Elite entstammte, nicht auf der Gehaltsliste der Regierung stand und deshalb zwar als Vertreter der Staats-, aber nicht der Regierungsmacht galt. Die Städte wurden von altmodischen und relativ ineffizienten Körperschaften beherrscht, in denen die Handels-, Industrie und Finanzoligarchie die Oberhand gewonnen hatte. Erst die Reform des Wahlrechts von Grey gab den Anstoß zum Wandel des morschen Systems des *self--government*, aber wie nach britischer Sitte nicht anders zu erwarten, so erfolgte auch diese Reform in Raten und gelangte nicht vor Ende des 19. Jahrhunderts zum Abschluss.

Man begann mit den Städten: 1835 verschwanden die Körperschaftsregierungen, und ihren Platz nahmen örtliche Räte ein, die aus Zensuswahlen hervorgegangen waren und die nun ihrerseits die exekutiven Organe der Selbstverwaltung wählten. Aber zahlreiche kleinere Städte wurden in dieses System nicht einbezogen, und auch London musste lange auf seinen ersten Rat warten. Nach dieser Reform tat sich ein halbes Jahrhundert lang erst einmal gar nichts. Die Räte in den Grafschaften entstanden erst 1888, die in den Pfarreien noch später – 1894. Das Wahlrecht nahm allmählich demokratische Gestalt an. Um die Sitze in den Räten der Städte – vor allem der Großstädte – bewarben sich die großen Parteien – Liberale, Konservative, später dann auch die Arbeiterpartei (*Labour Party*) -, die sich dabei einen heftigen Wettstreit lieferten. In ländlichen Regionen, Grafschaften und Pfarreien zogen es die Kandidaten vor, von Parteien losgelöst aufzutreten. In die Grafschaftsräte wurden lange Zeit meistens Angehörige der Grundbesitzerelite gewählt, die sich im Regieren auskannten und ihre Pflichten auch hinreichend gewissenhaft erfüllten, damit ihr Einfluss gewahrt blieb.

Eine Besonderheit der britischen Selbstverwaltung lag darin, dass verschiedene Organe *ad hoc* als Ergebnis lokaler Wahlen zustandekamen, die konkrete Aufgaben auf den Gebieten Sozialfürsorge, Gesundheit bzw. Erziehung wahrzunehmen hatten. Das Parlament sah darin keinen Verstoß gegen das Selbstverwaltungsprinzip, solange diese speziellen Organe aus Wahlen hervorgingen. Dennoch entbrannten vor diesem Hintergrund scharfe Konflikte. Seit dem 17. Jahrhundert nahmen sich die Selbstverwaltungen in den Pfarreien der Ärmsten der Armen an und erhoben dafür eine Extraabgabe, die so genannte *poor rate*. Dies ging soweit ganz gut, bis man 1834 das patriarchalische System abschaffte, an seiner Stelle neue spezielle „Büros" einrichtete und damit die Armenfürsorge auf eine neue Grundlage stellte. Individuelle – „häusliche" – Leistungen wurden eingestellt, und man trieb die Armen in Arbeitshäuser, in der strenge Disziplin herrschte. Man erreichte seine Ziele zwar im Einklang mit der liberalen Lehre – die Armenabgabe wurde gesenkt, die Arbeitskräfte besser genuzt –, aber um den Preis, dass man das soziale Klima gründlich vergiftete. Die Arbeiter verabscheuten das neue System, denn bei wiederholter – wenn auch nicht lange anhaltender – Arbeitslosigkeit war man auf individuelle Hilfe angewiesen, an die man allerdings kaum noch herankam, nachdem durch die Geschlechtertrennung in den Arbeithäusern die Familienstrukturen aufgebrochen worden waren.

Auch hatten die Briten ihre liebe Mühe, im Namen liberaler Grundsätze die Regierungsadministration zu rationalisieren. Protektion, die man früher von aristokratischen Clans bekam, gewährten nun Regierung und Parteien. Nach 1815 begann Premierminister Graf Liverpool die Sinekuren abzuschaffen, mit denen die Regierung Anhänger warb, und sorgte dafür, dass Ämter weniger durch Protektion als vielmehr in Anlehnung an Kompetenzkriterien vergeben wurden. Aber beide Parteien waren sich einig, als es darum ging, sich vehement gegen Entpolitisierung und Professionalisierung staatlicher Ämter zu stemmen. Erst Mitte des 19. Jahrhunderts schuf der hohe Beamte Sir Charles Trevelyan die Grundlagen für den berühmten britischen *civil service*, einer in allen Sektionen einheitlichen Administration des öffentlichen Dienstes, die sich zum offenen Wettbewerb bekannte, genau prüfte, ob sich ein Kandidat aufgrund seiner Qualifikation auch tatsächlich für ein Amt eignete und die auf berufliche Stabilität setzte. Ein *civil servant* gab natürlich keine politischen Ziele vor – dafür waren Regierung und Minister zuständig –, aber er war sowohl in der Lage, sie effektiv umzusetzen als auch befugt, einen Minister zurückzupfeifen, falls er zu der Einschätzung gelangte, dass ein Projekt die Grenzen der Machbarkeit überschritt. Trevelyans Entwurf löste ebenfalls einen politischen Sturm aus, aber angesichts der zunehmend schwierigen Aufgaben, vor denen die

Administration im wirtschaftlich am besten entwickelten Land der Welt stand, war die „politische Klasse" Großbritanniens gezwungen, die Reform zu billigen. Gönnerschaft und Vetternwirtschaft hielten sich aber in einigen Sektionen der Administration noch lange, und besonders taten sich dabei die Lordkanzler hervor.

Ein sehr modernes System der lokalen Selbstverwaltung versuchte man in Frankreich während der liberalen Phase der Revolution auf die Beine zu stellen. Das Land wurde völlig neu eingeteilt, es entstanden Departements, Distrikte und Gemeinden. Bei der Gründung von Gemeinden verzichtete man bewusst auf die Unterscheidung von Stadt und Land, sodass große Städte wie Lyon und Marseille ebenso Gemeindestatus erhielten wie kleine verlorene Dörfer in den Pyrenäen oder der Auvergne. Überall rief man gesetzgebende und ausführende Organe ins Leben, die aus Zensuswahlen hervorgingen und denen die ausschließliche Herrschaft über ein Gebiet überantwortet wurde. Die königliche Regierungsadministration, die von den Schöpfern dieses Systems stets misstrauisch beäugt wurde, hatte auf die lokalen Verwaltungsorgane praktisch keinerlei Einfluss. Die einzige Institution, die in sie eingreifen konnte, war das Parlament, und das auch nur indirekt – durch seine Gesetze. Diese anspruchsvolle Gestaltung der gewählten Macht auf lokaler Ebene wurde alsbald in schwere politische Auseinandersetzungen verwickelt und schließlich der Diktatur des Wohlfahrtsausschusses (*Comité de salut public*) unterworfen. Zwar kehrte man zur Zeit der „Direktoriumsrepublik" in den Jahren 1795–1799 zu ihr zurück, aber die lokalen Selbstverwaltungsorgane wurden dabei bereits der Aufsicht der Kommissare der höchsten Regierunggewalt, dem *Directoire*, unterstellt. Und diesmal bestand das System der weitgehenden Selbstverwaltung die Prüfung nicht: Die Zensuswähler, die die Wirren der Revolution noch nicht ganz verdaut hatten, übten sich beim Gang an die Urnen in vornehmer Zurückhaltung, und Kandidaten für die Selbstverwaltungsämter waren Mangelware.

Als Folge davon wurde bereits in der Direktoriumsrepublik der bürokratische Apparat ausgebaut, eine Art Vorspiel zur napoleonischen Reform aus dem Jahre 1800. Der erste Konsul knüpfte nahtlos an die königliche Zentralisierungstradition an, als in Paris (und später dann in Versailles) über alles entschieden wurde („Gott wohnt in Paris", sagte ironisch einer der Helden Molières). Jetzt war es der Regierungschef, der die Präfekte in den Departements, Unterpräfekte in den Bezirken und Bürgermeister in den Großgemeinden (in kleineren Gemeinden war hierfür der Präfekt zuständig) ernannte. General-, Bezirks- und Gemeinderäte fungierten nur noch als Attrappe einer Selbstverwaltung: Ihre Befugnisse waren sehr bescheiden, und ihre Zusammensetzung lag in den Händen des Regierungschefs bzw. Präfekten. Das gesamte bürokratische System unter Napoleon, das auf Ernennung beruhte und sich auf eine zentralisierte Administration stützte, arbeitete effektiv, denn es war gut durchdacht und mit Führungspersonal besetzt, bei dessen Auswahl man intelligent und nach pragmatischen Gesichtspunkten vorging.

Weder die Restauration der Bourbonen noch die Monarchie von Orléans konnten sich dazu durchringen, von Napoleons Verwaltungssystem Abstand zu nehmen und zu den lokalen Selbstverwaltungsorganen zurückzukehren. Das liberale Frankreich der ersten Hälfte des 19. Jahrhunderts war schließlich ein Klub der Reichen – und dazu noch ein konservativer – in dem sich die vermögenden Bourgeois, wie Victor Hugo schrieb, „nach oben schwangen und alle Leitern hinter sich einzogen". In dieser Situation waren scharfe politische und soziale Konflikte geradezu vorprogrammiert. Eine straffe Bürokratie schien für die herrschende Klasse unverzichtbar zu sein. Die „politische Klasse" wusste an der postnapoleonischen Administration nicht nur ihre Effektivität, sondern auch ihre Nachgiebigkeit gegenüber den Zentralbehörden zu schätzen. Die örtlichen Notablen wiederum hatten ihrerseits keine Probleme, sich mit den Beamten vor Ort zu einigen, sodass man bereits von einem Syndikat sprach, das Korruption fördere und in dem die Eliten der Reichen mit den Macht- und Verwaltungseliten gemeinsame Sache machten.

Die schöne liberale Idee der Selbstverwaltung wurde danach erst einmal auf Eis gelegt. Natürlich wurden nach der Julirevolution die Mitglieder der General- und Gemeinderäte nicht mehr ernannt, sondern gingen aus Zensuswahlen hervor. Die Rolle der lokalen Räte veränderte sich dadurch aber nicht: Ihre Kompetenzen wurden weiterhin auf einem jämmerlich kleinen Niveau gehalten. Zwar führte die Zweite Republik allgemeine Ratswahlen ein, und die Dritte erweiterte ein wenig die Befugnisse der Räte, insbesondere der Gemeinderäte, aber von einer richtigen Selbstverwaltung war man immer noch weit entfernt, auf sie musste Frankreich noch gut hundert Jahre – genau gesagt bis 1982 – warten.

Der Liberalismus hat ohne Frage mehr versprochen als gehalten. Das Erbe, das er hinterlassen hat, kann sich dennoch sehen lassen. Ein anständiger Staat muss auch heute noch die liberalen Prinzipien einhalten und die Freiheit der Person und die Menschenrechte respektieren, muss sich auf eine Verfassung stützen, muss der Gewaltenteilung in der einen oder anderen Form Rechnung tragen, darf die politischen Parteien in ihrem Handlungsspielraum nicht einengen, muss darauf achten, dass die Armee sich nicht der zivilen Kontrolle entzieht und hat schließlich die Pflicht, die Unabhängigkeit und Rechtsstaatlichkeit der Gerichte sicherzustellen.

V

Autoritäre und postabsolute Macht

Der Schein regiert

Gibt es etwas, was die im 19. Jahrhundert entstandenen autoritären – klassisches Beispiel wäre der Bonapartismus – und postabsoluten Machtsysteme – etwa Russlands, Preußens, Österreichs und Ungarns – miteinander verbindet? Diese Frage wird man natürlich ohne zu zögern bejahen, denn die Tatsache, dass in beiden Systemen der Chef der Exekutiven keiner Kontrollinstanz unterliegt, ist eine Gemeinsamkeit, die sofort ins Auge springt. Stimmt in der Tat, wenn man von dem kleinen Unterschied absieht, dass der autoritäre Erste Konsul, Kaiser oder Präsident der Kontrolle ausweicht, während der postabsolutistische König, Kaiser oder Zar sie erst gar nicht zulässt. Aber damit nicht genug. Wenn man genau hinschaut, dann wird man ebenfalls unschwer erkennen, dass die beiden „Muskelsysteme" noch etwas anderes gemeinsam haben: Sie sind nämlich auf demselben Nährboden heftiger sozialer Erschütterungen und Krisen gediehen, deren Skala von Revolutionen, die im 19. Jahrhundert geradezu inflationäre Ausmaße annahmen, über Kriege und militärische Niederlagen bis hin zu Wirtschaftseinbrüchen reicht. Der Autoritarismus lässt sich dabei als ein Ausweg aus dem gesellschaftspolitischen Chaos deuten, der Postabsolutismus hingegen spiegelt eher die Überzeugung wider, dass man ohne tiefgreifende Veränderungen von dem Sog sozialer Wirren immer weiter nach unten gezogen wird und letztlich unausweichlich der Katastrophe zusteuert. Aber auch ihre Verbindung mit dem kapitalistischen Gesellschaftswandel und seinen doktrinären Folgen in Form liberaler und demokratischer Bestrebungen lässt sich kaum leugnen, zumal darin die entscheidende Triebkraft lag, die den Stein großer politischer, nationaler, sozialer und religiöser Bewegungen, die die stürmische Geschichte des 19. Jahrhunderts prägten, ins Rollen brachte.

Die Einbettung der beiden System in den historischen Rahmen lässt noch ein weiteres Merkmal zutage treten, das sowohl den Autoritarismus als auch den Postabsolutismus kennzeichnet: In dem einen wie dem anderen Fall handelt es sich um Regime, die sich auf ein ganzes Netzwerk von Fiktionen gründen, den Anschein staatlicher Ordnung wecken und sich hinter schöne Fassaden zurückziehen, die – zumindest teilweise – die eigentlichen Machtmechanismen verbergen. In Perioden von Krisen und staatlichen Umbildungen war das nichts Ungewöhnliches und hatte sogar antike Vorbilder – man denke etwa an das seinerzeit von Octavian ins Leben gerufene Prinzipat – auf der Bühne der Politik jedoch wurde damit nicht mehr und nicht weniger als ein neues Stück der Monarchie in altem, republikanischem Dekor aufgeführt.

Der Bonapartismus setzte sich in einem Land fest, das die Revolution zwar völlig ermattet, aber zugleich auch tief erschüttert hatte. Als postrevolutionäres Regime war es gezwungen, die Leute, von denen sich trotz aller Enttäuschungen so gut wie niemand das Ancien Régime zurückwünschte, zu beruhigen. Bonaparte wollte weder die verwaisten Jakobiner noch die Liberalen der „1789er Generation" vor den Kopf stoßen. In einer gleich nach dem Staatstreich verkündeten Proklamation gab er sich deshalb in einem Atemzug als „Kämpfer für die Freiheit" und Republikaner aus Überzeugung sowie Verfechter „konservativer, wohlfahrtsstaatlicher und liberaler Ideen" aus. Natürlich war er weder Republikaner noch Liberaler, doch hielt er es für notwendig, eine Fassade vor sich aufzubauen und mit einem breiten Spektrum staatspolitischer Fiktionen zu operieren, womit er einen Schein von Volkssouveränität und Demokratie, von Parlamentarismus, Kollegialexekutive und Republikanismus schuf. Er versprach den Franzosen Ordnung und Stabilität und gleichzeitig die Fortsetzung dessen, was die Revolution an Dauerhaftem und Wertvollem geleistet hatte (u.a. eine rationale Machtorganisation). Benjamin Constant, der herausragende Liberale und große Gegner Napoeons – dessen Herrschaft er mit Usurpation gleichsetzte – untersuchte eindringlich die Unterschiede zwischen „Usurpation" und herkömmlichem Despotismus und kam zu dem Schluss, dass „der Despotismus all jene Symptome der Freiheit von sich weist, die die Usurpation braucht um sie sich zu eigen zu machen und sie zu schänden". Einem Usurpator kann die öffentliche Meinung gefährlich werden, aber er will den Anschein aufrechterhalten, dass es sie gibt. Deshalb „schlägt er das Volk zuerst mit der einen Hand, um seine wirkliche Meinung zu unterdrücken, und dann mit der anderen Hand, um ihm den Schein einer angeblichen Meinung aufzuzwingen". Es ist eben die Usurpation, die sich die Manipulation von Plebisziten, die Einrichtung von Kultstätten und den Usus monotoner Glückwünsche an die Adresse der Machthaber ausgedacht hat und die ihre Feinde nicht nur verfolgt, sondern sie dabei schlecht macht, um durch dauernd wiederholte Verleumdungen „den Anschein eines öffentlichen Urteils zu wecken". Nach Constants Auffassung ist der Bonapartismus nichts weiter als ein Regime von „Begeisterung auf Befehl" und eine armselige „Imitation der Freiheit".

Auch in den postabsolutistischen Monarchien Osteuropas wurde im Zeitraum zwischen 1850 und 1914 auf raffinierte Weise eine Welt des Scheins aufgebaut, die die Fiktion der völligen (selbstherrlichen) Macht des Monarchen aufrechterhielt, an der im Prinzip nicht zu rütteln war und in die nur im Hinblich auf die Art ihrer Ausübung Kaiser, König oder Zar in einem Akt von höchster Gnade eingreifen konnten. Begründet wurde dies mit der an die Konservativen gerichteten These, dass nur der Monarch die natürliche, ursprüngliche Macht des Staates verkörpere und dass alle übrigen Machtinstitutionen immer hintanstünden und „sekundär", d.h. vom Monarchen frei kreiert, seien. Dies führte zu der Einschätzung, dass die Verfassungen, die die Herrscher Preußens (1850), Österreichs (1867), Ungarns (1867) und Russlands (1906) ihren Untertanen aufoktroyiert hatten, jederzeit wieder zurückgenommen werden konnten, denn damit würde erneut lediglich die Art der Ausübung der uneingeschränkten monarchischen Macht verändert werden. Natürlich war diese These ebenso weit von der Realität entfernt wie die Behauptung, Motiv der Verfassungsgebung sei die gütige und wohlwollende Gnade des Herrschers. Der Übergang zum Verfassungsstaat erfolgte unter dem Druck einer sich wandelnden Verteilung der gesellschaftlichen Kräfte und brachte eine tiefe Umgestaltung der politischen Institutionen mit sich. Aber im offiziellen Sprachschatz wurde selbst der Name „Verfassung" wohlweißlich vermieden, denn dieser hätte den Verdacht nahe legen können, es würde wirklich etwas vollkommen Neues geschaffen. Deshalb zogen es die Machthaber vor, an dieser Stelle elliptische Bezeichnungen wie „Patent", „Urkunde", „Staats-" oder „Grundgesetz" zu verwenden.

Auf der Gegenseite der liberalen Meinung im In- und Ausland versuchte man anzudeuten, dass im Osten unter Beibehaltung bestimmter historisch bedingter Merkmale „normale", europäische Machtsysteme entstanden, in denen man sich zu Verfassung, Parlamentarismus, unabhängiger Rechtsprechung, Selbstverwaltung, Freiheiten und Rechten der Person bekennt. Dass man dabei die grundlegenden Unterschiede zwischen dem System, das man dort errichtete, und dem westeuropäischen Konstitutionalismus verschwieg, ist wohl auch dem allgemeinen Bemühen zuzuschreiben, die Scheinwirklichkeit am Leben zu erhalten.

Die zwei Seiten des Autoritarismus

Dass der Bonapartismus – zumindest in seiner ersten Ausgabe (1799–1814) – zahlreiche unangenehme Charakterzüge offenbarte, ist nicht zu übersehen: Er entmündigte die Bürger, errichtete ein brutales gesellschaftliches Kontrollsystem, setzte den Elitarismus, der schon die Zeit des Direktoriums geprägt hatte, weiter fort, betrieb politische Heuchelei und sorgte dafür, dass sich Frankreich im Dauerkriegszustand und damit in einem Teufelskreis befand, aus dem es kein Entrinnen gab. Andererseits jedoch steckte hinter Napoleons Ankündigungen die Gesellschaft, ihr Territorium, ihre Schätze, ihre Struktur und ihre Rechte rational, ja sogar wissenschaftlich zu organisieren, sicherlich mehr als nur das Bedürfnis, Phrasen zu dreschen und sich vor der Öffentlichkeit aufzuspielen. Napoleon hat tatsächlich Wort gehalten, und Frankreich profitiert davon bis auf den heutigen Tag. General Bonaparte schätzte es nicht allzu sehr, wenn über Politik und Gesellschaft frei debattiert wurde, für „Ideologien" hatte er nur Spott übrig und „Ideologen" wurden von ihm verachtet und oft sogar diskriminiert. Zwar war er gelernter Ingenieur und Absolvent der technischen Militärakademie, doch tat dies seiner Vorliebe für Natur- und Experimentalwissenschaften keinen Abbruch, was sich mit Blick auf die besagte „Organisation der Gesellschaft" noch als sehr nützlich herausstellen sollte.

Der Bonapartismus kann deshalb nicht einfach mit gewöhnlichen Militärdiktaturen identifiziert werden, die im 19. Jahrhundert – übrigens hauptsächlich außerhalb Europas und dabei vor allem in Lateinamerika – wie Pilze aus dem Boden schossen. Natürlich kommt es oft vor, dass in einer Gesellschaft, in der scharfe Gegensätze aufeinander prallen und die sich als unfähig erweist, dem Chaos Herr zu werden, die Armee die Macht an sich reißt und sich zum Friedensstifter ausruft, aber man darf nicht vergessen, dass ein solcher Zustand erstens nicht lange anhält und zweitens die Gesellschaft nicht umkrempelt. Was Napoleon anlangt, so stimmt es, dass sein – ebenfalls nicht dauerhaftes – Imperium als Ergebnis militärischer Expansion zustande kam, die dadurch ermöglicht wurde, dass man das meiste Geld des Staatshaushalts für die Armee aufwendete und dass für die Soldatenkarriere, die man als schnellsten Weg anpries, zur Elite der Notabeln aufzusteigen, kräftig die Werbetrommel rührte. Dies verleitete Bonaparte aber nicht zu dem Glauben, die Armee könne das Land regieren. Es ist zwar richtig, dass der Militärstil bis in die Verwaltung vordrang und nicht einmal vor Schulen Halt machte und dass Marschälle, Generäle und Admiräle mit Auszeichnungen und Gütern nur so überhäuft wurden, doch heißt das nicht, dass die Armee regierte oder dass ihre Anführer Einfluss auf politische Entscheidungen gehabt hätten. Militärische Stärke diente dem Regime zur Stabilisierung der Lage, die Säule allerdings, von der es bei seiner alltäglichen Arbeit getragen wurde, war eine effiziente Bürokratie. Zum gesellschaftlichen Rückgrat der neuen Regierung avancierten „hunderttaausend Notabeln", d.h. Leute, die Vermögen mitbrachten (gern gesehen war dabei Landbesitz), gebildet und talentiert waren, Einfluss auf das Milieu hatten, Parentel vorweisen konnten und – *last not least* – Loyalität gegenüber dem Staatschef bekundeten. Hinzurechnen muss man noch die Kirche, die bis zum Konflikt mit dem Papst 1809 ebenfalls eine Stütze des Regimes war.

Mit der Verkündung des allgemeinen Wahlrechts errichtete die Verfassung von 1799 lediglich eine Scheindemokratie, denn in Wirklichkeit ging es um „Vertrauenslisten", die die Bürger auf allen politischen Ebenen – angefangen von den Gemeinden über die Departements bis hin zum Land – anlegen und auf denen sie die Namen derer vermerken sollten, die sie „als der Bekleidung eines öffentlichen Amtes würdig" ansehen. Auf der Grundlage dieser Listen sollte dann die Regierung die Beamten für die einzelen Stufen der Verwaltung und – gemäß der Landesliste – die Abgeordneten fürs Parlament berufen. Den ganzen Aufwand hätte man sich aber ebensogut sparen können, denn die Regierung suchte sich ihre Beamten sowieso nach eigenem Gutdünken aus. Eine weitere Erscheinung, in der die demokratische Volkssouveränität zum Ausdruck kommen sollte, waren die Plebiszite, die insgesamt aber nur dreimal durchgeführt wurden: 1799 zur Ratifizierung der Verfassung und in den Jahren 1802 bzw. 1804, um durch die Zustimmung des Volkes Napoleons Macht zu stärken (1802 wurde er zum Konsul auf Lebenszeit ernannt und mit wahrhaft königlichen Befugnissen ausgestattet, 1804 krönte er sich zum Kaiser). Plebiszite verfügten die Mächtigen nach eigenem Ermessen, d.h. es gab keine Fälle, in denen man den „Willen des Volkes" unbedingt hätte befragen müssen. Die Abstimmung selbst erfolgte nach einem seltsamen Verfahren: Im Wahllokal wurden zwei leere Listen ausgelegt, auf die man sich mit Namen und Vornamen eintrug und von denen eine für die Ja- und die andere für die Nein-Stimmen vorgesehen war. So wird es niemand wundern, dass der erste Volksentscheid bei hoher Wahlbeteiligung mit 99,9% – so lautete das amtliche Endergebnis – für die Regierung ausging. Hinzu kommt, dass man sich im Bedarfsfall auch nicht schämte, Plebiszite zu fälschen. 1799 z.B. stimmten über drei Millionen mit Ja, aber ungefähr die Hälfte davon waren Stimmen, die kurzerhand *ad hoc* hinzugezählt wurden und damit das Ergebnis des Volksentscheids zu Gunsten der Regierung entstellten. Diese Vorgehensweise stand ganz in Einklang mit der Philosophie des Regimes: Der Staatschef will wissen, dass er sich der demokratischen Unterstützung des Volkes sicher wähnen darf, und die Regierung hilft ein wenig nach, damit das Volk seinen Zuspruch ungehindert äußern kann.

Das Regime war eine Parodie auf den Parlamentarismus. Scheinbar blühte das Repräsentativsystem, denn es wurden immerhin drei Kammern einberufen, wobei es allerdings jedesmal ohne Wahlen abging. Zuerst erschien der Senat mit seinen auf Lebenszeit ernannten und nicht absetzbaren Senatoren, dessen Zusammensetzung durch Zuwahl ergänzt werden sollte. Der Senat seinerseits wiederum „wählte" die Abgeordneten des Tribunats (*Tribunat*) und der gesetzgebenden Körperschaft (*Corps législatif*), wobei von einer Wahl im eigentlichen Sinne keine Rede sein konnte, denn in der Praxis lief es auf eine Bestätigung der dem Senat vorgelegten Listen hinaus. Die Gesetzgebungsinitiative lag allein bei der Regierung, über die Gesetzesvorlagen debattierte das *Tribunat* ohne darüber abstimmen zu können, der *Corps législatif* stimmte mit Ja oder Nein, war dabei aber zum Schweigen verurteilt, d.h. es gab keine vorherige Diskussion. Die Kammern konnten an den Entwürfen der Regierung nichts ändern. Napoleon ging sogar so weit, dass er dem Senat das eindeutig nicht verfassungsmäßige Recht übertrug, einen *Senatus consultum* zu erlassen, um auf diese Weise den normalen Gesetzgebungsweg bequem zu umgehen. Der vom Staatschef ernannte Staatsrat (*Conseil d'Etat*), in dem sich im Übrigen glänzende Juristen zusammenfanden, erhielt das Recht zugesprochen, Gesetzesentwürfe vorzubereiten und wurde außerdem befugt – was durch die Verfassung nicht abgedeckt war – bereits verabschiedete Gesetze auszulegen, sodass die Möglichkeit bestand, ihren Inhalt gegebenenfalls den Vorgaben der Regierung anzupassen. Und schließlich konnte Bonaparte Gesetzgebung auch über Regierungsverfügungen betreiben. Von den vier erwähnten Kollegialkörperschaften waren nur Senat und Staatsrat einigermaßen von Bedeutung. Das *Tribunat*, in dem zu viel geredet wurde, wurde 1807 abgeschafft, der *Corps législatif* vegetierte jämmerlich vor sich hin. Aber auch der Senat kam nicht ganz ungeschoren davon: Ein *Senatus consultum* konnte ab 1802 nur noch auf Anregung Bonapartes beschlossen werden, und es war ihm allein vorbehalten, Kandidaten für vakante Sessel im Senat vorzuschlagen. „Ich allein bin der Vertreter des Volkes", pflegte Napoleon immer wieder zu betonen, womit sein Pseudoparlament zur Attrappe des Repräsentativsystems verkümmerte.

In den ersten Jahren des Regimes richtete man eine Kollegialexekutive ein, die von insgesamt drei Konsulen ausgehen sollte. Die Maßnahme entpuppte sich aber schnell als Fata Morgana, als sich nämlich herausstellte, dass der zweite und der dritte Konsul lediglich dem ersten beratend zur Seite stehen durften (man sagte damals, dass der zweite und der dritte Konsul ebensoviel Macht in sich vereinen wie der Sessel, auf dem der Erste Konsul zu sitzen geruht, Lehnen hat). Ab 1802 war Napoleon Erster Konsul auf Lebenszeit mit dem Recht, einen Nachfolger zu bestimmen, Begnadigungen auszusprechen und internationale Abkommen zu ratifizieren. Er hielt damit die Macht eines Monarchen ohne Krone in den Händen. Bonaparte gründete seinen Hof, sein Antlitz schmückte Münzen, sein Geburtstag – der 15. August – wurde zum Nationalfeiertag erklärt. Als er im Jahre 1804 den Titel „Kaiser der Franzosen" annahm, mussten seine Befugnisse so gut wie nicht erweitert werden – er hatte sich als Erster Konsul bereits alle Rechte gesichert – und man konnte sich damit begnügen, den Status der kaiserlichen Familie, seine Regentschaft, die Grundlagen für die Vererbung der Krone und die höfischen Würdenämter festzulegen.

Aber dennoch hielt man an der Fiktion des Republikanismus fest – wohl um diejenigen zu beruhigen, die den Sturz der Monarchie und das Motto der Jakobiner „Tod den Königen" noch nicht vergessen hatten. Ein *Senatus consultum* aus dem Jahre 1804 verfügte, dass „die Regierung der Republik dem Kaiser anvertraut wird, der den Titel ‚Kaiser der Franzosen annimmt'". Diese tollkühne Konstruktion überdauerte einige Jahre, und die Französische Republik begegnet auf offiziellen Schriftstücken noch bis 1808. In Wirklichkeit war der Prozess der Monarchisierung in vollem Gange: Napoleon heiratete eine

Habsburgerin, und zwar eine Großenkelin der durch die Guillotine hingerichteten Marie Antoinette, der Adelsstand mit allen aristokratischen Titeln wurde zurückgeholt, die Zensur und verschiedene andere Traditionen, die das Ancien Régime und sein Unterdrückungsapparat hinterlassen hatten, wurden wieder eingeführt.

Aber gleichzeitig schritt auch die Entwicklung in Richtung „wissenschaftliche" Organisation der Nation weiter voran. Von der zentralisierten Bürokratie war bereits die Rede, die sich als wirksames Instrument autoritärer Regierungen erwies und die Administration des Ancien Régime – ganz zu schweigen von der jakobinischen Zentralisierung, die in den Jahren 1793/94 übers Knie gebrochen wurde, dann gar nicht richtig aus den Startlöchern kam und schließlich rasch Schiffbruch erlitt – an Effizienz bei weitem übertraf. Gleichwohl war den völlig von der Regierung abhängigen lokalen Funktionären schon wie zu Zeiten des Absolutismus daran gelegen, gute Beziehungen zu den ortsansässigen Eliten zu unterhalten, wie die Geschichte der so genannten Personal- und Moralstatistik beweist. Es sei in diesem Zusammenhang nur daran erinnert, dass die Präfekte in den Departements 1809 angewiesen worden waren, über die Notabeln vor Ort Akten anzulegen, die über ihre Familien- und Vermögenssituation, ihre Anschauungen, ihre Loyalität gegenüber der Regierung, ihre Schwächen und Sünden vollständig und detailliert Aufschluss erteilen, und dass das ehrgeizige Vorhaben einzig und allein daran scheiterte, dass die Präfekte nicht gewillt waren, sich mit den Notabeln anzulegen und es deshalb geschlossen – bis auf eine Ausnahme – vorzogen, nur entsprechend rosarot gefärbte Materialien nach Paris zu schicken.

Eine großartige Leistung war dagegen der *Code civil* (Bürgerliches Gesetzbuch) von 1804, das rechtlich die idealen Rahmenbedingungen für das Funktionieren einer kapitalistischen Gesellschaft schuf. Der *Code de Napoléon* war sehr parteiisch ausgerichtet und auf ganz bestimmte Zielgruppen – etwa Eigentümer, Arbeitgeber, Gläubiger, Ehemänner, Väter usw. – zugeschnitten. Das nimmt ihm indes nichts von seinem herausragenden Stellenwert, denn er gilt – mit einigen wesentlichen Veränderungen – in Frankreich bis auf den heutigen Tag. Napoleon muss desweiteren positiv angerechnet werden, dass er die Finanzverhältnisse im Staat einer grundlegenden Ordnung zuführte: Er gründete die *Banque de France*, der er das Emissionsmonopol verlieh, und sorgte – über ein Jahrhundert lang – für Währungsstabilität. Mit dem Konkordat von 1802 knüpfte er an die Tradition des Ancien Régime an und unterstellte die „gallische Kirche" der Kontrolle des Staatsoberhaupts. Die kirchlichen Strukturen konnten so mit dem Gesamtsystem verwoben werden und eine Stellung darin einnehmen, die um so stärker war, als Napoleon die einzelnen Artikel des Konkordats einseitig und autoritär mit staatlichen Normen anreicherte. Die aus der Zeit der Revolution stammenden Allgemeinbildungsprogramme wurden verworfen und durch ein perfektes Modell elitärer Ausbildung auf mittlerem und höherem Niveau ersetzt. Mit dem Besuch eines napoleonischen Gymnasiums, in dem militärischer Drill herrschte, konnte man den Grundstein zum anschließenden Hochschulstudium legen. Ausgebaut und modernisiert wurde der Polizeiapparat, der der Politik des begrenzten Terrors dienten sollte, die für autoritäre Staaten jeglicher Couleur so typisch ist. Die Polizei – die kein einheitliches Bild abgab, da ihr parallele Organisationen nachgeschaltet waren – wurde jedoch nicht von der Politik völlig vereinnahmt. Sehr erfolgreich arbeiteten beispielsweise Sittenpolizei und Raubdezernat, und die Bürger konnten sich auf den Straßen zunehmend sicherer fühlen.

Auch die zweite Auflage des Bonapartismus (1851–1870) – die ebenso wie die erste zunächst republikanisch, dann kaiserlich geprägt war – entsprang einer radikalen Umwälzung, die Konflikte nach sich zog, mit denen die Chance auf eine demokratische Republik vertan wurde. Allerdings musste man diesmal einer veränderten Gesellschaft Rechnung tragen, die den Erfahrungsschatz der letzten fünfzig Jahre mit sich herumtrug, sodass man niemandem die Komödie mit den „Vertrauenslisten" vorspielen konnte und auch nicht daran zu denken war, die drei Kammern des Pseudoparlaments zu manipulieren – wie geschickt auch immer man sich dabei anstellen wollte – bzw. Wahlen und Plebiszite zu fälschen, erst recht dann, wenn dies in großem Stil geschehen sollte. Außerdem nahm das Zweite Kaiserreich das Vermächtnis des Jahres 1848 an und bekannte sich zum allgemeinen Wahlrecht sowie zum Einkammerparlamentarismus – um sich damit den Anschein von Demokratie zu geben. Durch aufmerksame Beobachtung des Wählerverhaltens – ein einzigartiges Element innerhalb der „wissenschaftlichen Organisation der Nation"! – gestaltete man die Wahllandschaft so, dass die Einteilung in Wahlbezirke der Regierung zum Vorteil gereichte. Die Regierung machte aus ihrer Voreingenommenheit keinen Hehl: Unter dem Vorwand, die Wähler hätten eine niedrige Allgemeinbildung und seien politisch nicht auf der Höhe, stellte man „öffentliche Kandidaten" auf, bezahlte ihren Wahlkampf und unterstützte sie, indem man ihnen die Stimme des Präfekts, Bürgermeisters, Lehrers und bisweilen auch des Pfarrers zukommen ließ. Wenn das nicht ausreichte, ging man dazu über, die Kandidaten der Opposition zu schikanieren, oder man zwang die Wähler zur offenen Stimmabgabe, und wenn auch das nichts nutzte, dann hatte man schließlich auch keine Skrupel, die Wahlergebnisse zu fälschen. Erkauft wurde dies alles um den Preis einer hohen Wahlabstinenz.

Die aus diesen Wahlen hervorgegangene gesetzgebende Körperschaft (*Corps législatif*) hatte keinen Einfluss auf Zusammensetzung und Politik der Regierung. Die Gesetzgebungsinitiative lag beim Kaiser, der darüber hinaus auch absolutes Vetorecht genoss und damit den gesamten Gesetzgebungsprozess von Anfang bis Ende kontrollierte. Falls das Parlament an Gesetzesentwürfen Änderungen vornehmen wollte, so konnten diese schon im Vorfeld der Abstimmung durch den Staatsrat (*Conseil d'Etat*) abgeschmettert werden. Da der Kaiser auch über Mittel verfügte, die es ihm erlaubten, Gesetze unter Umgehung des parlamentarischen Weges durchzubringen und da zudem das Parlament durch die diktatorische Macht ihres Präsidenten oft genug geknebelt war, kann man sich nur wundern, warum die Regierung sich so ins Zeug legte, um gute Wahlergebnisse zu erzielen und die parlamentarische Opposition an den Rand zu drängen, wenn der gesetzgeberischen Körperschaft ohnehin Hände und Füße gebunden waren. Aber da meldet sich wieder die autoritäre Philosophie zu Wort: Der Kaiser braucht Plebiszite, weil er wissen will, dass er beim Volk ankommt, und die Regierung setzt alles daran, damit das Volk dem Kaiser seine Ergebenheit in vollem Umfang kundtun kann...

Die zweite Phase des Bonapartismus hatte einen schlechten Start und begann damit, dass Republikaner, die aktiv gegen den Staatstreich protestierten, auf breiter Front getötet wurden. Auf den Champs-Elysées in Paris beispielsweise wurden unbewaffnete Gegner des Bonapartismus zu Hunderten massakriert. Und auch später griff das Regime brutal durch: Überall lauerte Polizei, die Versammlungs- und Pressefreiheit erfuhren starke Einschnitte, Verlage und Theater wurden ebenso an der kurzen Leine geführt wie Schulen und Universitäten. Es blühte die Heuchelei in Politik und Gesellschaft, an der Spitze der Macht herrschten Korruption und Verschwendung. Aber das Zweite Kaiserreich fand soliden Rückhalt in der Bourgeoisie, bei bäuerlichen Grundbesitzern, in Verwaltung und Militär, bisweilen auch bei der Kirche, und was seine Entwicklung angeht, so hatte es allen vorherigen Systemen, die seit dem Sturm auf die Bastille errichtet worden waren, etwas Entscheidendes voraus: Während diese nämlich in der zweiten Phase ihrer Existenz in das starre Korsett des Konservatismus gepresst wurden, sodass liberale (manchmal schon richtig demokratisch anmutende) Neigungen zwangsläufig auf der Strecke bleiben mussten, wurde das Zweite Kaiserreich nach 1860 langsam – wenn auch nicht ohne Rückschritte – in liberale Bahnen gelenkt – ein Umstand, der sicherlich zu denken gibt, denn einigen autoritären Regimen des 20. Jahrhunderts erging es nicht anders.

Nun, so nach und nach wurde dem Regime der Boden unter den Füßen weggezogen. Die Italienpolitik Napoleons III. bedrohte die weltliche Macht des Papstes und vergiftete das Verhältnis zwischen Kaiser und Kirche. 1852 hatte Bonaparte noch vollmundig getönt: „Das Kaiserreich bedeutet Frieden". Aber nach der Neuauflage der Kriege auf der Krim und in Italien musste er sich gefallen lassen, dass ihm Baron Rothschild das Wort im Mund herumdreht: „Es gibt keinen Frieden, also gibt es auch kein Kaiserreich". Entgegen der Meinung des Liberalen Thiers und des Kommunisten Marx war Napoleon III. kein Schwachkopf. Er hatte eine hohe Wirtschaftskultur, schätzte und verstand den

Kapitalismus besser als sein Onkel und tat viel, um Frankreichs Entwicklung in dieser Richtung voranzutreiben. Nicht zuletzt deshalb hatte er im Handelsabkommen mit London 1860 auf Schutzzölle verzichtet, durch die die französische Industrie teurer und schlechter produziert hätte als die britische. Das brachte die Industriebourgeoisie in Frankreich, die den nötigen Weitblick vermissen ließ, um die langfristigen Vorteile, die mit der Aufhebung des Protektionismus dem technisch-industriellen Fortschritt erwachsen, richtig einschätzen zu können, in Harnisch.

Da dem Regime am rechten Ufer – besonders bei Bourgeoisie und Klerus – die Felle zusehends wegschwammen, machte man sich daran, am linken Ufer – unter der antiklerikal und liberal eingestellten bürgerlichen Opposition, dem demokratischen Kleinbürgertum und auch unter den Arbeitern – nach Anhängern zu fischen. Selbst die autoritärsten unter den Regimen mögen es nicht, wenn sie plötzlich an einer bestimmten Stelle ins Leere greifen, und suchen deshalb nach Möglichkeiten, erlittene Einbußen wieder wettzumachen. Im Falle Napoleons III. war dies gleichbedeutend mit der Rückgabe an die Gesellschaft wenigstens eines Teils seiner politischen Rechte und Freiheiten. In diesem Sinne begann man nach 1860 vorsichtig die Rechte des Parlaments zu erweitern und von der Notwendigkeit seines Vertrauens in die Regierung zu sprechen. Gleichzeitig wurden die Auflagen an die Presse gelockert und den Bürgern mehr Rechte im Umgang mit dem Staatsapparat eingeräumt. Das Ganze verlief nicht ohne Hindernisse, denn die konservativen Bonapartisten, die so genannten Mamelucken, sabotierten die Reformen und ein Großteil der Opposition konnte ihre Zurückhaltung noch nicht ganz ablegen. Es besteht jedoch kein Zweifel, dass sich die zweite Auflage des Bonapartismus wesentlich besser als die erste als Muster autoritärer Systeme im 20. Jahrhundert heranziehen lässt, zumal sie in puncto ungezwungener Liberalisierung mit gutem Beispiel vorangegangen ist.

Alter Absolutismus in neuer Aufmachung

Wie bereits an anderer Stelle erwähnt, war Tocqueville zufolge die Französische Revolution aus der Sicht der europäischen Despoten Katastrophe und Lehrstück zugleich. Und es sah ganz danach aus, als entwickle sich ausgerechnet der russische Zar Alexander I. zu ihrem gelehrigster Schüler, denn gleich zu Beginn fasste er verschiedene Reformen ins Auge, die auf einen Wandel des Landes zum Verfassungsstaat hinzudeuten schienen und in deren Planung so kluge Politiker wie Fürst Adam Tschartoryski und später Michail Speranski einbezogen wurden. Sogar über ein Parlament (eine Staatsduma) und lokale Selbstverwaltungsdumas wurde bereits laut nachgedacht. Aber keines dieser Projekte wurde letztlich in die Tat umgesetzt – sieht man einmal davon ab, dass es immerhin gelang, die unzeitgemäßen Kollegien, ein Überbleibsel aus der Zeit Peters des Großen, abzuschaffen und durch acht monokratische Ministerialämter zu ersetzen. Zu wenig, um das Netz des brutalen und abgestumpften Absolutismus zu durchschneiden, in dem sich Russland nun immer weiter verfing.

Das Gleiche in Österreich, das von Kanzler Klemens Metternich regiert wurde: Die einzigen „Reformen“, die in seiner Zeit zustande kamen, betrafen den Verwaltungs- und Polizeiapparat, der entsprechend ausgebaut wurde, um die Verringerung der Heeresstärke, zu der sich das kriegsgeschüttelte Österreich nach 1815 genötigt sah, zu kompensieren.

Am weitesten kam Preußen auf dem Reformweg voran, zumal schon die Schlappe, die das Militär im Krieg mit Frankreich (1806–1807) einstecken musste, dringend zu Veränderungen mahnte. Auch hier war bereits eine Verfassung und eine Volksvertretung angekündigt, aber König Friedrich Wilhelm III. brachte letztendlich nicht den Mut auf, ein solches Wagnis einzugehen. Dennoch war man nicht tatenlos: Die überholten Kollegialämter verschwanden in der Versenkung um monokratischen Organen sowohl auf Regierungs- als auch lokaler Ebene Platz zu machen, die Gerichte wurden von der Administration getrennt, wenn auch auf dem Land trotz Aufhebung der Leibeigenschaft der Bauern im Jahre 1807 die juristische und polizeiliche Gewalt nach wie vor von den Grundherren ausging, es wurde eine allgemeine Wehrpflicht von drei Jahren eingeführt und somit eine riesige Reserve an Soldaten angelegt, man installierte eine gut durchdachte und von den Regierungsbehörden aufmerksam überwachte städtische Selbstverwaltung nach dem Zensusprinzip und 1823 schließlich entstanden Provinzstaaten auf quasi Selbstverwaltungsbasis wenn auch mit insgesamt eher bescheidenen Befugnissen. In den Vierzigerjahren fasste Friedrich Wilhelm IV., der als Liberaler galt, den Beschluss eine Parlamentsattrappe mit Abgeordneten aus den Provinzstaaten einzuberufen, und in der Tat hatte der „vereinigte Landtag“, der 1847 zusammentrat, nicht viele Rechte, aber er erhob immerhin seine Stimme und forderte Reformen. Der Zustand der Gesellschaft in Preußen veränderte sich nach 1806 grundlegend: Auf dem Land setzte allmählich die Bauernbefreiung ein, fortschreitender Kapitalismus und städtische Selbstverwaltung schufen ein bürgerliches Bewusstsein und die Gerichte konnten dem Druck der Administration, ja sogar des Königs widerstehen, was noch unter Friedrich II. völlig undenkbar gewesen wäre.

Wechseln wir ans andere Ende Europas, und kommen wir zum Absolutismus, wie ihn die Iberische Halbinsel kannte. Portugal steckte trotz einer Verfassung (1822) und großen Einflusses aus Großbritannien in einem eigenartigen Halbabsolutismus fest, während Spanien dem entsetzlich reaktionären Despotismus der Bourbonen ausgeliefert war, der vier Revolutionen (1808–1814,

1820–1823, 1834–1843, 1854–1856) und damit vier Versuche, den Staat zu liberalisieren, schadlos überstanden hatte – ebenso resistent zeigten sich im Übrigen die italienischen Stadtstaaten gegenüber den liberalen Revolutionen der zwanziger und dreißiger Jahre des 20. Jahrhunderts –, bevor ihn schließlich die fünfte (1868–1874) in die Knie zwang und dem Land die konstitutionelle Monarchie schenkte, in der sich Liberale und Konservative wechselweise an der Macht ablösten.

Ein besonderes Problem stellte der türkische Despotismus dar, der einen Großteil des Balkans überzog. Zwar drang hier die Reformbewegung (*tanzimat*), die bei Sultan Abdülmedschid I. auf Unterstützung stieß, bis in die Sphäre von Administration, öffentlichen Finanzen, Wirtschaft, Bildung und Militär vor, doch stellte sich ihr eine korrupte und konservative Bürokratie in den Weg, sodass der „erste *tanzimat*" (1839–1853) keine durchschlagende Wirkung erzielen konnte. Noch schlechter lief es allerdings während der nach dem Krimkrieg einsetzenden zweiten Phase des *tanzimat*, der noch mehr Ernüchterung hervorrief.

Zum eigentlichen Lehrstück für die absolutistischen Regime Europas – vor allem im Osten – wurde erst der „Völkerfrühling", obwohl für Russland auch der verlorene Krimkrieg eine gewisse Rolle gespielt haben dürfte und Österreichs Gesinnungswandel sicherlich nicht ohne die Niederlage im Deutschen Krieg gegen Preußen so schnell angeregt worden wäre. Von da an begann in Osteuropa der Postabsolutismus allmählich Gestalt anzunehmen, wie er in den oktroyierten Verfassungen Preußens (1850) und Österreich-Ungarns (1867, wobei aber schon in den Jahren 1848–1849 und 1860–1861 verfassungsmäßig experimentiert worden war) seinen Niederschlag fand. Auch Russland wäre wohl unter Alexander II. eine Verfassung beschieden gewesen, aber kaum hatte man die Arbeit daran aufgenommen, fiel der Zar einem Anschlag zum Opfer und starb (1881). So musste man sich noch ein Viereljahrhundert gedulden, bis Nikolaus II. unter dem Druck der Revolution im Jahre 1906 Russland endlich eine Verfassung bescherte. Das kann aber nicht darüber hinwegtäuschen, dass Russland bereits durch die Reformen, die Alexander II. zwischen 1861 und 1874 in Angriff genommen hatte, so tiefgreifend verändert worden war, dass es schon damals als – wenn auch „unvollendete" oder „inkomplette" – postabsolute Monarchie durchgehen konnte.

Die Parlamente

Mit der Einsicht, dass Gesetze aus dem Willen des Monarchen und des Parlaments heraus entstehen und an die Zustimmung beider Organe gebunden sind, war im Grunde das Todesurteil über den Absolutismus gesprochen und sein

Schicksal damit eigentlich besiegelt, denn schließlich ging man schon seit dem 16. Jahrhundert davon aus, dass das Wesen der souveränen Macht gerade in der Gesetzgebung wurzelt. Gleichwohl versuchte man den Schein zu wahren, indem man behauptete, die Mitwirkung des Parlaments betreffe „nur" den Inhalt eines Gesetzes, während es seine bindende Kraft nach wie vor aus dem Willen des Monarchen heraus beziehe (dadurch nämlich, dass dieser ein Gesetz sanktioniert). Noch wichtiger war in diesem Zusammenhang indes die Interpretation des Gesetzesbegriffs, den man auf die Ebene der Exekutive herunterbrach und ihn auf Bestimmungen einengte, die lediglich die Struktur und das Handeln des Regierungsapparats zum Gegenstand hatten und über die der Monarch, da er die uneingeschränkte Regierungsgewalt in sich vereinte, allein entschied. Dies bedeutete einen schwerwiegenden Eingriff in die Grundsätze des klassischen Konstitutionalismus.

Wenn man die uneingeschränkte Regierungsgewalt des Monarchen anerkannte, so hatte dies zur Folge, dass man dem Parlament jedwede Einflussmöglichkeit auf Zusammensetzung und Politik der Regierung absprechen musste. In Preußen und Russland hielt man steif an dem Prinzip fest, dass die Ernennung von Ministern, die Kontrolle über ihre Tätigkeit und ihre Entlassung ausschließlich in den Kompetenzbereich des Monarchen fallen. In Österreich war zwar ein gewisser Hang zur Bildung parlamentarischer Regierungen unverkennbar, doch stieß man dabei immer wieder auf ein schier unüberwindliches Hindernis: die Vielfalt der Nationalitäten im Wiener Abgeordnetenhaus, in dem Deutsche, Tschechen, Polen und Ukrainer aus Galizien, Italiener aus Trient und Tirol, Slowenen und Rumänen aus der Bukowina versammelt waren, die sich zu eigenen Gruppen zusammenschlossen. Erschwerend hinzu kam die politische Differenziertheit des Parlaments, in dem sich neben Liberalen, Konservativen, Demokraten und Nationalisten auch Sozialisten tummelten und unter Missachtung aller Aufrufe zum Internationalismus separate völkisch geprägte Parteien – etwa der Deutschen, Tschechen, Polen etc. – gründeten. Die Bildung einer soliden Mehrheit wurde damit zur Quadratur des Kreises und die Chance auf eine parlamentarische Regierung sank auf den Nullpunkt.

Anders stellte sich die Situation im Falle des ungarischen Sejm in Buda dar, der ethnisch überaus einheitlich besetzt war und vom madjarischen Adel dominiert wurde. Obwohl der Anteil der Madjaren an der Gesamtbevölkerung Ungarns nur 40% betrug, war ihre Übermacht gegenüber Minderheiten wie Slowaken, Rumänen aus Siebenbürgen, Ukrainern und Serben erdrückend. Was lag da näher, als die Wahlordnung und die Wahlen selbst – etwa durch offene Stimmabgabe oder Fälschung – zu manipulieren, und in der Tat waren „ungarische Wahlen" seinerzeit in Europa ein fester Begriff, der für Unehrlichkeit stand. Durch diese Machenschaften erlangten die Madjaren die

Vorherrschaft im Parlament und es wurde möglich, einen auf Harmonie zwischen Regierung und Parlament bedachten Kurs zu fahren und danach schließlich parlamentarische Regierungen zu bilden. Wie man am Vergleich Ungarns mit Österreich unschwer erkennen kann, sprachen diese nicht unbedingt immer für die größere Liberalität eines Systems.

Die Monarchen postabsolutistischer Staaten hatten großen Einfluss auf die Zusammensetzung der oberen Parlamentskammern, deren konservativen Charakter man allein schon den Bezeichnungen entnehmen konnte, die man für sie parat hielt: Dem „Herrenhaus" in Preußen und Österreich stand die ungarische „Magnatentafel" gegenüber und nur Russland fiel aus dem Rahmen, wo man sich auf den neutralen Namen „Staatsrat" verständigt hatte. Überall hatten die Monarchen das Recht, Mitglieder für die „Oberhäuser" zu benennen, und in Russland ging man gar so weit, dass die Zaren ihre Zusammensetzung zur Hälfte bestimmen konnten. Darüber hinaus fanden sich hier Repräsentanten aristokratischer Clans, bisweilen Virilmitglieder, d.h. weltliche und geistliche Würdenträger, die von Amtswegen der Kammer anghörten, und Mitglieder der Herrscherfamilie wieder. Der russische Staatsrat setzte sich anders zusammen: Jener Teil seiner Miglieder, der nicht vom Zaren ernannt wurde, wurde vom russisch-orthodoxen Klerus, von Delegierten der Semstwos sowie adligen, wissenschaftlichen (Akademie der Wissenschaften, Universitäten) und Industrie- bzw. Handelskörperschaften auf neun Jahre gewählt. In gesetzgeberischer Hinsicht waren „Ober-" und „Unterhäuser" gleichberechtigt.

Die unteren Kammern (die Abgeordnetenhäuser bzw. die Staatsduma in Russland) gingen aus hochkomplizierten Wahlen hervor, wobei Ungarn alle Rekorde schlug. Überall herrschte ein vermögensorientierter Zensus, und überdies profitierte die Elite der Reichen davon, dass die Zahl der Wähler, auf die ein Abgeordnetenmandat entfiel, enorm variirte. In Preußen teilte man die Wähler in Abhängigkeit der Höhe der Steuern, die die einzelnen zahlten, in drei Klassen ein. Die vermögensten unter ihnen waren natürlich zahlenmäßig am geringsten vertreten, aber dennoch wählte jede Klasse die gleiche Zahl an Wahlmännern, die ihrerseits wiederum die Abgeordneten wählten. In anderen Ländern setzte sich das System der Kurie durch, das auf „neuständischen" Kriterien fußte und das darin bestand, die Wählerschaft in bestimmte Kurien – z.B. Großrundbesitzer-, Industrie- und Handels-, Bauern- und Arbeiterkurien – aufzugliedern, wobei die Stimmen, die die einzelnen Kurien abgaben, infolge einer äußerst ungerechten Mandatsverteilung sehr unterschiedlich gewichtet waren. Überall dominierten indirekte Wahlen, in Russland erfolgte die Abstimmung der Volkskurien gar in drei oder vier Stufen. In Ungarn und Russland wurde nationalen Minderheiten der Zugang zum Parlament verwehrt oder zumindest stark erschwert: Während den asiatischen Völkern des russischen Imperiums das Wahlrecht gleich ganz entzogen wurde, ließ man es im Falle der

Polen oder kaukasischer Völker dabei bewenden, lediglich deren zahlenmäßige Präsenz im Parlament einzuschränken. In Ungarn fröhnte man auf zynische Weise der Wahlmanipulation und hüben wie drüben war es an der Tagesordnung, dass die Bürokratie bei Wahlen kräftig mitmischte.

Wie man sieht, waren die Parlamente der postabsolutistischen Staaten noch weit von den demokratischen Standards entfernt, die in der zweiten Hälfte des 19. Jahrhunderts im Westen zunehmend an Boden gewannen. Ihnen am nächsten kam noch das Abgeordnetenhaus in Österreich, wo man zunächst die indirekten Wahlen abgeschafft und dann, 1896, zusätzlich zu den vier bereits existierenden neuständischen Kurien eine fünfte Kurie mit allgemeinem Stimmrecht eingeführt hatte. Im Zuge dieser Reform, deren Autor im Übrigen ein Pole war, nämlich der österreichische Premier Graf Badeni, wurden die Privilegien der höheren Klassen abgebaut und den Sozialisten der Zugang zum Parlament ermöglicht. Schließlich wurde im Jahre 1907 das Kuriensystem aufgehoben und verfügt, dass die Abgeordneten im Parlament in allgemeinen, gleichen, direkten und geheimen Wahlen ermittelt werden.

Die Parlamente der postabsoluten Monarchien waren rechtlich noch ziemlich minderbemittelt, die untere Kammer tat sich schwer mit dem Wahlmodus und die obere Kammer erstickte förmlich im Konservatismus. Dennoch gaben sie den Anstoß zu mehr staatsbürgerlicher Aktivität und förderten die politische Kultur. Der Parlamentarismus stattete die Opposition mit Rechten gegenüber der Regierung aus und machte die gesellschaftlichen Milieus, die sich bis dahin vollkommen passiv verhalten hatten und von den Machthabern regelrecht eingeschüchtert worden waren, politikfähig, womit er sich automatisch den Unmut der Monarchen, der Regierungen und der sie umgebenden konservativen Kreise – angefangen von der Aristokratie über die Bürokraten bis hin zum Offizierscorps – zuzog. So kam es nicht von ungefähr, dass die Verfassung meistens dann verletzt oder umgangen wurde, wenn es um die Befugnisse des Parlaments und sein Verhältnis zur Regierungsgewalt ging.

Es ist bezeichnend, dass gerade in den postabsolutistischen Staaten wie Preußen (und dem von ihm geeinten Deutschland) und Österreich gemessen an der damaligen Zeit schon moderne und gut organisierte politische Volksparteien mit Vorbildcharakter für ganz Westeuropa entstanden. Im Bismarckschen Reich war es den Parteien untersagt, ständige zentrale Organe zu unterhalten, was dazu führte, dass die 1875 gegründete Sozialdemokratische Partei Deutschlands (SPD) schon drei Jahre später in den Untergrund gedrängt wurde. Nach Bismarcks Rücktritt im Jahre 1890 wurden die Restriktionen gelockert und die Sozialistengesetze nicht mehr erneuert. Aber das brutale Vorgehen gegen die Parteien zog unerwartete Konsequenzen nach sich. Da zentrale Organe fehlten, mussten die lokalen Strukturen entsprechend ausgeweitet werden, und um die Parteien herum – das betraf die konservativen und die katholische Zentrumspartei ebenso wie eben die bereits erwähnte SPD – gruppierten sich satellitenartig verschiedene Massenorganisationen: Die Konservativen hatten ihren Bauernverband, in dem sich Grundbesitzer und vermögende Bauern zusammenfanden, das Zentrum stützte sich auf den fast 800000 Mitglieder starken „Volksverein für das katholische Deutschland", während sich im Umfeld der SPD Berufs-, Bildungs-, Selbsthilfe- und Sportorganisationen aufhielten.

Die SPD avancierte zum Modell einer modernen Volkspartei, und das nicht nur aus Sicht der Sozialisten. Ihre Chefs, die Preußen Bebel, Bernstein und Singer, brachten ihr preußische Tugenden wie Ordnung, gute Organisation und Disziplin gepaart mit demokratischen Strukturen und Prozeduren bei. 1914 zählte die SPD über eine Million Mitglieder, ihre Wählerschaft lag jenseits der Viermillionengrenze. Natürlich wären solche Erfolge ohne die Aufhebung der postabsolutistischen politischen Standards und vor allem ohne Einführung des allgemeinen Wahlrechts – des eigentlichen Urhebers des Phänomens Volkspartei – bei Wahlen zur unteren Kammer des Parlaments im geeinten Deutschen Reich undenkbar gewesen.

In Österreich wurde, wie bereits gesagt, das Wahlrecht ebenfalls auf die Allgemeinheit ausgedehnt. Dass es hier nicht zur Bildung großer Volksparteien kam, lag an der ethnischen Zerstückelung des Landes. Drei sozialdemokratische Parteien – eine deutsche unter Viktor Adler, eine polnische unter Ignatz Daszynski und eine tschechische unter Josef Hybes – konnten nicht dasselbe Machtpotential entfalten wie die SPD. Aber immerhin waren sie modern organisiert und diszipliniert. Was Mitgliederzahl und Disziplin angeht, so ragten zwei Parteien der österreichischen Deutschen heraus: zum einen Georg Schönerers Nationalisten, zum anderen die christlich-soziale Partei um den Wiener Bürgermeister Karl Lüger, der später von dem jungen Hitler als Idol verehrt wurde. Lüger betrieb eine scharfe Sozialdemagogie, seinen antikapitalistischen Losungen verlieh er eine antisemitische Note, er gewann Einfluss auf Kleinbürgertum und Arbeiterschaft und liebäugelte gleichzeitig mit konservativen Institutionen wie der Kirche und dem Hof. Hitler wandte später eine ähnliche Strategie an, aber besonders angetan war er vom „Führerstil", den Lüger als Parteichef praktizierte.

Am schlimmsten war es um Russland bestellt. Die Parteien, die das Potential in sich trugen, die Massen anzuziehen – etwa die Sozialrevolutionäre (Gründungsjahr: 1901) und die Sozialdemokratie (1903 gegründet, aber von Anfang an innerlich zerrissen) – mussten selbst zu Verfassungszeiten im Untergrund operieren, während die legalen Parteien wie die Liberalen (Kadetten) und Monarchisten ("Oktobristen") elitär ausgerichtet waren und eine zu geringe Anhängerschaft um sich versammelten.

Rechte und Freiheiten. Selbstverwaltung

In den Verfassungen der postabsolutistischen Staaten war zwar bereits von Rechten und Freiheiten der Untertanen (noch nicht der „Bürger“) die Rede, doch anders als nach westlicher Philosophie handelte es sich dabei nicht um primäre („natürliche“), sondern um sekundäre („positive“) Rechte und Freiheiten des Individuums, die der Herrscher in die Verfassung einbrachte und die er jederzeit nach Belieben regulieren, verändern oder aussetzen konnte. In der Konsequenz hieß das, dass die Rechte und Freiheiten keine über den „positiven“ Rahmen hinausgehende Wirkung erzielten und keine für den Gesetzgeber bindenden Weisungen beinhalteten, sondern lediglich eine Richtschnur bildeten, an die sich die Beamten bei der Umsetzung von Gesetzen zu halten hatten.

Was hatte da schon die „Gleichheit vor dem Gesetz“ – wie sie die preußische bzw. österreichische Verfassung vorsah – praktisch zu sagen, wenn man bedenkt, dass Gleichheit nicht einmal im Hinblick auf den Wortlaut der Gesetze selbst gewährleistet werden konnte und die Menschen je nach Beruf, Rasse, Nationalität, Geschlecht oder Religion vom Gesetz verschieden eingestuft und ungleich behandelt wurden? Gleichheit vor dem Gesetz heißt lediglich so viel, dass ein Beamter bei der Anwendung jener ungleichen Gesetze Leute, die hinsichtlich Beruf, Rasse, Nationalität, Geschlecht, Religion etc. ein und derselben Kategorie zuzuordnen und damit einander gleichgestellt sind, nicht ungleich, d.h. einen Arbeiter bzw. Juden anders als einen anderen Arbeiter bzw. Juden, behandeln darf. Es ist ihm nicht erlaubt, andere Ungleichheiten einzuführen als die, die durch das Gesetz abgesegnet sind. Vor diesem Hintergrund drängt sich einem geradezu die auf die Theoretiker des Postabsolutismus überaus zutreffende Ansicht des damaligen englischen Liberalen John Stuart Mill auf, der meinte, dass „dieselben Leute, die Gerechtigkeit in Form von gleichem Recht für alle verkünden, gleichzeitig die übelsten Ungleichheiten im Wortlaut der Gesetze selbst tolerieren“.

Es ist zwar nicht von der Hand zu weisen, dass der Postabsolutismus Fortschritte bei der Gleichstellung der „Untertanen“ brachte, doch darf dabei nicht übersehen werden, dass er es dabei gewissermaßen im Vorbeigehen auf ganz andere Ziele abgesehen hatte. Nehmen wir als Beispiel die Wehrpflicht. Preußen hatte bereits im Jahre 1814 die allgemeine Wehrpflicht eingeführt und damit ein riesiges Reservoir an Soldaten angelegt. Die spektakulären Siege, die Preußen über Österreich (1866) und Frankreich (1870) errungen hatte, schienen für die Wirksamkeit dieses Systems Beleg genug zu sein, sodass es mit Österreich (1869) und Russland (1874) schnell Nachahmer fand. In Russland dauerte der Dienst in der Armee länger (6 Jahre), aber angesichts der großen Menge an Wehrpflichtigen musste das Los darüber entscheiden, wer zum aktiven Dienst an der Waffe eingezogen wurde und wer zum Landsturm kam. Privilegien wurden nur im Falle der vermögenden Klassen abgebaut, während die gebildeten unter den Wehrpflichtigen weiterhin von ihnen profitierten, wenn auch nicht so weit, dass sie etwa vom Dienst völlig freigestellt worden wären, aber eine Verkürzung der Dienstzeit lag schon im Bereich des Möglichen. Seit dem amerikanischen Sezessionskrieg war jedermann klar, dass Kriege von da an unter Einsatz immer höherer Waffentechnik geführt werden würden. Aus dieser Einsicht leitete man den Schluss ab, dass die militärische Ausbildung an die veränderten Anforderungen der Armee angepasst werden müsse, was wiederum zur Folge hatte, dass das Militär von Rekruten aus dem einfachen Volk als Sprungbrett zum gesellschaftlichen Aufstieg genutzt werden konnte. Die allgemeine Wehrpflicht sorgte also für eine Angleichung der staatsbürgerlichen Pflichten und egalisierte ansatzweise Unterschiede in der Handhabung gesellschaftlicher Bräuche – und das unabhängig von den Ansichten und Intentionen der Politiker und Generäle.

Im Vergleich zu den Zeiten Friedrichs II., Nikolaus I. oder Metternichs hatte sich der Status des Untertanen und sein Verhältnis zum Staatsapparat grundlegend gewandelt. Nicht nur die persönliche Leibeigenschaft der Bauern war inzwischen aufgehoben worden, sondern auch die Unabhängigkeit der Gerichte bei der Urteilsfindung hatte sich durchgesetzt – in Preußen sogar schon in der vorkonstitutionellen Phase –, sodass jeder die Chance auf einen fairen Prozess hatte. Und selbst in Russland mit seiner korrupten, von Regierungsbehörden abhängigen und grausamen Gerichtsbarkeit wurde mit der Justizreform, die Alexander II. im Jahre 1864 durchführte, ein überaus modernes System aufgebaut, in dem die streitenden Parteien gleichberechtigt waren, die Unabhängigkeit der Richter gewahrt blieb, eine Geschworenenbank bei größeren Strafverfahren hinzugezogen und gewählte Friedensrichter mit Angelegenheiten von geringerer Bedeutung betraut wurden. Zwar war man weiterhin dem Druck und den Schikanen der Regierung ausgesetzt, doch gelang es den russischen Richtern und Anwälten ihr Berufsethos würdig zu verteidigen. Die Behörden sahen sich daraufhin veranlasst, politische Fälle der Rechtsprechung von Spezialgerichten zu übergeben.

In den postabsolutistischen Monarchien sprachen die Gerichte weiterhin ihre Urteile im Namen des Herrschers, der das Recht hatte zu begnadigen, zu amnestieren und bereits laufende Verfahren einzustellen und dessen großer Einfluss auf die Justiz damit aufrechterhalten blieb. Aber in seinen Möglichkeiten den Repressionsapparat zu verschärfen, die einem an Machtwillkür gewöhnten Herrscher stets attraktiver vorkommen mussten als das Recht, Milde walten zu lassen, sah er sich nun eingeschränkt.

Sogar auf der Ebene der Regierungsgewalt, die theoretisch alleine beim Monarchen und seinen Gefolgsmännern lag, verbesserte sich die Position der

Untertanen durch die Einberufung lokaler Selbstverwaltungsstellen merklich. Mit der Abschaffung der persönlichen Leibeigenschaft der Bauern wurde auch der Macht der Grundherren in Administration und Gerichtsbarkeit ein Ende gesetzt. Da es aus Mangel an geschultem Personal schwierig und zudem auch noch sehr kostspielig gewesen wäre, die so entstandene Lücke durch den bürokratischen Apparat zu schließen, griff man auf die kommunale Selbstverwaltung zurück, die in dem Bereich eine vergleichsweise günstigere Lösung bot. Zudem kamen auf die postabsolutistischen Staaten im Zuge des nun schnell voranschreitenden Fortschritts des Industriekapitalismus vermehrt Aufgaben in der Infrastruktur, im Bildungs- und Gesundheitswesen etc. zu, die man in Staaten wie Russland oder Österreich-Ungarn, die nicht zu den am besten organisierten zählten und die stets mit finanziellen Schwierigkeiten zu kämpfen hatten, teilweise gern auf Selbstverwaltungsorgane umschichtete, zumal diese in solch großflächigen und innerlich stark differenzierten Ländern besser geeignet waren, die Bedürfnisse vor Ort zu erkennen, richtig einzuschätzen und entsprechend zu befriedigen. Die postabsolutistischen Regierungen hatten allerdings nicht vor zuzulassen, dass die Selbstverwaltungen ein politisches Gepräge bekommen. Durch Kurien- und Zensuswahl wurde sichergestellt, dass bei der Besetzung der Selbstverwaltungsorgane vermögende und gemäßigte Leute gegenüber Angehörigen der so genannten „gefährlichen Klassen" bevorzugt wurden. Die Regierung behielt (im Prinzip) ihr Monopol bei der Anwendung von Zwangsmaßnahmen und überwachte die Selbstverwaltungen in ihren Tätigkeiten auf Schritt und Tritt, damit sich nicht irgendwelche Gegnerschaften formieren konnten.

Eine besondere Rolle spielte die Selbstvewaltung in Russland, die 1861 zunächst nur Gemeinden und Dörfern erfasste, dann aber 1864 auf Landkreise und Gouvernements übergriff und 1870 schließlich auch bis in die Städte vordrang. Das sah so aus, dass in Dörfern und Gemeinden Bürgerversammlungen von Beamten gewählt wurden, während in Landkreisen und Gouvernements die Selbstverwaltungsorgane, die so genannten Semstwos, aus Kurien- und Zensuswahlen hervorgingen und die Stadträte (Dumas) sich nach dem preußischen Dreiklassenwahlsystem, bei dem die Wähler in Abhängigkeit von der Steuerlast, die sie aufbrachten, in drei Klassen eingeteilt wurden, zusammensetzten. Semstwos und städtische Dumas wählten nun ihrerseits die ausführenden Organe, Ämter und Verwaltungen. Alle Institutionen der Selbstvewaltung standen selbstverständlich unter strenger Kontrolle der Regierungsbehörden.

In den Selbstverwaltungen der Städte und Semstwos überwiegten die Vermögenden, aber in den Landkreisen war der Anteil an besser gestellten Bauern hoch, und diese standen den Grundbesitzern an Einfluss in nichts nach. Die Mitglieder der Dumas, Semstwos und ihrer Exekutivorgane gingen im

Großen und Ganzen gewissenhaft und mit dem nötigen Ernst an ihre Arbeit heran, was Tolstojs Roman *Anna Karenina* dem Leser anschaulich vor Augen führt. Das auf vielen Gebieten – man denke etwa an Wirtschaftspolizei, Sanitär- und Versicherungswesen, Infrastruktur, Zahl der Schulen, Krankenhäuser, Heime usw. – hoffnungslos rückständige Russland konnte dank der Selbstverwaltungen einen gewaltigen Sprung nach vorne machen. Der gemäßigte Liberalismus, der dort herrschte, wurde von der Vorstellung eines friedlichen und geduldigen Fortschritts genährt. Weniger Geduld legte indes die zahlreich vertretene Schicht der Intelligenz an den Tag, die im Dienst der Selbstverwaltungen stand, etwa Ingenieure, Agronome, Ärzte, Lehrer etc. Dadurch, dass sie weniger von der Regierungsmacht abhängig waren als ihre Kollegen im Staatsdienst und stärker mit dem gesellschaftlichen Netz des „tiefen Russlands" verflochten waren, tendierten sie in ihrer politischen Einstellung im Vergleich zu den in den Semstwos und Dumas ansässigen Ratsherren mehr nach links und neigten damit eher dazu, sich oppositionell zu betätigen. Aus diesem Grund hat man in vielen „politisch unsicheren" Regionen – z.B. in Kongress – Polen, am rechten Rand der Ukraine und Weißrusslands, in den Ländern des Baltikums und des Kaukasus – auf die Einführung von Semstwos und Dumas verzichtet und es bei einer dörflichen Selbstverwaltung bewenden lassen. Das Bild, das Sienkiewicz in seinen *Szkice węglem* (Kohleskizzen) von dieser Art der Selbstverwaltung zeichnet, ist allerdings zu pessimistisch.

In der Habsburgermonarchie wurde 17 Ländern, die der österreichischen Krone unterstanden (in Ungarn nur Kroatien) Autonomie zugestanden, womit man auf der höchsten Stufe der Selbstverwaltung angelangt war, die nicht nur eine Beteiligung an der lokalen Administration vorsah, sondern auch die lokale Gesetzgebung umfasste. Es entstanden damals Parlamente, die aus Kurienwahlen hervorgingen, und entsprechende Exekutivorgane auf Landesebene. Die Befugnisse, mit denen diese Institutionen ausgestattet waren, nahmen sich äußerst bescheiden aus und waren zudem gegenüber denen der Regierungsorgane (mit dem Statthalter an der Spitze) nicht klar genug abgesteckt, sodass Übergriffe vorprogrammiert waren. Dass die Autonomie in Galizien und Böhmen dennoch einen guten Ruf genoss, lag an der Erweiterung, die sie im Zuge der Kompromisse, die sich Wien von Polen und Tschechen abringen ließ, erfuhr. Während allerdings in Galizien dadurch nun ein Polonisierungsprozess in Gang gesetzt wurde, der nicht nur Bildung und Kultur erfasste, sondern in zunehmendem Maße auch auf Administration und Gerichte vordrang, gestalteten sich die Dinge aus Sicht der Tschechen schwieriger, denn wegen der starken Position, die die Deutschen in Böhmen und Mähren einnahmen, ließ sich Wien nur langsam und in kleinen Schritten zu Zugeständnissen bewegen.

In Österreich nahm die lokale Selbstverwaltung ihre Tätigkeit in Städten, Gemeinden und Landkreisen – wenn auch dort nur in einem kleinen Teil des

Staatsgebiets – auf, wobei man nach dem Prinzip verfuhr, die Aufgaben, die die Selbstverwaltung wahrzunehmen hatte, in zwei Gruppen zu teilen und zwischen den „eigenen“ Aufgaben – die die Mehrheit bildeten und etwa Wirtschaft und Kultur betrafen – und „fremden“ Aufgaben – die man von anderer Stelle zugewiesen bekam und die mit einem politischen Unterton versehen waren – zu unterscheiden. Was die eigenen Aufgaben angeht, so hatte die Selbstverwaltung mehr oder weniger freie Hand, musste aber für etwaige Gesetzesübertretungen geradestehen, im Falle der zugewiesenen Aufgaben stand sie unter strenger Kontrolle der Regierungsbehörden. Diese Sachlage rief natürlich zahlreiche Kompetenzstreitereien hervor und gab Anlass zu Konflikten, die das ganze System ins Wanken brachten.

Effizient arbeitete hingegen die Selbstverwaltung in Preußen. Aber einzig die seit 1808 betriebene städtische Selbstverwaltung lieferte den gewählten Organen – den Stadträten und ihren Exekutivkörperschaften, den Magistraten – mit Ausnahme des Polizei- und Gerichtsapparats wesentliche Kompetenzen an die Hand, wenn man dabei auch in Kauf nehmen musste, dass sich die Regierung das Recht vorbehielt, alles genaustens zu überwachen. Im Zeitraum nach der Verfassung entstand die Selbstverwaltung in Gemeinden, Landkreisen, Regierungsbezirken und Provinzen. Gleichwohl bekannte man sich zu dem Grundsatz, wonach die lokale Administration Fachbeamten anvertraut werden müsse und gewählte Organe dazu da seien, um bei der Besetzung führender Posten – der Gemeindevorsteher und Landräte – ein gewichtiges Wort mitzureden, um den Beamten hilfreich zur Seite zu stehen und sie – im begrenzten Maße – zu kontrollieren. Der Einfluss, den die preußischen Junker auf die gewählten Organe ausübten, und die Rolle, die sie gleichzeitig in der Regierungsadministration spielten, erleichterten diese Zusammenarbeit enorm.

Der Föderalismus

Zu den Errungenschaften, die man dem Postabsolutismus gutschreiben muss, gehört ohne Frage die Tatsache, dass er die Idee des komplexen Staates, die nach dem Zusammenbruch des I. Reiches einzig in der Schweizer Eidgenossenschaft und eventuell noch in der ziemlich kompakten Schwedisch-norwegischen Union (1814–1905) fortlebte, wieder aus der Vergessenheit hervorholte. Während Preußen den Föderalismus als Mittel zur Einigung Deutschlands instrumentalisierte, hatte Österreich ganz andere Sorgen und musste sich mit den Nationalitätenproblemen auseinander setzen, die der Vielvölkerstaat aufwarf.

Österreich-Ungarn bildete nach 1867 eine Föderation zweier gleichrangiger Staaten (die Juristen sprachen von einer „Realunion“), von denen jeder ein eigenes Parlament, eine eigene Regierung, eine eigene Administration, eine eigene Rechtsprechung, eigene Gerichte und teilweise sogar eigene Streitkräfte (es gab zwar eine gemeinsame Armee, doch für die Landesverteidigung hatte man die österreichische Landwehr und die ungarische Honvéd aufgestellt) unterhielt. Gemeinsame Institutionen waren der Monarch (der Kaiser von Österreich und König von Ungarn) und drei Ministerien: das Außen-, Kriegs- und Finanzministerium. Zur Regelung gemeinsamer Angelegenheiten, d.h. zur Abstimmung der Außen-, Sicherheits- und Finanzpolitik, wählten beide Parlamente sechzigköpfige Delegationen, die getrennt berieten, aber gemeinsam entschieden. Damit standen sich gemeinsame („kaiserliche und königliche"), österreichische („kaiserlich-königliche") und ungarische („königlich-ungarische") Institutionen gegenüber. Ihre Eigenständigkeit gegenüber Österreich betonten die Ungarn mit großem Nachdruck, und sie machten keine Anstalten, irgendetwas an diesem System zu ändern.

Unterdessen forderten die tschechischen Eliten ebenfalls mit Nachdruck, dass dem Königreich Böhmen die gleichen Rechte zugestanden werden wie Ungarn. Gleichzeitig träumten die polnischen Konservativen in Galizien – poln. „stańczycy" genannt, nach einer politischen Schmähschrift, die 1869 unter dem Titel „Teka Stańczyka" (das Portefeuille des Hofnarren Stańczyk) erschien und gegen die zur Zeit des Kampfs um Autonomie aufschäumende Welle patriotischer Demonstrationen Front machte – von einem Sieg im Krieg zwischen Österreich-Ungarn und Russland, von der anschließenden Vereinigung Galiziens mit Kongress – Polen und davon, dass dem Königreich Polen mit der Hauptstadt Krakau derselbe Status eingeräumt wird wie dem Königreich Ungarn. Aus all diesen „austroslavischen" Plänen der Polen und Tschechen ist letztlich nichts geworden, aber die Enttäuschung darüber konnte durch die bereits angesprochenen Kompromisse mit Wien in der Frage der Erweiterung der Autonomie aufgefangen werden.

In Ungarn dagegen verdichteten sich die Nationalitätenkonflikte und verhärteten sich die Fronten zwischen Ungarn auf der einen Seite und zum einen Kroaten – die zwar als einzige überhaupt ihre Autonomie erhalten hatten, doch diese hing an einem seidenen Faden und wurde in der Praxis kaum geachtet – zum anderen Slowaken, Rumänen aus Siebenbürgen, Serben aus Slawonien und der Wojwodina sowie Ukrainern aus Transkarpatien, die man alle geschlossen zu madjarisieren suchte, auf der anderen Seite. Und nicht zuletzt trugen die Ungarn einen Großteil der Verantwortung für die völkische Unterdrückung in Bosnien und Herzegowina, obwohl dieses Land, das man 1878 den Türken weggenommen und 1908 formal annektiert hatte, Kondominium beider Staaten, Österreichs und Ungarns, war. In Wien hatte man begriffen, dass der Zusammenprall der völkischen Interessen der Slawen und Rumänen mit dem ungarischen Nationalismus ausreichend Sprengstoff für eine Explosion bot, die die gesamte Habsburger Monarchie in ihren Grundfesten erschüttern konnte. In dieser Situation tauchte nun der den Ungarn und ihrer Nationalitätenpolitik alles andere als zugeneigte Thronfolger Franz Ferdinand auf und plädierte für ein Projekt, das in der Umwandlung der Doppelmonarchie in die Vereinigten Staaten von Großösterreich – eine Föderation bestehend aus 15 nach ethnischem Muster gestrickten Bundesstaaten mit einer starken Bundesregierung in Wien – gipfeln sollte. Die Slawen, die in ihrem nationalen Freiheitsdrang kaum zu bremsen waren, ließen sich davon allerdings wenig beeindrucken und auch bei den Ungarn, die in dem Vorhaben eine Gefahr für ihre Unabhängigkeit und ihre Vorherrschaft in den „Ländern, die unter der Krone des Heiligen Stephans standen", witterten, stieß es auf heftigen Widerstand. Wie dem auch sei – dem Projekt war ohnehin keine lange Lebensdauer beschieden und nach dem Attentat von Sarajewo wurde es zusammen mit Erzherzog Franz Ferdinand begraben.

Preußen wandte die Föderalismusformel zur Einigung Deutschlands schon gleich nach dem Sieg im Deutschen Krieg über Österreich (1866) an, als es unter seiner Hegemonie den so genannten Norddeutschen Bund – eine Föderation aus 22 Staaten – gründete und ihm eine Verfassung gab, die später (1871) vom Deutschen Kaiserreich – einer auf 25 Mitgliedsstaaten (bestehend aus den vier Königreichen Preußen, Sachsen, Bayern und Württemberg, 6 Großherzog- und 12 Herzogtümern sowie den drei freien Reichsstädten Hamburg, Bremen und Lübeck) erweiterten Föderation, der der Erbkönig von Preußen, der den Titel Deutscher Kaiser annahm, als Oberhaupt vorstand – nahezu unverändert übernommen wurde. Jede Einzelmonarchie innerhalb des Reiches behielt zwar ihren eigenen Herrscher und ihre eigene Verfassung, doch boten diese, was die Staatsform angeht, kein einheitliches Bild: Preußen, das die typische postabsolutistische Monarchie verkörperte, standen zum einen die eher liberal regierten Länder Bayern und Württemberg, zum anderen Hessen und Baden, die sich von allen am meisten an westeuropäische Vorbilder anlehnten, gegenüber.

Laut Verfassung handelte es sich um ein lockeres Bündnis von Staaten, in dem selbst so klassische Bereiche wie Außen- und Sicherheitspolitik *de iure* nicht in die Zuständigkeit der Gesamtheit fielen. Die größeren Staaten des Reichs wahrten ihr Recht, ein eigenes diplomatisches Corps zu unterhalten, und es gab vier Armeen zu Land („Kontingente"), die in Friedenszeiten von vier Königen befehligt wurden. Aber das Recht, eine eigene Diplomatie zu betreiben, war – vielleicht mit Ausnahme Bayerns – reine Dekoration und auch die militärische Einheit stand dank einer glänzend funktionierenden Kriegsmaschinerie, die von einem gemeinsamen Generalstab geleitet wurde, nicht in Frage.

Für die formal gesehen nur wenigen gemeinsamen Tätigkeitsfelder – hierzu gehörten etwa Währung, Zoll, ein Teil des Steuerwesens, Verwaltung der

Kolonien, Kriegsmarine, Post (ausgenommen Bayern), Zivil-, Straf- und Handelsgesetzgebung – zuständig waren der Kaiser und sein einzig ihm verantwortlicher Reichskanzler als Einpersonenregierung sowie desweiteren ein Zweikammerparlament, der Reichstag, der aus allgemeinen und gleichen Wahlen hervorging, und der Bundesrat, die Vertretung der Mitgliedsstaaten, die an die Weisungen ihrer jeweiligen Landesregierungen gebunden waren. Das Parlament konnte weder bei der Wahl der Person des Kanzlers mitbestimmen – das war einzig und allein Sache des Kaisers, der in der Regel den preußischen Ministerpräsidenten in diese Position berief – noch konnte es seine Politik beeinflussen. Der Kaiser seinerseits wiederum war nicht berechtigt, bei Beschlüssen des Parlaments ein Veto einzulegen, aber dieses Manko war gut zu verschmerzen, denn als preußischer König konnte er in den Bundesrat so viele Vertreter entsenden, wie nötig waren, um jedes beliebige Gesetz, das vom demokratisch gewählten Reichstag eingebracht wurde, zu kippen.

Die Eigenständigkeit der einzelnen Staaten innerhalb des Reichs und ihr politischer Ehrgeiz waren etwas historisch Gewachsenes, und diesem Tatbestand trug man in der Verfassung dadurch Rechnung, dass man die Angelegenheiten, die das Gemeinwesen betrafen, zahlenmäßig in überschaubaren Grenzen hielt. An der Spitze der Föderation stand der deutsche Kaiser, und nicht etwa der Kaiser Deutschlands, denn ein Staat mit diesem Namen existierte gar nicht. Um so erstaunlicher wirkt vor diesem Hintergrund die Tatsache, dass man im Zweiten Reich nahezu von Anfang an nicht nur eine enorme Wirtschafts- und Militärmacht sah, sondern dass man hinter der Fassade des Föderalismus auch einen innerlich geschlossenen Staat vermutete, was man gewöhnlich mit der dominierenden Stellung Preußens in diesem Mehrstaatengebilde zu erklären versuchte. Und in der Tat wird wohl niemand bestreiten wollen, dass Preußen über die Hälfte des Reichsterritoriums einnahm und über ein gewaltiges Menschen-, Wirtschafts- und Militärpotential verfügte. Zudem stellte Preußen Kaiser und Kanzler, und es waren Delegierten der preußischen Regierung, die den Bundesrat überwachten. Bismarck und nach ihm Wilhelm II. waren nämlich sehr darauf bedacht, dafür zu sorgen, dass sich das postabsolutistische Junkerpreußen nicht im Deutschen Reich mit seiner industriellen Zivilisation und seinem allgemeinen Wahlrecht aufrieb. Außerdem darf man nicht außer Acht lassen, dass das preußische „Kontingent" Hauptanteil an den Landstreitkräften hatte und dass im Generalstab eben Preußen den Ton angaben. Und schließlich war es der Preuße Bismarck, der in den ersten beiden Jahrzehnten dem Reich entscheidend seinen Stempel aufdrückte – nicht umsonst seufzte der greise Wilhelm I. seinerzeit: „Es ist nicht leicht, unter einem solchen Kanzler Kaiser zu sein".

Aber wer die Geschlossenheit des Reichs allein auf die Vormachtstellung Preußens zurückführen will, der macht es sich zu leicht und übersieht, dass hierbei noch einige andere Faktoren zu berücksichtigen sind. Betrachten wir etwa die Reichsregierung. Theoretisch bestand diese zwar nur aus einer Person, doch unter der strengen Herrschaft des Kanzlers wuchs eine mächtige Regierungsbürokratie heran, und es wurden weit verzweigte Bundesressorts mit Staatssekretären an der Spitze eingerichtet. Diese wurden formell zwar nicht als Minister, sondern als gewöhnliche Beamte, die den Kanzler unterstützen, geführt, doch darf man sich dadurch nicht dazu verleiten lassen, die Schlagkraft dieser Verwaltungstruppe zu unterschätzen. Sehr wichtig für die innere Geschlossenheit des Reichs war auch die gesamtdeutsche Gesetzgebung: Strafrecht und Strafverfahren waren nicht nur ein Werkzeug, dessen man sich bediente um Regierungsgegner zu bekämpfen und auszuschalten, sondern darüber hinaus ein Mittel, das eine einheitliche Ordnung und innere Sicherheit zu gewährleisten half, ein vorbildlich und modern kodifiziertes Zivil- und Handelsrecht legte einen soliden Rahmen fest, in dem sich ein einheitlicher Wirtschaftsorganismus bewegen und entfalten konnte, weltliche Institutionen des Zivilrechts schließlich minderten den Einfluss der katholischen Kirche, in dem man in verschiedenen Staaten des Reichs eine Bedrohung für dessen Einheit zu erkennen glaubte. Und zu guter Letzt darf man die politischen Parteien nicht vergessen, die die Massen zu mobilisieren verstanden, deren Einzugsgebiet sich über das gesamt deutsche Staatsgebiet erstreckte und die damit ebenfalls zur Geschlossenheit des Reichs beitrugen.

VI

Die Demokratisierung der Macht

Demokratie: Standards und Existenzbedingungen

Wenn man den Namen Demokratie hört, dann stellt sich sofort die Frage: welche Demokratie, die eines Perikles, die eines Jean-Jacques Rousseau, Condorcet, Jefferson, Paine und Lelewel, oder die eines Tocqueville? Mit anderen Worten: Es gibt nicht die Demokratie schlechthin, sondern lediglich verschiedene Vorstellungen und Konzepte von Demokratie und von dem, was sie ausmacht. In der Praxis muss man feststellen, dass die Demokratie des 19. Jahrhunderts – egal ob in Europa oder in Amerika – von den heutigen Standards deutlich abwich. Dennoch zweifelte weder damals noch zweifelt heute irgendjemand daran, dass die französische Dritte Republik trotz all ihrer Schwächen und Mängel zu Recht als demokratisch eingestuft wurde – man denke nur daran, welch große Bewunderung sie bei den damaligen Demokraten auslöste. Demokratie ist etwas Steigerbares, etwas, das sich ständig fortentwickelt, sodass man nie von ihr sagen kann, es gibt sie bzw. es gibt sie nicht. Der Begriff „Demokratisierung“ hat zwar in Polen einen schlechten Ruf, weil in den Jahren 1956–1989 damit gewaltig Missbrauch getrieben wurde, doch das mindert nicht den Stellenwert, den die Demokratisierung als politische Tatsache in Europa einnimmt.

Die neuzeitliche theoretische Grundlage der Demokratie wurde im Frankreich des 18. Jahrhunderts gelegt („irgendwelche redegewandten Franzosen haben eine Entdeckung gemacht, und zwar die, dass alle Menschen gleich sind“, heißt es in *Pan Tadeusz*). Ausgangspunkt war dabei die Forderung nach Allgemeinheit und Gleichheit der politischen Rechte, d.h. jeder Bürger sollte das Stimmrecht bekommen, um in öffentlichen Angelegenheiten mitentscheiden zu können, und jede Stimme sollte gleich gewichtet sein. Die alten Demokraten wussten die Freiheit zu schätzen und waren voller Anerkennung angesichts des Fortschritts, den die Liberalisierung des Systems in Großbritannien und den Niederlanden nach dem Sturz des Absolutismus brachte. Aber sie lehnten es ab, auf der Stufe des Liberalismus zu verharren und sich damit zu begnügen, dass Gleichheit nur auf der Ebene der Menschenrechte stattfindet. Vielmehr traten sie dafür ein, das Gleichheitsprinzip auch auf die Bürgerrechte auszudehnen.

Die Liberalen ihrerseits hielten dieses Postulat für unangebracht, da es nicht der Verschiedenheit der Menschen in vielerlei Hinsicht – etwa Begabung, Fleiß, Vermögensstand, Bildung -, was mit Blick auf die Politik durchaus von Belang sei, gerecht werde. Natürlich – konterten die Demokraten – stelle niemand in Abrede, dass die Menschen verschieden sind, doch müsse man die natürlichen Unterschiede – etwa bezüglich Körperkraft, Temperament, Geschlecht und sogar Begabung –, die keine größere Bedeutung hätten, von den riesigen sozialen Unterschieden, wie sie sich in den Bereichen Vermögen, Bildung und politische Privilegien manifestieren, sorgfältig trennen, denn letztere seien das Ergebnis ungerechter gesellschaftlicher Einrichtungen bzw. Praktiken wie Despotismus, Sklaverei, Leibeigenschaft, Frauendiskriminierung, Zensuswahlrecht usw. Begabung, Fleiß und Tugendhaftigkeit seien – so argumentierte man weiter – Eigenschaften, die nicht nur Reiche oder Männer für sich gepachtet hätten, sondern die bei allen in der einen oder anderen Form vorhanden seien, aber nicht jeder habe die Möglichkeit, seine – nicht zuletzt auch politischen – Talente weiterzuentwickeln, da man vielen den Zugang zur Bildung bzw. – wie im Falle der Armen – das Wahlrecht verwehre.

Indem man diesen Gedankengang verfolgte, gab man zu verstehen, dass die demokratische Gleichheit der Rechte nicht nur einen Wandel der Regierungsform mit sich bringt, sondern auch die Gesellschaft umkrempelt und etwa in Bildungssystem, Status der Frauen, geistige Kultur, religiösen Glauben, Besitzstrukturen, Aufbau des Militärs etc. eingreift. Diese These fand sich empirisch erhärtet: Tocqueville hatte nämlich in den Dreißigerjahren des 19. Jahrhunderts die amerikanische Demokratie genau untersucht und dort nicht nur politische Institutionen, die in Europa völlig unbekannt waren, sondern auch ein neues egalitäres Gesellschaftssystem, das alle für das Leben im Kollektiv wichtigen Parameter zeitigte, festgestellt.

Im 18. und 19. Jahrhundert neigten die Demokraten zu der Meinung, dass der Schlüssel zu jenen sozialen Veränderungen in der Allgemeinheit des Wahlrechts liegt. Alle Bürger sollten Stimmrecht haben und jede Stimme sollte gleich gewichtet sein, hieß es immer und immer wieder. Allerdings war nicht ganz klar, wer als Bürger zu gelten hatte und welche Bedeutung man dem Wort „jeder" zuschreiben sollte. Die französischen Jakobiner und die Mehrheit der Demokraten des 19. Jahrhunderts waren sich einig, als es darum ging, kurzerhand die Hälfte der erwachsenen Bevölkerung – nämlich die Frauen – von der Bürgerliste zu streichen. Das zeigt, dass man sich von der Denkweise der erbitterten Feinde der Demokratie hatte anstecken lassen und an das Problem der Gleichheit der Menschen unter dem Blickwinkel ihrer Zugehörigkeit zu bestimmten gesellschaftlichen Gruppen, die man willkürlich als „besser" oder „schlechter" einschätzte, heranging. Dabei hatte doch schon der alte Platon deutlich gemacht, dass die Suche nach politischen Talenten ausschließlich unter

Männern ebenso unsinnig ist wie unter Kahlköpfigen, d.h. unter Ausschluss der Behaarten (oder umgekehrt)... Und auch Condorcet mühte sich vergeblich die Jakobiner davon zu überzeugen, dass Geschlechtsunterschiede für die Beurteilung der politischen Fähigkeiten einer Person vollkommen irrelevant sind. Bisweilen verfielen die Demokraten auch auf die Idee, noch andere Personengruppen aus dem politischen Leben auszuklammern. So forderte etwa so mancher von ihnen jene vom Wahlrecht auszunehmen, die Arbeitgebern oder Vorgesetzten unterstellt sind, und meinte damit den gesamten häuslichen Dienst und Soldaten. Und auch der polnische Sejm schlug in die gleiche Kerbe, als er den verarmten Adel von den Provinzlandtagen fernhielt und dies damit begründete, dieser hänge den Magnaten am Rockzipfel und sei deshalb nicht in der Lage frei abstimmen.

Im Laufe der Zeit wurden an die Demokratisierung der Macht immer anspruchsvollere Kriterien herangetragen, und das nicht nur in der Schlüsselfrage, wer nun genau zu diesem „Volk“ der vollberechtigten Bürger zählt, das in der Demokratie als Souverän auftritt, sondern auch in der Frage der Rechte für die Minderheit im System einer Mehrheitsregierung oder wenn es um die Befugnisse für lokale Gemeinschaften ging. Und damit schließt sich der Kreis und wir kehren zurück zum Problem der Veränderlichkeit demokratischer Standards und seiner Bedeutung für die Lebensfähigkeit und Stabilität des demokratischen Systems. Am Vorabend der Französischen Revolution schrieb der Vertreter der USA in Frankreich Gouverneur Morris über die Franzosen, dass „sie hier eine amerikanische Verfassung installieren wollen, dabei aber ganz übersehen, dass ihnen die amerikanischen Bürger und damit Leute fehlen, die fähig sind, diese Verfassung zu tragen“. Wenn man einmal davon absieht, dass diese Einschätzung insofern unrichtig ist, als die Führer der Revolution in Frankreich alles andere als von der Staatsform in den USA begeistert waren, so wird dennoch damit eine Frage von äußerster Wichtigkeit aufgeworfen, nämlich die, welche Rolle im Demokratisierungsprozess die Staatsbürgerkultur spielt. Morris deutete an, dass Demokratie ein entsprechendes „Milieu“ braucht und nur dort gedeihen kann, wo sie auf fruchtbaren Boden fällt.

Der Papst unter den damaligen Demokraten Rousseau war sich über dieses Dilemma im Klaren und ihn plagten die Unzulänglichkeiten des demokratischen „Geistes“ („Derselbe Geist der Vergesellschaftung, den die Institutionen mit ihrer Tätigkeit versprühen sollen, müsste auch bei ihrer Einrichtung Pate stehen“). Er meinte jedoch, dass wenn es gelingt, demokratische Institutionen „einzurichten“ und in Gang zu setzen, die Menschen sich rasch in dieses gerechte Machtsystem „einpassen“ und alle edlen Merkmale der menschlichen Natur offenbaren. „Es gibt keine schlechten Völker, sondern nur schlecht regierte Völker“, lehrte Rousseau und machte sich damit zum Verfechter der demokratischen Philosophie, deren Ursprung auf den optimistischen Glauben an das Gute im Menschen und die Formbarkeit seiner Natur zurückgeht.

Mit dieser Politanthropologie im Rücken begaben sich die Franzosen nach 1789 auf die Suche nach der „wahren“ Demokratie, in der kein Platz für Kompromisse war. Das halbdemokratische System, das sich in der Verfassung von 1791 niederschlug – gemäßigter Zensus, Wahlrecht für die Mehrheit der Franzosen -, scheiterte schon nach nicht ganz einem Jahr, weil es weder bei den einen – jenen, die bemängelten, es enthalte entschieden zu wenig Demokratie – noch bei den anderen – jenen (mit dem königlichen Hof an der Spitze), die die Auffassung vertraten, Frankreich könne auf eine verbrecherische Demokratie sehr gut verzichten – Anklang fand. Und so ähnlich kam es auch 1848, als sich das Volk mit seinem Verlangen nach „völliger“ Demokratie gegen den Widerstand der gesellschaftlichen Materie nicht durchsetzen konnte und alles schließlich in einer Katastrophe endete. Erst im dritten Anlauf, nach 1870, schafften es die Franzosen, unter der Dritten Republik für stabile demokratische Verhältnisse zu sorgen. Ihre demokratische Kultur war zwar immer noch schwach ausgeprägt, aber nicht so schwach, dass es für politische Kompromisse nicht gereicht hätte. Dies scheint jenen Recht zu geben, die davor warnen, die Standards im Demokratisierungsprozess zu weit nach oben zu schrauben, weil zu hohe Ansprüche zu Lasten von Stabilität gehen. Demokratie will erst gelernt sein, und lernen heißt üben. Üben muss sich der, der am Ende demokratisch geschult sein will, vor allem in der Kunst des Kompromisses, denn nur wer diese Fähigkeit beherrscht, kann für sich in Anspruch nehmen, über demokratische Kultur zu verfügen.

Natürlich ist diese Kultur nicht nur das Produkt sozialer Reife und guten Willens und es kann durchaus passieren, dass sie gesellschaftlichen Konfliken, wie sie etwa vor dem Hintergrund völkischer, rassischer, religiöser, ideologischer oder Klassengegensätze aufkeimen können, nicht standhält und schließlich schwindet. Diese Erfahrung musste sogar die schon reife und, wie es aussah, stabile amerikanische Demokratie während der Zeit des Sezessionskriegs in den Jahren 1861–1865 machen. Und auch in Frankreich kam der Demokratisierungsprozess während der Ersten und Zweiten Republik durch das Aufflammen sozialer Unruhen zum Stillstand. Erst als die Auseinandersetzungen mit der Pariser Kommune von 1871 ihren blutigen Höhepunkt erreichten, ließen die politisch völlig zerstrittenen Eliten Komprissbereitschaft erkennen und verständigten sich auf eine gemäßigte Demokratie in einer konservativen Republik. Später begannen sich dann die „harte“ Sphäre der politischen Institutionen und die „weiche“ Sphäre der demokratischen Bräuche aufeinander zuzubewegen und gemeinsam Fuß zu fassen, was allerdings nicht ganz ohne Schwierigkeiten und Misstöne abging. Davon, dass die Demokratie nicht richtig funktionieren kann, wenn die sozialen Gegensätze zu hart aufeinander prallen, wissen im Übrigen auch die jungen europäischen Demokratien des 20. Jahrhunderts ein Lied zu singen.

Was die Demokratisierung angeht, so lassen sich aus der Optik des ganz im Zeichen der Abschaffung des Zensuswahlrechts und der Konzentration der Macht in einem demokratisch gewählten Parlament stehenden 19. Jahrhunderts heraus zwei Strategien unterscheiden: zum einen die französische, die nach 1918 von anderen Ländern nachgeahmt wurde und die man als Programm einer schnellen, gewissermaßen einmaligen Demokratisierung auffassen kann, und zum anderen die britische, die schon im 19. Jahrhundert von vielen Ländern Europas übernommen wurde und die man als Demokratisierung in vielen kleinen Schritten und auf lange Jahrzehnte verteilt bezeichnen kann.

Demokratisierung auf Französisch

Der demokratischen Dritten Republik, die am 4. September 1870 im Angesicht der militärischen Katastrophe des Kaiserreichs verkündet wurde, prophezeite man keine große Zukunft. Aus den allgemeinen Parlamentswahlen – zu denen aber nur Männer zugelassen waren – vom Februar 1871 gingen die Monarchisten als Sieger hervor und erhielten zwei Drittel der Sitze in der Konstituanten. Die radikalen Republikaner indes, die besonders in Paris zahlreich vertreten waren, wollten unter allen Umständen die Wiederherstellung der Monarchie verhindern. Das allgemeine Stimmrecht – so riefen sie – sei schließlich eine Errungenschaft der Republik und dürfe sich nun nicht gegen sie richten. Dieser Standpunkt gepaart mit der ablehnenden Haltung gegenüber der defätistischen Einstellung, die die provisorische Regierung bezüglich Deutschland eingenommen hatte, war im Wesentlichen Ursache für die heftigen Spannungen, die sich in der Pariser Revolution vom Frühjahr 1871 gewaltsam entluden. Die sozialen Programme der Kommunarden, die weder Hand noch Fuß hatten, spielten dabei eine untergeordnete Rolle, denn man glaubte, dass die demokratische Republik, sofern es gelingt sie am Leben zu erhalten, die so genannte soziale Frage schon irgendwie aufgreifen und lösen würde.

Zwischen den demokratischen Republikanern und den liberalen Monarchisten tat sich ein tiefer Graben auf. Die Pariser Kommune zwang jedoch die vernünftigen Politiker auf beiden Seiten zum Einlenken. Da die Franzosen in den letzten achtzig Jahren immerhin viermal die Monarchie gestürzt und die Republik gefordert hatten und da unter monarchistischer Regentschaft die Republikaner ständig Verschwörungen anzettelten und Unruhe stifteten, kamen die gemäßigten Monarchisten zu dem Schluss, dass die einzige Möglichkeit „irgendeine Neuauflage der Kommune“ zu verhindern darin besteht, in eine demokratischen Republik einzuwilligen und in diese entsprechende Sicherungen zum Schutz vor übertriebenem Radikalismus einzubauen. Die gemäßigten Republikaner ihrerseits hatten erkannt, dass ein von Paris ausgehender harter Republikanismus in der „Tiefe“ des Landes, in kleineren Städten und auf dem Land, auf aktiven und starken Widerstand stößt. Damit waren die Voraussetzungen für einen politischen Kompromiss geschaffen, der nach langem Hin und Her und unter großer Mühe schließlich zustande kam und der in die Verfassung von 1875 mündete. Bei der Präzedenzabstimmung über einen ihrer Artikel erhielt der republikanische Vorschlag eine Mehrheit von nur einer Stimme; später in der Konstituanten fiel die Mehrheit für die Republik dann wesentlich deutlicher aus. Weder die Republikaner noch die Monarchisten konnten sich indes für ihr Werk begeistern. Aus Sicht der Republikaner hatte man mit der alten Tradition in Frankreich, die ein Einkammerparlament und die Ausübung der exekutiven Gewalt nach dem Kollegialprinzip vorsah, gebrochen, als man dem Wunsch der Monarchisten nachgab und einem sehr starken Präsidenten und einem konservativen Senat als Instumente zum Schutz vor einer „demokratischen Anarchie“ zustimmte. Die Royalisten, die sich zähneknirschend mit der Republik und demokratischen Wahlen zur unteren Kammer des Parlaments einverstanden erklärt hatten, jammerten nun – und das nicht ganz zu Unrecht –, das republikanische Frankreich werde im monarchistischen Europa fortan wie ein Abtrünniger behandelt und sei politisch nicht mehr salonfähig.

Die Verfassung von 1875 war streng juristisch gehalten, ließ soziale Fragestellungen außen vor und galt mit ihren gerade einmal 34 Artikeln als Meisterleistung an Kompaktheit. Und sie war bescheiden, indem sie Novellierungen nicht im Wege stand (womit sie den Kompromissteilnehmern eine Hintertür öffnete) und bei normalen Gesetzen nicht auf eine Prüfung ihrer Verfassungsmäßigkeit bestand. Dem Präsidenten fehlte außer der Erblichkeit des Amtes und der Krone auf dem Kopf nicht viel zu einem König – zumindest wenn man dabei das liberale Muster der Monarchie von Orléans vor Augen hat – und viele Royalisten gaben sich noch der Illusion hin, dass es unter günstigen Umständen vielleicht doch gelingt, den „monarchischen“ Präsidenten durch einen „echten“ König zu ersetzen.

Dem Präsidenten, der von beiden Kammern des Parlaments für sieben lange Jahre gewählt wurde, wurden keine Beschränkungen auferlegt, wenn er sich um eine zweite Amtszeit bewerben wollte. Er trug selbstverständlich keine politische Verantwortung, ernannte und entließ Amtsträger, verfügte über Gesetzgebungsinitiative, konnte von seinem Vetorecht Gebrauch machen, war Oberbefehlshaber über die Streitkräfte, besaß weitgehende Kompetenzen im Bereich der Außenpolitik und konnte schließlich mit Zustimmung des Senats die demokratisch gewählte Abgeordnetenkammer (*Chambre des députés*) auflösen. Die Minister mussten zwar um „doppeltes Vertrauen“ – das des Präsidenten und das des Parlaments – nachsuchen, aber sollte es dem Parlament einfallen, sich zu sehr auf die Minister – die Auserwählten des Präsidenten – einzuschießen, so riskierte es seine schnelle Auflösung. Mit der Einführung des demokratischen Wahlrechts bei Wahlen zur unteren Kammer des Parlaments konnten die Republikaner einen Riesenerfolg verbuchen und im Vergleich zur Monarchie von Orléans stieg die Zahl der Wähler um mehr als das Vierzigfache auf nunmehr 10 Millionen an. Aber die Abgeordnetenkammer wurde von zwei Seiten unter Beschuss genommen: einmal vom Präsidenten, der ihre Kontrolle über die Minister einschränkte, und einmal vom konservativen Senat, der ihre Gesetzgebungsbefugnisse beschnitt. Der Senat ging nicht aus demokratischen Wahlen hervor: Ein Viertel der Senatoren wurde von der rechtsgerichteten Konstituanten auf Lebenszeit ernannt (die nach ihnen frei werdenden Sessel sollten durch Zuwahl besetzt werden), drei Viertel wählten Kollegien der Departements, die sich aus Abgeordneten und Räten der Selbstverwaltungskörperschaften zusammensetzten. Das Ganze war so konstruiert, dass bei Senatswahlen das „tiefe Frankreich", d.h. die kleineren Städte und Dörfer, weitestgehend Übergewicht erlangte. Ein hoher Alterszensus für Senatoren – dieser lag bei 40 Jahren – und eine lange Legislaturperiode (neun Jahre) verstärkten noch den konservativen Charakter der oberen Kammer.

Die Verfassung von 1875 wurde jedoch nicht von rechtsgerichteten Politikern erarbeitet: Weitere Wahlen hatten die Mehrheit der Monarchisten im Parlament hinweggefegt und den royalistischen Präsidenten, Marschall MacMahon, der nicht nur sehr antirepublikanisch eingestellt, sondern auch nicht unbedingt der Klügsten einer war, zum Rücktritt bewegt. Zum Nachfolger wählten beide Kammern zusammen 1879 den Republikaner Jules Grévy, der sogleich ankündigte, er werde die monarchistischen Befugnisse des Staatsoberhaupts, die eine Schande für die Republik seien, nicht ausnutzen. Ein Teil dieser Befugnisse – z.B. das Recht, die Abgeordnetenkammer aufzulösen – galt alsbald infolge Nichtanwendung als erloschen, ein anderer Teil – z.B. die Ernennung hoher Beamter – ging auf die Regierung über. Der Einfluss des Präsidenten auf die Zusammensetzung der Regierung nahm zunehmend formale Züge an: Den Premierminister ernannte er noch, wobei er allerdings dem politischen Kräfteverhältnis im Parlament Rechnung trug, aber über die Minister bestimmte bereits der Premier, und zwar in Übereinkunft mit den Parteien. Zwar musste sich der Präsident politisch nicht verantworten, aber dennoch zwangen Parlamentspolitiker das Staatsoberhaupt zweimal (1887 und 1924) zum Rücktritt, und zwar ganz einfach dadurch, dass sie den Auftrag zur Bildung einer neuen Regierung auf eine für den Präsidenten verletzende Art ablehnten. Überdies kam man zu dem Schluss, dass eine siebenjährige Amtszeit für jedermann reichen müsse, sodass der Verfassungsbrauch eine Wiederwahl des Präsidenten nicht zuließ. Auch der Grundsatz des „doppelten Vertrauens" wurde aufgehoben: Die Minister mussten fortan nur noch das Vertrauen des Parlaments einholen, und die Frage, in welchem Verhältnis der Präsident zu ihnen stand, brauchte sie nicht mehr zu kümmern. Das Parlament seinerseits hatte nicht mehr zu fürchten, vom Präsidenten aufgelöst zu werden, wenn es zu oft die Regierung auswechselt. Dies führte im Ergebnis dazu, dass ein Kabinett in der Dritten Republik durchschnittlich gerade einmal vier Monate amtierte (der Rekord lag bei drei Jahren, aber es kam auch vor, dass Regierungen schon nach drei Tagen aus dem Amt gejagt wurden). Dass sich das Regierungskarussell unablässig drehte, lag an der für Frankreich seit jeher typischen Zerstückelung der Parteienlandschaft, aufgrund derer man mühselig Koalitionen schmieden musste, die meistens auf wackligen Beinen standen. Hinzu kam, dass hier anders als jenseits des Kanals auch die obere Kammer das Recht hatte, eine Regierung abzusetzen (von diesem Recht machte der Senat übrigens insgesamt sechsmal Gebrauch).

Auf dem Wege der Praxis – durch die Herausbildung von Verfassungsbräuchen – verwandelte sich die präsidentielle Republik in eine parlamentarische, in der der Präsident mehr oder weniger nur noch dazu da war, repräsentative Aufgaben wahrzunehmen (um, wie man scherzhaft sagte, „bei Chrysanthemenausstellungen das Band durchzuschneiden"), in der das Parlament gewissermaßen Allmacht verliehen bekam und in der sich das Regierungskarussell munter drehte. Dieses System war so fest verankert, dass wenn es irgendeinem Präsidenten eingefallen wäre, auf die ihm von der Verfassung garantierten Befugnisse zu pochen, er gewiss wegen Verfassungsbruch (!) angeklagt worden wäre. Die grundlegende Änderung der Staatsform in Richtung parlamentarische Demokratie wurde nicht in Form einer Novellierung der „geschriebenen" Verfassung – obwohl dies ein Leichtes gewesen wäre –, sondern im Zuge der Einführung einer „faktischen", quasi auf Gewohnheitsrecht basierenden Verfassung vollzogen. Die beiden einzigen Novellierungen, die das Grundgesetz von 1875 jemals erfuhr, gehen auf die Jahre 1879 und 1884 zurück und bezogen sich in der Hauptsache auf symbolische Bereiche: Der 14. Juni wurde zum Nationalfeiertag erklärt, die Marseillaise wurde als Nationalhymne festgeschrieben und Paris wurde wieder zur Hauptstadt ernannt und löste das königliche Versailles ab. Für den Staatsaufbau wichtig war lediglich die Demokratisierung des Senats, die durch die Novelle von 1884 ermöglicht wurde und die darin bestand, die Berufung von Senatoren auf Lebenszeit abzuschaffen und die Zusammensetzung der Wahlkollegien dadurch zu verändern, dass man die Überrepräsentierung der ländlichen Gemeinden zu Gunsten der Städte aufhob.

Man hat wohl gut daran getan, die erst kürzlich erarbeitete Verfassung nicht zu verwerfen, sondern sie lediglich neu zu „lesen". Seit 1791 brachte es Frankreich auf acht Verfassungen und musste dabei drei gründliche Revisionen und viele kleinere Novellierungen über sich ergehen lassen. Jetzt machten die Republikaner endlich Schluss mit der Unart, dass die politische Kraft, die im Wettstreit um die

Macht den Sieg davontrug, sogleich die Verfassung nach ihren eigenen Vorstellungen ändert. Der Wandel im System wurde nicht dadurch herbeigeführt, dass man die Verfassung brutal verletzt und sich über die einzelnen Kompromissformeln einfach so hinweggesetzt hätte, sondern dadurch, dass der Präsident auf seine verfassungsmäßigen Rechte aus freien Stücken verzichtete, und dadurch, dass man nicht „gegen" die Verfassung, sondern „neben" ihr agierte (beispielsweise erwähnt die Verfassung den Premierminister nicht ausdrücklich, aber sie verbietet auch nicht, ein solches Amt zu gründen). Eine tiefgreifende Novellierung der Verfassung wäre leicht durchführbar gewesen, aber sie war nicht angesagt, da das Grundgesetz einen politischen Kompromiss darstellte, den man in mühevoller, langer und feiner Kleinarbeit erreichte.

Damit kein falscher Eindruck entsteht, sei an dieser Stelle noch ergänzend hinzugefügt, dass mit der Allmacht des Vielparteienparlaments kein politisches Chaos angerichtet wurde. Für stabile Verhältnisse sorgte eine Gruppe von „Berufsministern", die verschiedene Ressorts bekleideten und im Auftrag unterschiedlicher Koalitionen handelten. Das Wechselspiel, das sich auf Regierungsebene weiter fortsetzte, berührte die Minister nicht im Geringsten. Auch hier wurden die Karten zwar immer wieder neu gemischt, aber man nahm sie immer vom gleichen Stapel. Die Macht entwickelte sich somit zur Domäne von Profis. Negativ schlug dagegen der Elitarismus zu Buche, gegen den die Regierung nicht gefeit war und auf dessen Konto Korruption und Vetternwirtschaft gehen. Nicht ohne Grund sprachen die Leute spöttisch von der „Republik der Kumpane" (*la république des copains*). Ein weiterer Stabilitätsfaktor ist in der Bürokratie zu sehen, die zwar konservativ eingestellt war, aber dafür so viel Erfahrung mitbrachte, dass sie in der Lage war, Fehler, die Minister oder Parlament begingen, wieder auszubügeln. Die demokratische Republik sah keinen Anlass, auf die Dienste der postnapoleonischen Administration zu verzichten, wo doch deren Beamten – wie man erklärte – die völlig von dem demokratisch gewählten Parlament abhängigen Regierungen ernennen und kontrollieren.

Der Preis, den man für die Aufrechterhaltung dieses imposanten bürokratischen Apparats bezahlen musste, war das Fehlen einer richtigen lokalen Selbstverwaltung. Zwar hatte man die Befugnisse der Stadt- bzw. Gemeinderäte ein wenig erweitert – und zwar dahingehend, dass diese nun die Bürgermeister wählen konnten – doch damit waren die Gemeinden noch lange nicht aus der Vormundschaft der Regierung entlassen, die nach wie vor vor allem in dem so wichtigen Bereich des Finanzwesens das Sagen hatte. Die Selbstverwaltung verkümmerte damit zur Fassade, und auf dem Weg zur demokratischen Kultur wurde man ein gutes Stück zurückgeworfen.

Ein tiefgreifender Demokratisierungsprozess setzte dagegen in Armee und Schule ein. Nach der Niederlage im Krieg von 1870 schwenkte man auf die allgemeine Wehrpflicht um, der sich jedermann zu unterwerfen hatte und von der man sich nicht mehr wie bisher loskaufen konnte. Dies bedeutete, dass die Privilegien, die den Angehörigen der begüterten Klassen (und auch Studenten und dem Klerus) in diesem Bereich einst eingeräumt worden waren, ein Ende fanden. Die Idee einer „Nation unter Waffen“ wurde sicherlich aus der militärischen Überlegenheit Deutschlands heraus geboren – zumal man diese soeben am eigenen Leib zu spüren bekommen hatte – und sie erhielt noch zusätzlich Nahrung dadurch, dass man sich vor wachsender Republikfeindlichkeit in der Armee fürchtete, die sich schon in einem nicht unerheblichen Teil des Offizierscorps breitgemacht hatte.

In den Jahren 1881–1882 führte man die allgemeine Schulpflicht ein und erhob für die Teilnahme am Unterricht in öffentlichen Grundschulen keine Gebühren. An guten pädagogischen Hochschulen wurden Lehrer als „die schwarzen Husare der Republik“ – wie sie der Philosoph Charles Péguy nannte – ausgebildet. Schulbücher waren ein Mittel, das sich ganz hervorragend dazu eignete, demokratisch-republikanisches und weltliches Gedankengut zu versprühen. Die Schulpolitik spiegelte das Prinzip der religiösen Neutralität des Staates wider, der im Übrigen seine antireligiöse Haltung aufgegeben hatte. „Es gibt in Frankreich keine Staatsreligion, aber es gibt auch keine staatliche Unreligiosität“, sagte der Autor der Schulreform Jules Ferry. Das damit begründete gute Verhältnis zwischen Republik und Kirche wurde erst durch die Dreyfus-Affäre getrübt, die in einen – von beiden Seiten gleichermaßen verschuldeten – schwerwiegenden Konflikt ausartete, der schließlich in der 1905 vollzogenen Trennung von Kirche und Staat gipfelte.

Der allgemeine Wehrdienst und die Schulpflicht wirbelten die sozialen Klassen durcheinander und sorgten dafür, dass die Heranwachsenden die Grundelemente des republikanischen Politkatechismus eingeflößt bekamen und ein Ausgleich auf der Ebene der gesellschaftlichen Sitten und Bräuche geschaffen wurde. Der demokratischen Kultur zugute kam die allmählich um sich greifende Gewohnheit, täglich die Presse zu lesen, die nicht nur ein breites politisches Spektrum abdeckte und redaktionell voll auf der Höhe war, sondern auch eine politische Berichterstattung aufwies, die die von heute an Qualität deutlich übertraf, und darüber hinaus beeindruckende Auflagen erzielte: Allein von den Tagesblättern wurden 1914 schon 8 Millionen Exemplare gedruckt! Der Demokratisierungsprozess machte auch nicht vor der Familie Halt, wo man sich – wenn auch noch nicht ganz – auf die Errungenschaften der Revolution von 1789 zurückbesann und sowohl der in Napoleons *Code civil* vorgesehenen Diktatur der Ehemänner und Väter zu Leibe rückte als auch das in der Zeit der Restauration aufgehobene Scheidungsrecht wiederherstellte.

Eine tief zerklüftete Parteienlandschaft und schwache innerparteiliche Strukturen sind eine alte französische Tradition, die in der Dritten Republik vor allem die Rechte begleitete, deren extremer nationalistischer Flügel es gar rundweg ablehnte, als politische Partei aufzutreten und unter dieser Etikette geführt zu werden, und es stattdessen vorzog, sich in antiparlamentarischen, populistischen Ligen zu formieren. Die im Parlament vertretenen rechten Parteien konnten sich einerseits zwar nicht über mangelnden Zuspruch unter den Wählern beklagen, doch machte ihnen andererseits der Umstand zu schaffen, dass sie keine in sich geschlossene Einheit bildeten, elitär ausgerichtet waren und sich nicht auf ausgeprägte Organisationsstrukturen stützen konnten, was sich besonders auf lokaler Ebene nachteilig auswirkte. Demgegenüber entstanden am linken Rand zwei Formationen, die man schon in die Nähe von Volksparteien rücken konnte. In der radikalen Partei, die 1901 gegründet wurde und die die bürgerliche Linke repräsentierte, fanden die Anhänger einer weltlichen, gemäßigt egalitären und solidaristischen Demokratie ihre politische Heimat. Stark war sie vor allem in kleineren Städten und auf dem Land, wo sie bei den Wahlen von 1906 3,2 der 11 Millionen Stimmberechtigten für sich gewinnen konnte. Aber irgendwie ging alles drunter und drüber und man vermisste die ordnende Hand: Die Radikalen versäumten es sowohl den Rahmen für ihre strategische Vorgehensweise genau abzustecken als auch die Voraussetzungen für die Parteizugehörigkeit klar zu umreißen; selbst bei den Namen für die lokalen Komitees kamen sie oft genug ins Schwimmen und auch beim Programm schafften sie es nicht sich auf einen gemeinsamen Kurs zu einigen und schwankten dauernd zwischen drei Hauptströmungen hin und her. Die Sozialisten wiederum waren ein gutes Vierteljahrhundert lang in verschiedene Lager gespalten, deren Spektrum von Marxisten über Anarchisten bis hin zu Syndikalisten und Anhängern der Selbstverwaltung reichte. Und auch die vereinigte sozialistische Partei, die 1905 aus der Taufe gehoben wurde, bot kein einheitliches Bild, aber dafür war sie von allen französischen Partei am besten (und demokratisch) organisiert: Im Jahre 1914 zählte sie weit über 90000 Mitglieder und kam bei den Wahlen auf 1,4 Millionen Stimmen. Die äußerste – anarchistische – Linke hingegen lehnte es ebenso wie die Rechte ab, sich den demokratischen Spielregeln zu unterwerfen und im politischen Wettstreit als Partei an den Start zu gehen. Sie boykottierte die Wahlen, baute stattdessen auf die Urgewalt des Arbeiterkampfes und war eine Zeitlang auch dem Terrorismus nicht abgeneigt. Großen Einfluss hatte sie auf die Gewerkschaften, die 1884 endgültig zugelassen worden waren.

Die französische Demokratie brachte also nicht nur eine neue Regierungsform hervor, sondern zog auch eine Neurordnung der gesellschaftlichen Verhältnisse nach sich. Schulbildung, Wehrdienst, Parteien und Gewerkschaften, Presse, demokratische Familienstrukturen, Massensport und Touristik – all das trug zur Entwicklung einer demokratischen Kultur bei, die man in Frankreich bislang so schmerzlich vermisst hatte. Auch das revolutionäre Feuer, das 1789 entfacht worden war, war in der Bevölkerung bei weitem noch nicht erloschen, doch so richtig aufgeflammt ist es – obwohl hie und da noch kräftig geschürt wurde – nach der Pariser Kommune nicht mehr. Die „harte“ Sphäre der demokratischen Institutionen funktionierte nicht reibungslos: instabile Regierungen, Korruption, eine bürokratisierte Administration, fehlende Selbstverwaltung und eine zerklüftete Parteienlandschaft trugen der Republik nicht gerade Respekt ein. Dennoch ließen sich die demokratischen Bräuche und die staatsbürgerliche Kultur in ihrem Vorwärtsdrang nicht aufhalten. So paradox es klingen mag, aber ausgerechnet in den realistischen Romanen so demokratiefeindlich eingestellter Autoren wie Edmond de Goncourt oder Paul Bourget kann man nachlesen, auf welch interessante Weise der demokratische Kanon in Mentatlität und Gesinnung von Einzelpersonen, Familien, ja sogar ganzer gesellschaftlicher Gruppen und Klassen eindrang.

Besonders angetan vom französischen Modell, das darin bestand, zunächst demokratische Institutionen einzurichten und dann geduldig abzuwarten, bis sich demokratische Bräuche herausbilden, waren die „neuen Demokratien“, die in Europa nach 1918 entstanden. Das britische Vorbild einer Demokratisierung „auf Raten“ sagte ihnen vergleichsweise weniger zu, aber es sollte sich schnell zeigen, dass auch die französische Vorgehensweise kein Allheilmittel war und nicht überall dauerhafte und stabile Verhältnisse garantierte.

Demokratisierung auf Englisch

Der Wahlzensus war nicht das einzige Problem, das die britischen Anhänger der Demokratie zu bewältigen hatten. Die Kriterien, nach denen entschieden wurde, wer von den Briten den Urnengang antreten durfte, waren außerordentlich kompliziert und selbst bis ins 19. Jahrhundert hinein hielt sich hier der mittelalterliche Grundsatz, wonach die Wahl eines Abgeordneten Grafschaften und privilegierten Städten vorbehalten war. Greys Reform modernisierte das ganze Durcheinander ein wenig: Die zahlreichen „verfaulten“ Kleinstädten bekamen das Wahlrecht entzogen, dafür fanden sich die Großstädte stärker repräsentiert; außerdem wurden die Kriterien, die regelten, wer Zugang zu den Urnen hatte, etwas vereinfacht und man senkte den Vermögenszensus. In den Städten besaß schon jetzt ein Großteil der Bourgeoisie das Wahlrecht, die Arbeiter hingegen überhaupt noch nicht. In den Grafschaften war ein deutlicher Anstieg der Zahl der zu Wahlen zugelassenen Pächter zu verzeichnen, die sich dadurch verstärkt dem Druck der Grundbesitzer, der *landlords*, ausgesetzt sahen (bis 1872 wurde offen abgestimmt, und die Pächter waren dabei in erheblichem Maßen von den Grundbesitzern abhängig). Auch auf zahlreiche Kleinstädte, die ihr Wahlprivileg nicht eingebüßt hatten, übten die *landlords* weiter Einfluss aus. Die Wahlen wurden mit viel Geschrei vor den Augen der Öffentlichkeit abgehalten, die so Zeuge tumultartiger Szenen und eines hemmungslosen Stimmenkaufs wurde, sodass die Stimmzettel, die die Wähler ausfüllten, am Ende nicht viel wert waren (die satirische Schilderung der Wahlen in Eatanswill aus Dickens' Roman *Die Pickwickier* – Titel des Originals: *The Posthumous Papers of the Pickwick Club* – ist zwar schon sehr überspitzt, aber so sehr nun auch wieder nicht).

Die mächtige, aber im Innern zerstrittene Bewegung der Chartisten, die im Zeitraum von 1836 bis 1848 mit einer fünfjährigen Unterbrechung zwischen 1842 und 1847 wirkte, mobilisierte mit ihrer Forderung nach einer Parlamentsreform (die vor allem die Abgeordnetendiäten betraf) und jährlichen Unterhauswahlen nach allgemeinem, gleichem und geheimem Wahlrecht für Männer viele Millionen Menschen und brachte dabei vor allem die Arbeiterschaft hinter sich. Trotz dieses großen Zuspruchs scheiterte die Bewegung letzlich an ihrer inneren Zerrissenheit: Die Kluft, die die Anhänger des „moralischen", d.h. friedlichen, Drucks der Massen von den Fürsprechern von Gewalt und Revolution trennte, erwies sich als zu groß, als dass man sie hätte überwinden können. Mitte des 19. Jahrhunderts machten dann weitere Projekte, die auf eine Wahlreform hinausliefen, die Runde, deren Initiatoren dem politischen Establishment und vor allem der liberalen Partei entstammten. Aber es waren die Konservativen mit Premierminister Lord Derby und dem Kopf der Partei Benjamin Disraeli an der Spitze, die im Jahre 1867 eine große Reform anstießen und damit den Liberalen zuvorkamen. Disraeli verfolgte dabei einen kühnen Plan: Es ging darum, die liberale Partei ihres Rückhalts in der Arbeiterschaft zu berauben, einem Großteil der Arbeiter Zugang zu den Urnen zu ermöglichen und das städtische Proletariat als Klientel für die konservative Partei zu gewinnen.

Disrealis Reform gereichte also den großen Städten zum Nutzen. Die 53 Sitze, die man im Unterhaus den Kleinstädten wegnahm, schlug man den Industriestädten zu, und auch bewegte man sich in den Städten auf die Allgemeinheit des Wahlrechts zu, in das alle Männer, sofern sie Familien mit einer separaten Wohnung vorstanden, irgendeine Steuer entrichteten und mindestens seit einem Jahr in der entsprechenden Stadt ihren Wohnsitz hatten, einbezogen wurden. Dies hatte zur Folge, dass die Zahl der Wähler von 1,2 auf 2,3 Millionen anwuchs, von denen 800000 aus dem Arbeitermilieu stammten. Damit waren aber die Wünsche der Arbeiter noch lange nicht befriedigt und gleichzeitig leistete man einer Verschärfung des Gegensatzes zwischen Städten und Grafschaften Vorschub, in denen nach wie vor der Zensus blühte und die Vormachtstellung der *landlords* ungebrochen war. Da die Grafschaften darüber hinaus weiterhin im Unterhaus auf Kosten der Städte überrepräsentiert sein durften, musste das von Disraeli so leidenschaftlich verfochtene Konzept des

„Volkskonservatismus“ fehlschlagen: Bei den 1868 nach neuen Richtlinien durchgeführten Wahlen siegten die Liberalen unter Führung von William Gladstone.

Unter der Regierung Gladstone wurden 1872 endlich das Wahlgeheimnis eingeführt, bevor man in den Jahren 1883–1885 eine tiefgreifende Reform des Wahlrechts generell in Angriff nahm, die in drei Etappen vollzogen wurde. Hatte 1867 nur etwa ein Drittel der erwachsenen Männer Stimmrecht, schritten nach 1885 schon doppel so viele, also insgesamt rund 5 Millionen Menschen, zur Wahl. Die gemäßigten Anforderungen, die an die Wählerschaft in den Städten gestellt wurden – man musste dort lediglich nachweisen, dass man eine eigene Wohnung hatte, Steuern zahlte und seit einem Jahr in der betreffenden Stadt ansässig war –, wurden jetzt auch auf die Grafschaften ausgedehnt. Desweiteren teilte man die Wahlkreise – proportional zur Einwohnerzahl – neu ein, von denen jeder ein Mandat erhielt. Dies benachteiligte die kleineren Städte, während die Großstädte von dieser Regelung profitierten. Schließlich erklärte Gladstone auch der Wahlbestechung den Krieg und war damit erfolgreich. All diese Veränderungen verliehen den britischen Wahlen ein gemessen an den damaligen Standards demokratisches Gepräge, und das Wahlrecht galt von da an als Bürgerrecht, das an keine überzogenen Bedingungen geknüpft war, und nicht als Privileg, das irgendwelchen Gebietskörperschaften offen stand.

Blieb noch das Problem des Frauenwahlrechts, das Feministinnen schon seit den Sechzigerjahren des 19. Jahrhunderts einzuklagen versuchten. In den Jahren 1869–1907 bekamen Frauen zwar nach und nach das aktive und passive Wahlrecht bei Wahlen zur Selbstverwaltung zugesprochen, womit sie sich Zugang zu untergeordneten lokalen Ämtern verschafften, aber die Tür zum Unterhaus blieb ihnen verschlossen. Die Bewegung der Suffragetten, wie man die Frauenrechtlerinnen der damaligen Zeit in England nannte, erreichte ihren Höhepunkt mit der politischen Gleichstellung der Frauen in den Kronkolonien Neuseeland (1893) und Australien (1901), wo es nicht so viele Frauen gab und man sie deshalb offensichtlich um so mehr zu schätzen wusste. Bis 1914 hielten die Gewaltaktionen an, mit denen die Suffragetten auf sich und ihre Situation aufmerksam machen und ihre Gleichbehandlung erzwingen wollten. Sie griffen Politiker und Polizisten an, brachten Sprengladungen in Briefkästen an und eine von ihnen warf sich sogar während des Derbys in Epsom 1913 vor die Hufe eines Pferdes und kam dabei ums Leben. Der Führer der Konservativen Balfour war angesichts dieser Auswüchse schon zum Nachgeben bereit, konnte sich aber gegen seine Parteigenossen nicht durchsetzen, während es bei den Liberalen genau umgekehrt war: Die Parteibasis trat für das Frauenwahlrecht ein, scheiterte aber am entschlossenen Widerstand ihres Chefs Asquith.

Erst mit der Wahlreform von Lloyd George, der 1918 das allgemeine Wahlrecht eingeführte, wurden die Frauen an die Urnen gelassen, wenn auch erst mit Vollendung des dreißigsten Lebensjahres, während Männer mit 21 bereits stimmberechtigt waren. Die Aufhebung des Alterszensus für beide Geschlechter kam erst 1928, also fast hundert Jahre nach der ersten Wahlreform des Grafen Grey!

Eine wichtige Rolle im Demokratisierungsprozess spielte auch die Frage der Parlamentarierdiäten (seit 1911), die mit 400 Pfund eine aus Sicht der armen Bevölkerung Schwindel erregende Höhe erreichten, sowie die bereits erwähnten Beschränkungn, die 1911 dem nicht demokratisch gewählten Oberhaus in der Gesetzgebung auferlegt wurden.

Die schrittweise Erweiterung der Wählerschaft hatte enorme Auswirkungen auf Struktur, Handeln und sogar Zahl der politischen Parteien. Nach 1867 begann man mit klar umrissenen programmatischen Zielen um die Gunst der Wähler zu werben. Zuvor hatte man sich damit begnügt, die allgemeinen Grundsätze – konservative oder liberale – herauszustellen, und Konkreta eher vernachlässigt, sodass es nicht ungewöhnlich war, wenn sich die Parteiführer willkürlich zu igendwelchen halsbrecherischen Wendemänövern hinreißen ließen. Es gab zwar noch keine ausformulierten Programme (das detailliert gehaltene „Programm von Newcastle" aus dem Jahre 1891 hatte den Liberalen nicht den ersehnten Wahlerfolg beschert), aber dafür überhäufte man die Wähler mit Broschüren, Pamphleten, Reden der Parteiführer und Presseartikeln. Auch bemühten sich die Parteien, in der Gesellschaft Fuß zu fassen und gingen endlich dazu über lokale Strukturen aufzubauen: Die Konservativen gingen gleich nach Disraelis Reform mit gutem Beispiel voran, die Liberalen folgten etwas später, machten aber den zeitlichen Rückstand durch größere Effizienz wieder wett. Diese lokalen Strukturen gewannen Einfluss auf die Auswahl der Kandidaten bei Selbstverwaltungs- und Parlamentswahlen und mobilisierten in zunehmendem Maße die wachsende Wählerschaft.

Mit der Demokratisierung geriet das scheinbar eingefleischte britische Zweiparteiensystem ins Wanken. So neigten, nachdem Disraelis Reform gegriffen hatte und das Wahlgeheimnis gewahrt war, die Iren dazu, den Kampf um ihre Unabhängigkeit mit parlamentarischen Mitteln zu führen, dies um so mehr, als der Stachel der Enttäuschung über den 1867 vergeblich unternommenen Versuch, einen Volksaufstand herbeizuführen, noch sehr tief saß. In dieser Situation formierte sich in den Siebzigerjahren um Charles Parnell herum eine irische Autonomiepartei und sicherte sich 60–65 Sitze im Unterhaus. Aber 1885 passierte etwas noch nie da Gewesenes: Die irische Partei erreichte 86 Mandate und verhinderte damit, dass eine der beiden großen Parteien im Unterhaus die Mehrheit bekam. Die Regierung Gladstone sah angesichts dessen keinen anderen Ausweg als auf Parnells Forderung einzugehen und Irland seine Selbständigkeit (*Home rule*) zuzuerkennen. Damit beschwor er jedoch einen Bruch in seiner eigenen liberalen Partei herauf: Die Gegner der Autonomieerklärung spalteten sich vom Rest der Liberalen ab und schlossen sich zur Partei liberaler Unionisten zusammen, die es im Unterhaus auf etwa hundert Sitze brachte. Großbritannien hatte jetzt schon vier parlamentarische Parteien, wobei die Konservativen mit den liberalen Unionisten eine Koalition eingingen. Es stimmt zwar, dass sich diese beiden Parteien 1895 vereinigten, aber bereits zwei Jahre zuvor, 1893, hatte sich am Parteienhorizont eine neue politische Kraft abgezeichnet, die nun immer schärfere Konturen annahm: die Unabhängige Arbeiterpartei. Diese war das Ergebnis des Zusammenbruchs des traditionellen *Lib-Lab*-Bündnisses zwischen der liberalen Partei und den Arbeitern (Arbeit heißt auf Englisch *Labour*), deren Interessen durch Gewerkschaften (*trade unions*) vertreten wurden, die ihrerseits wiederum radikale Züge annahmen, nicht nach der Pfeife der Liberalen tanzen wollten und die politische Verselbständigung der Arbeiter und ihren Zusammenschluss in einer eigenen Partei forderten. Die Unabhängige Arbeiterpartei sprach sich für einen demokratischen Sozialismus sowie für einen Zusammenschluss der *trade unions* und der sozialistischen Aktivisten zu einem großen Bündnis, der so genannten *Labour alliance*, aus. 1906 zog sie mit 29 Abgeordneten ins Unterhaus ein, wurde in *Labour Party* (Arbeiterpartei) umgetauft und gab sich ein Programm. Zur gleichen Zeit wurde die Parteienlandschaft durch eine neue Formation bereichert, die ihre Kraft nicht aus dem Parlament schöpfte, sondern aus der Bevölkerung heraus mit Energie versorgt wurde: Gemeint sind die *trade unions*, die das ganze Land mit einem dichten Netz überzogen. Die Labour Party bekannte sich auch zum Prinzip der kollektiven Mitgliedschaft, in deren Genuss eben die besagten Gewerkschaften und die sozialistischen Verbände kamen. In den letzten Jahren vor Ausbruch des Ersten Weltkriegs wandten sich jedoch einige Gewerkschafler von der Labour Party, deren Abgeordneten sie Opportunismus vorwarfen, ab und forderten die gewaltsame Konfrontation mit dem Kapitalismus und seine Abschaffung durch einen Generalstreik.

Eine Besonderheit der britischen Verhältnisse bestand darin, dass sich große Gruppen herausbildeten, die ohne unbedingt parteipolitisch gebunden zu sein auf die Macht Druck ausübten und meistens – allerdings nicht immer – für Demokratisierung eintraten. Vorbildcharakter hatte dabei die berühmte Liga, die in den Vierzigerjahren zum Kampf gegen das Getreidegesetz aufrief und sich zum Anwalt des Wirtschaftsliberalismus erklärte. Für eine Wahlreform plädierten in den Sechzigerjahren die liberale Reformunion und die von den Gewerkschaften unterstützte Reformliga. Die Iren gaben sich nicht mit ihrer Vertretung durch eine Partei im Unterhaus zufrieden und riefen im Jahre 1879 zum Schutz der Pächter in der Landwirtschaft die mächtige Agrarliga ins Leben. Eine große außerparteiliche Druckgruppe war auch die 1897 gegründete Union der Verbände für das Frauenwahlrecht, der Generalstab der Suffragetten. Und schließlich formierte sich 1903 die Liga für eine Reform der Zolltarife, die auf eine Initiative der Konservativen zurückging, die aus Angst vor Konkurrenz seitens der deutschen Industrie dem Freihandel abschworen und zum guten alten Protektionismus zurückkehrten.

Ähnlich wie in Frankreich und den USA, so stand auch in Großbritannien die Demokratisierung nicht nur unter politischem Vorzeichen, sondern drückte dem gesamten gesellschaftlichen Leben seinen unverkennbaren Stempel auf: Die Reformen, die auf eine Verbreiterung der Wählerschaft abzielten, wurden mit Sozialreformen untermauert, die ebenso langsam wie unaufhaltsam voranschritten. 1824 begann man das anfänglich bescheidene Recht der Arbeiter auf Gewerkschaftszugehörigkeit schrittweise auszubauen, Gladstone führte 1870 das öffentliche Grundschulwesen ein, kurze Zeit danach folgten die Schulpflicht und die Freistellung des Unterrichts von Gebühren. Der Staat befasste sich mit Sozialgesetzgebung und kümmerte sich um den Schutz der Gesundheit seiner Bürger, man beseitigte die letzten Überbleibsel religiöser Intoleranz, sorgte für ein humaneres Strafrecht und menschenwürdigere Verhältnisse in der Armee. Und nicht zuletzt verbesserte sich auch die Stellung der Frauen in der Gesellschaft. All diese Reformen gingen zwar hauptsächlich auf das Konto der Liberalen, doch auch die konservative Regierung um Disraeli (1874–1880) verlieh mit ihrer Ideologie des „Volkskonservatismus" der Sozialgesetzgegung einen starken Impuls.

Das britische Modell fand überall dort willige Nachahmer, wo keine scharfen Gesellschaftsgegensätze auftraten und wo die politische Klasse bereit war, einen vorsichtigen Reformkurs einzuschlagen. So war es beispielsweise in Schweden, wo man vom Beginn der Zwanziger- bis in die Sechzigerjahre des 19. Jahrhunderts hinein viele bruchstückhafte Wahlreformen unternommen hatte, bevor man 1866, 1909 und 1919 drei große Reformprojekte auf den Weg brachte. Und auch hier gingen mit der Demokratisierung nach und nach einsetzende Sozialreformen einher. Ein anderes Beispiel ist Holland, dessen Reformanstrengungen aus den Jahren 1850, 1887, 1896 und 1917 mit der Annahme des Frauenwahlrechts 1919 gekrönt wurden.

Demokratische Macht und Gesellschaft

In den völlig oder teilweise demokratisierten Ländern wuchs die soziale Rolle des Staates, was sowohl auf technisch-organisatorische als auch auf gesellschaftliche Ursachen zurückzuführen war (wobei erstere, nebenbei bemerkt, sich nicht auf die Demokratien beschränkten, sondern unabhängig von der Staatsform in allen Ländern, die der Industrialisierung ausgesetzt waren, gleichermaßen auftraten). Die gewaltige Bevölkerungsexplosion (an der Schwelle zum 19. Jahrhundert zählte Europa noch etwa 190, 1870 aber schon 330

Millionen Einwohner), das Vordringen moderner Technik in alle Lebensbereiche, die jähe Urbanisierung, der Umbruch im Transportwesen, Kolonialpolitik und Globalisierung der internationalen Beziehungen – all das erzeugte einen erhöhten Handlungsbedarf des Staates, der sich nun solchen Aufgaben wie dem Aufbau einer Gesundheits- und Baupolizei, der Verbesserung der Infrastruktur, dem Schutz der Kolonialbesitztümer etc. stellen musste. Während sich dies mit den Vorstellungen der Liberalen und ihrem Bild vom Staat als Beschützer noch einigermaßen deckte, war das Abrücken von der Konzeption einer billigen Regierung und eines kleinen Budgets bei gleichzeitiger Verstärkung der exekutiven Gewalt und Vermehrung von Ministern und Kanzleien aus liberaler Sicht schon schwerer nachzuvollziehen. Wie sollte man vor einem Liberalen rechtfertigen, dass in Großbritannien, der Wiege des Liberalismus, die Zahl der in der Regierungsadministration tätigen Beamten, die in der ersten Hälfte des 19. Jahrhunderts noch bei 20- bis 25000 lag, sich 1870 schon auf 50000 verdoppelte und 1914 gar auf 280000 kletterte?

Noch schlimmer waren diese Veränderungen allerdings für einen Demokraten zu ertragen, denn mit ihnen zerbrach der aus dem 18. Jahrhundert stammende Mythos einer Demokratie, in der das Regieren nicht an detailliertes Wissen geknüpft ist, in der jeder – wie es hieß – an der Regierung teilnehmen kann und sogar muss und in der die Bürger zusammen den Staat so verwalten sollen wie ein Bauer seinen Hof und ein Handwerker seine Werkstatt. Solch utopische Vorstellungen mögen vielleicht noch im ländlichen Amerika zur Zeit Jeffersons oder im schwach industrialisierten Frankreich eines Jean-Jacques Rousseau sinnvoll gewesen sein, aber gegen Ende des 19. Jahrhunderts waren sie gewiss nicht mehr zeitgemäß.

Schon in liberalen Systemen ging die wachsende Rolle des Staates auf soziale Ursachen zurück. In Großbritannien führte der Druck der Gesellschaft auf Regierung und Parlament zur Beseitigung von Sklaverei und Sklavenhandel. Im liberalen Frankreich sah sich der Staat auf Drängen der Geschäftswelt dazu veranlasst, sich in die Bereiche Wirtschaft – durch Zollprotektionismus und Eisenbahnbau – und Bildung einzuschalten, wobei allerdings das Bildungsgesetz von 1833 und der Ausbau des Grundschulwesens nicht nur durch die Bedürfnisse der industriellen Zivilisation, sondern auch ideologisch bedingt waren. Es ging nämlich darum, die aus dem Volk stammende Jugend vorm Zugriff des – der Monarchie von Orléans nicht wohl gesinnten – Klerus zu bewahren und sie gegen demokratische Agitation zu wappnen. Der liberale Staat bewies somit im Bereich der „bürgerlichen Gesellschaft“ weniger Neutralität als man aufgrund der liberalen Doktrin vermuten konnte.

Im demokratischen System wurde der soziale Druck auf den Staat natürlich noch verstärkt. Die politisch emanzipierten „niederen“ Schichten brauchten nun nicht mehr auf Revolten und Aufruhr zurückzugreifen, um auf sich aufmerksam zu machen, sondern konnten ihre Ansprüche durch ganz legales Einwirken auf die Regierung geltend machen. Und auch die oberen Klassen versäumten es nicht, sich zu Wort zu melden, um sich bei den Regierenden entsprechend Gehör zu verschaffen. Bankiers, Industrielle und Kaufleute drängten den Staat, die Expansion der einheimischen Produktion und des Handels voranzutreiben, und bestimmten damit weitestgehend den Kurs in der Kolonialpolitik. Die Fabrikanten forderten, dass sich der Staat um die im Industriezeitalter so wichtige Ausbildung der Arbeiter kümmert und die Kosten der Sozialgesetzgebung auf sich nimmt. Die Arbeiter wiederum verlangten vom Staat eine Verbesserung ihrer Arbeitsbedingungen und eine aktive Bekämpfung der Massenarmut. Die Radikaleren unter ihnen riefen gar nach staatlichen Maßnahmen zur Vergesellschaftung der Produktionsmittel, um sicherzustellen, dass jeder für sich, und nicht für andere arbeitet. Mit diesem Ansinnen stießen sie bei den radikaleren Demokraten auf Widerhall, die von „der Abschaffung der Lohnarbeit als letzter Form der Wirtschaftssklaverei“ sprachen. Die kleineren Hersteller wandten sich mit dem Anliegen an den Staat, dieser solle „Privilegien und Monopole“ abbauen, womit sie etwa auf große Warenhäuser, die kleinen Läden das Wasser abgruben, oder große Schuh- und Kleiderfabriken, die Schneider und Schuhmacher vom Markt verdrängten, zielten. Diese Forderungen der Arbeiter und Kleinbürger standen übrigens durchaus im Einklang mit dem klassischen Demokratieverständnis, dem zufolge Gleichheit und Freiheit der Individuen auf politischer Ebene durch ihre materielle Gleichstellung – die dafür sorgt, dass „die Reichen weniger reich und die Armen weniger arm sind“ – gewährleistet werden. Der demokratische Staat sollte dieses Ziel nicht durch die Abschaffung des Privateigentums, sondern ganz im Gegenteil durch seine Verteilung auf möglichst viele Schultern erreichen. Zusätzliche Mittel auf diesem Weg sah man darin, Landwirtschaft und Handwerk in der Förderung gegenüber Banken, Industrie und Großhandel zu bevorzugen, eine progressive Steuer einzuführen, das Erbrecht zu reformieren und eine Reserve an öffentlichem Eigentum zur Unterstützung der Schwächeren im Krisenfall oder bei persönlichen Schicksalsschlägen anzulegen. Die Mehrzahl dieser Ideen gelten heute als utopische Schwärmerei, obwohl seinerzeit um sie herum heftige Streits entbrannten – so etwa in der Frage, ob sich Steuergleichheit eher durch eine proportionale oder eben die besagte progressive Steuer herstellen lässt.

Der Traum von der „materiellen Gleichstellung“ als Grundlage einer harmonischen, brüderlichen und konfliktfreien Gesellschaft war also ausgeträumt. Zwar lässt sich nicht leugnen, dass das kapitalistische System die Lebensbedingungen der unteren Schichten schrittweise verbesserte, doch musste man dafür eine höhere Heterogenität der gesellschaftlichen Strukturen und ihrer bisweilen widersprüchlichen Interessen in Kauf nehmen. Brüderlichkeit erwies sich als rares Gut und wurde oft genug von scharfen Interessenskonflikten überschattet, die mittlerweile zum Alltag gehörten und denen niemand ausweichen konnte.

Die klassische Vorstellung von einer demokratischen Regierung und einer demokratischen Gesellschaft war damit hinfällig und bedurfte der Korrektur. Vor dem Hintergrund einer merklich komplizierteren Gesellschaft und des damit verbundenen wachsenden Bedarfs an Fachkräften und Leuten, die sich in angewandter Bürokratie auskannten, musste die Konzeption der allgemeinen Staatsbürgertätigkeit neu überdacht werden. Zwar galt diese weiterhin als unbedingt erstrebenswertes Ziel und als Garant für die Demokratie, doch sollte sie nicht darin bestehen, dass jeder Bauer, Schumacher oder Krämer den Staat mitregiert, sondern sich darauf verlagern, die Macht unablässig und eindringlich zu kontrollieren. Demnach würden also die Wähler die Abgeordneten überwachen und diese wiederum Ministern und Bürokraten auf die Finger schauen. Wenn es auch stimmen mag, dass der Wähler politisch ein reiner Amateur und der Abgeordnete höchstens ein Halbprofi ist, so kann man ihnen deshalb noch lange nicht die Fähigkeit absprechen, gutes und schlechtes Regieren auseinander halten zu können. In diesem Zusammenhang sei erneut auf Aristoteles verwiesen, der die Auffassung vertrat, dass den Erfolg eines Banketts die Gäste besser als der Koch beurteilen können, und damit die Sache auf den Punkt brachte.

Aber das ist noch nicht alles. Da eine konfliktfreie Gesellschaft reine Utopie ist, ist es gerade aus Sicht der sozial schwächeren Gruppen – zu denen etwa Menschen ohne Vermögen, ohne ausreichende Bildung und Erfahrung, Frauen, ethnische und religiöse Minderheiten zählen – notwendig, die Grundrechte und Freiheiten der Bürger wie Petitionsrecht, Rede-, Glaubens- und Versammlungsfreiheit besonders beharrlich zu verteidigen. Wichtig ist dabei vor allem die Versammlungsfreiheit. Die Kontrolle der Regierenden wird in einer Demokratie bekanntlich durch in regelmäßigen Abständen stattfindende, allgemeine Wahlen gewährleistet. Aber wie sollten die Bürger auf Wahlergebnisse Einfluss nehmen, wenn man ihnen das Recht verwehrte, politische Parteien zu bilden und sich innerhalb derer frei und ungehemmt zu betätigen? Mit dem Votum für Parteien stellte man erneut das klassische Demokratieverständnis in gewissen Punkten in Frage. Rousseau beispielsweise war politischen Parteien gegenüber feindlich eingestellt. Er hielt sie für eine Erfindung der Aristokraten – was das englische Beispiel zu bestätigen schien – und als Sprachrohr einzelner Interessensgruppen, die den Willen der Allgemeinheit bis zur Unkenntlichkeit entstellen. In einer egalitären und brüderlichen Gesellschaft – so argumentierte Rousseau weiter – sei es aber doch leicht, das allgemeine Interesse zu erkennen und sich nach ihm zu richten, sodass Parteien, die lediglich den Interessen Einzelner dienen, hier keinen Platz hätten. Diese Auffassung hielt sich lange und wurde von Rousseaus Schülern aufgegriffen, die noch in den Jahren der Französischen Revolution jeglichen Gedanken an Parteien, miteinander rivalisierende politische Programme, Wahlkampf der Kandidaten und Abstimmung für eine Liste verwarfen. Wahlen sollten im antiken Stil abgehalten werden: Das Volk sollte genauso wie seinerzeit die Athener an einem traditionellen Versammlungsort (in Athen *pnyx* genannt) zusammenkommen, Kandidaten aufstellen, ihre Vor- und Nachteile abwägen und am Schluss abstimmen. Erst achtzig Jahre später traten die französischen Demokraten mit ihrem großen Manifest, dem so genannten Programm von Belleville aus dem Jahre 1869, entschieden für „volle und uneingeschränkte Versammlungsfreiheit“ ein, womit die Parteien als notwendiger Bestandteil der parlamentarischen Demokratie anerkannt wurden.

Glücklich für die europäische Demokratie war die Tatsache, dass der Zeitraum der demokratischen Grundsteinlegung, die sich von der zweiten Hälfte des 19. bis in die Anfänge des 20. Jahrhunderts hinein erstreckte, zugleich stabilisierend wirkte. Es war bereits die Rede davon, dass sich die Demokratie nur dort festsetzen kann, wo die sozialen Konflikte nicht über ein bestimmtes kritisches Maß hinausgehen. Wo dieses Maß liegt, hängt dabei hauptsächlich vom Stand der demokratischen Kultur einer Gesellschaft ab.

Die Jahre 1850–1914 waren in Westeuropa durch weitgehenden, nur durch einige kurze Krisen unterbrochenen Aufschwung geprägt, wodurch Klassengegensätze und soziale Konflikte abgebaut wurden. Das Zweite Kaiserreich verachtete die Demokratie und schuf gleichzeitig ohne es zu wollen ideale Voraussetzungen für ihr Gedeihen, indem es die Wirtschaft modernisierte und den Lebensstandard der „unteren“ Klassen allmählich anhob. Strittig ist, inwieweit der Reichtum der europäischen Demokratien (Großbritanniens, Frankreichs, Belgiens und Hollands) mit ihrer kolonialen Expansion und dabei besonders mit der in den letzten zwanzig Jahren des 19. Jahrhunderts vollzogenen Plünderung (*scramble*) Afrikas zusammenhing. Aber wahrscheinlich hatte der Apostel des britischen Kolonialismus Cecil Rhodes mit seiner Behauptung Recht, dass die ganze Aktion für die Briten nicht mehr als „ein Apfel und ein Ei“ wert war. Im Übrigen hatte nicht nur der wachsende Wohlstand Anteil am Abflauen der sozialen Konflikte, sondern auch die fortschreitende Sozialgesetzgbung trug mit Sicherheit das Ihre dazu bei.

Nationale Konflikte entbrannten im Westen selten, und wenn, dann waren sie nicht besonders heftig. Frankreich und auch – noch – Belgien blieben ganz verschont, und in Skandinavien hatte man durch die Auflösung der Union Schwedens mit Norwegens im Jahre 1905 rechtzeitig vorgebeugt. Der einzige ernsthafte Konflikt in Westeuropa entzündete sich um Irland, dessen Autonomiebestrebungen zynisch in England als „unheilbare, aber nicht tödliche Krankheit“ abgetan wurden. Endlich beigelegt werden sollte der Konflikt 1913 mit einem Gesetz, das den Iren ihre Unabhängigkeit garantiert. Die Lords im Oberhaus verweigerten dem Gesetz spontan die Zustimmung, aber ihr Einspruch hatte nur aufschiebende Wirkung. Allerdings bevor die *Home rule* endgültig in Kraft treten konnte, brach Irland im Innern auseinander: Der protestantische Oranierorden drohte mit einem Aufstand in der Provinz Ulster und hätte diese Drohung sicherlich auch wahr gemacht, wenn ihnen nicht der Ausbruch des Ersten Weltkriegs einen Strich durch die Rechnung gemacht und das Autonomieproblem erst einmal auf Eis gelegt hätte. In Nordirland war damit die Saat für einen blutigen Konflikt gelegt, der sich bis Ende des 20. Jahrhunderts hinziehen sollte.

Der andere britische Konflikt, der sich um das Frauenwahlrecht drehte, war ganz und gar nicht so operettenhaft, wie man ihn mitunter darstellte. Diese Krankheit war indes mit Sicherheit nicht tödlich und, wie sich rasch herausstellte, dazu auch noch völlig heilbar.

Scharfe Glaubenskonflikte vermieden die Briten dadurch, dass sie endlich die Diskriminierung der Katholiken und Bekenner des mosaischen Glaubens (nicht hingegen der Juden, denn der als Protestant gehandelte Jude wurde nicht diskriminiert) aufgaben. Mit der Zunahme des nichtanglikanischen Protestantismus wurde die Staatskirche geschwächt, und die immer mehr um sich greifende religiöse Gleichgültigkeit senkte das Spannungspotential in diesem Bereich.

Anders erging es Frankreich, das um die Wende vom 19. zum 20. Jahrhundert von einem gewaltigen Glaubenskonflikt erschüttert wurde. Ausgelöst wurde dieser zum einen durch die Verbindungen, die der Klerus zur antirepublikanischen und nationalistischen Rechten unterhielt, zum anderen durch die Brutalität, mit der die Regierung gegen die Kirche vorging. Obwohl diese Auseinandersetzungen sicherlich sehr emotional beladen waren und mit großer Schärfe geführt wurden, konnten sie die fest verankerten demokratischen Institutionen in Frankreich nicht aus den Angeln heben.

VII

Die Macht zwischen 1918 und 2000: Krisen, Dilemmata und Verbrechen

Fortschritt und Krise der Demokratie

Schon ab März 1917 kündigte die Entente voller Stolz an, dass sie nun, da das postabsolutistische Russland den Kreis der Alliierten verlassen hat, mit den „bürokratischen Militärregimen“ einen Kampf um die Demokratie führen wird. Schon kurze Zeit später, Ende 1918, meldete man Vollzug und verkündete den „Triumph der großen Demokratien des Westens“ – wohlgemerkt nur des Westens, denn im bewegten Russland reichte die Demokratie gerade einmal für acht Monate. Tatsächlich setzte sich nach dem Zerfall der postabsolutistischen Herrschaftsform die demokratische Idee der Selbstbestimmung der Völker durch und erfasste nicht nur die nach dem Krieg neu entstandenen Staaten, in denen sich nach und nach demokratische Einrichtungen etablierten, sondern griff auch auf die schon länger auf der Landkarte erscheinenden Länder über und leitete dort einen Demokratisierungssprozess ein. Es stimmt, dass für den Erfolg der Demokratie ein ungeheuer hoher Preis gezahlt werden musste. In der öffentlichen Meinung herrschte die Überzeugung, dass der lange und blutige Krieg hätte vermieden werden können, wenn die regierenden Klassen und Eliten nicht versagt hätten bzw. einer effektiveren Kontrolle durch die Gesellschaft unterzogen worden wären. Das Rezept für eine neue, friedliche Welt konnte deshalb nur lauten: „Demokratie für alle“.

Dass der Triumph der Demokratie nicht von Dauer war, lag an einer wahren Anhäufung von ungünstigen Begleitumständen. Die gesellschaftlichen Gruppen und Klassen, die sich ihre Bürgerrechte so mühsam erkämpft hatten, neigten nun dazu, die Folgen der Demokratisierung zu überschätzen. Vor dem Hintergrund einer noch fehlenden staatsbürgerlichen Kultur rief dies Enttäuschungen hervor, die jetzt weitaus bedrohlichere Ausmaße annahmen als noch im 19. Jahrhundert, obwohl man sich auch damals über mangelnde Frustrationen nicht beklagen konnte. Die Nachkriegsperiode stellte die Demokratien – und dabei insbesondere die jungen – mit ihren Wirtschaftskrisen (man denke etwa an die große Weltwirtschaftskrise von 1929) und ihren scharfen nationalen Konflikten auf eine außerordentlich harte Probe. Die nach dem Versailler Vertrag entstandene Ordnung wurde von vielen Ländern als Unrecht empfunden, und die neuen Demokratien hatten unter dem Egoismus und der Unfähigkeit der Machteliten zu leiden und waren dem ideologischen Chaos, das immer mehr um sich griff, schutzlos ausgeliefert. Dies war der ideale Nährboden, auf dem der gefährliche jakobinisch-bolschewistische Mythos von der Macht des politischen Willens und der außergewöhnlichen Wirksamkeit der Gewalt gedeihen konnte. Wo demokratische Mittel und Kompromisse nicht mehr weiterhelfen, wächst der Glaube an die Macht der – „zurecht" angewandten – Gewalt.

Die Verlockungen, die von Autoritarismus und Totalitarismus ausgingen, waren so groß, dass man am Ende der Zwanzigerjahre diejenigen europäischen Staaten, die an der Demokratie festhielten, an einer Hand abzählen konnte. Es waren dies Großbritannien, Frankreich, die skandinavischen Länder mit Ausnahme Finnlands, Belgien, Holland, die Schweiz und als einziges Land Mitteleuropas die Tschechoslowakei, die bis zu ihrer Auflösung von den neu entstandenen Staaten am Schluss allein noch auf der Liste der Demokratien stand, denn Irland konnte nach den Ereignissen der Dreißigerjahre wohl kaum noch als demokratisch eingestuft werden.

Vorerst jedoch, d.h. unmittelbar nach 1918, schickte man sich in den alten Demokratien an, den Geltungsbereich demokratischer Grundsätze auszuweiten und auch den Frauen das Wahlrecht zuzugestehen. Ab sofort durften sich also die Frauen in Großbritannien, Holland, Schweden, im Deutschland der Weimarer Republik und Österreich aktiv ins politische Geschehen einschalten und hinkten damit ihren Kolleginnen in Dänemark und Norwegen, die dieses Recht schon früher erstritten hatten, nicht mehr länger hinterher. Frankreich zog nicht mit, da sich hier nicht nur die konservativen, sondern auch die weltlichen Kräfte (jedenfalls die Radikalen unter ihnen) – wohl aus Angst vor dem Einfluss der Kirche auf die Frauen – dem Stimmrecht für Frauen widersetzten. Der alte Konflikt, den seinerzeit die Dritte Republik mit der Kirche austrug und der durch die Ereignisse des Krieges lediglich gemindert, aber nicht gänzlich beseitigt wurde, fand damit seine Fortsetzung. Außer den Franzosen verweigerten u.a. die Italiener, Belgier, Schweizer und Jugoslawen ihren Frauen das Wahlrecht.

Nach 1918 beugte sich die staatlich gelenkte Kriegswirtschaft in Frankreich und Großbritannien dem zurückgekehrten Wirtschaftsliberalismus. Das Gesellschaftsleben wurde damit jedoch nicht einfacher, sondern im Gegenteil verkomplizierte sich weiter, was einem Fortschreiten der Bürokratie Vorschub leistete, die zwar die Verwaltung rationalisierte, aber gleichzeitig dazu neigte, sich immer mehr der demokratischen Kontrolle zu entziehen. Und dann kam die große Krise der Dreißigerjahre, die die alt eingesessenen Demokratien zu verstärktem staatlichem Interventionismus und damit zum Eingreifen in den Wirtschaftskreislauf zwang. Die Maßnahmen, die in diesem Zusammenhang getroffen wurden, gingen nicht in eine Richtung, sondern liefen je nach Land weit auseinander. In Großbritannien beispielsweise versuchten die Konservativen die Krise, die ihnen bei den Wahlen von 1931 und 1935 den Sieg und solide Mehrheiten bescherte, dadurch zu überwinden, dass sie sich auf den von ihnen schon vor dem Krieg geforderten Protektionismus zurückzogen. Bemerkenswert ist, dass die Konservativen in den Dreißigerjahren nicht mehr die Nähe zu den Liberalen als möglichem Koalitionspartner suchten, sondern sich nun der Labour Party zuwandten, die bei den Wahlen von 1935 8,5 Millionen Stimmen erhielt und damit die liberale Partei, die es gerade einmal auf 2,5 Millionen brachte, aus dem Rennen warf. Damit war das Dreiparteiensystem, das in den Zwanzigerjahren keine allzu effektiven Regierungskoalitionen brachte, gesprengt. Zwar blieben die Liberalen im Unterhaus vertreten, aber als ernste Kandidaten für die Ausübung der Regierung wurden sie nicht mehr in Betracht gezogen.

In Frankreich wütete die Krise nicht gar so schlimm wie in anderen Länder, aber dafür dauerte sie länger, was mit der Besonderheit seiner Wirtschaft und seiner spezifischen Machtstruktur zusammenhing. Die schwachen und instabilen Regierungen standen unter dem Druck der Wähler verschiedener Parteien, die unterschiedliche und nicht selten sogar entgegengesetzte Interessen verfolgten. Unter den Regierenden dominierte liberales Denken, das sogar die Mitte-Links-Radikalen, ohne die überhaupt keine Regierungsbildung möglich gewesen wäre, durchdrang. Man konzentrierte sich damals auf die „Verteidigung des Francs", man bemühte sich den Haushalt durch drastische Sparmaßnahmen auszugleichen und betrieb eine Deflationspolitik. Die Versuche, die unternommen wurden, um denen Unterstützung zukommen zu lassen, die die Krise am schlimmsten getroffen hatte, waren ebenso chaotisch wie ineffektiv. Die Folge davon war, dass sich die an der Ratlosigkeit der rechten Regierungen verzweifelnden Franzosen entschlossen, die Bewältigung der Krise den Parteien anzuvertrauen, die bei den Geschädigten – es waren dies vor allem Arbeiter, Bauern, kleinere Besitzer, Beamte – den größten Zuspruch fanden. Aus den Wahlen von 1936 gingen die Sozialisten und Kommunisten als die großen Gewinner hervor, während die Radikalen Stimmeneinbußen hinnehmen mussten, weil sie für das vorherige Chaos mitverantwortlich gemacht wurden. Die aus einer Koalition dieser drei Parteien gebildete Regierung, die so genannte Volksfront, sorgte für einen politischen Klimawechsel und weckte neue Hoffnungen. Darüber hinaus baute sie die Sozialgesetzgebung aus (die in Frankreich weniger ausgeprägt war als in anderen hoch entwickelten Ländern) und versuchte durch verstärkte Rüstungspolitik die Konjunktur anzuheizen. Eine Modernisierung der Armee war angesichts der angespannten internationalen Lage im Übrigen auch durchaus angeraten. Allerdings wurden in der Wirtschaftspolitik eine Menge Fehler gemacht, und die Gegensätze, die

die Koalitionspartner innerhalb der Volksfront trennten – die Kommunisten wollten ein gutes Stück weiter gehen als die Sozialisten, und ihnen gegenüber standen die politisch überaus links angesiedelten Radikalen, die dem Wirtschaftsliberalismus anhingen –, begannen die Bewegung ganz allmählich zu zersetzen. 1938 zerbrach die Volksfront schließlich an ihrer inneren Zerrissenheit, aber das Echo ihrer Regentschaft, die der Politik einen kräftigen Schub verliehen und den Menschen neue Tatkraft verliehen hatte, hallte noch lange nach.

Schweden versuchte auf noch andere Art und Weise der Krise Herr zu werden, und zwar dadurch, dass man die amerikanische Strategie wählte, um die Kauf- und Konsumkraft anzuregen, und auf öffentliche Arbeiten, Hilfe für die Landwirtschaft und Unterstützung des Exports auf Kosten einer Abwertung der Krone setzte. Auch hier waren die Wählerstimmen unter vielen Parteien zerstreut, doch statt wie in Frankreich untereinander uneinige und brüchige Koalitionen zu bilden, zog man es in Schweden vor, einen „Minderheitsparlamentarismus" zu praktizieren. Die Regierung wurde von einer Minderheitspartei gestellt, die, wenn wichtige Entscheidungen anstanden, dank der hohen Kompromissbereitschaft, die im Parlament herrschte, mal bei der einen, mal bei der anderen Partei auf Rückhalt stieß. Im Kampf gegen die Krise fanden die Sozialdemokraten bei der Bauernpartei Anklang und das Land begann sich schon 1933 von den Folgen der Rezession wieder zu erholen. Die schwedische Sozialdemokratie ging aus diesem Prozess gestärkt hervor und gewann bei den Wahlen von 1936 die Mehrheit der Sitze in der unteren Kammer des Parlaments.

Die Weltwirtschaftskrise schaffte es also nicht, die alten und gestandenen Demokratien in die Knie zu zwingen, aber immerhin schwächte sie sie und sorgte für Zuwachs in den Reihen derer, die sich eher zu totalitären Lösungen hingezogen fühlten und sich dabei entweder am faschistischen oder am stalinistischen Vorbild orientierten. Während in Ländern wie Großbritannien, Schweden, Holland und der Schweiz kommunistische Parteien und faschistische Bewegungen kaum Fuß fassen konnten, stellte sich die Situation in Frankreich und Belgien schon ganz anders dar. Die französische Kommunistische Partei, die in den Zwanzigerjahren durch ihr sektenhaftes Auftreten auffiel und nur wenig Zuspruch fand, vollzog 1930 mit ihrer „demokratischen Öffnung" einen politischen Richtungswandel, der ihr bei den Wahlen von 1936 prompt 1,5 Millionen Stimmen einbrachte. Ihre Partner innerhalb der Volksfront hatten so ihre Zweifel an der Richtigkeit dieser demokratischen Taktik, aber immerhin wurden die Kommunisten dadurch in ihrer Bewegungsfreiheit gewaltig eingeengt. Die nationalistischen und faschistischen „Ligen" wiederum hatten in Frankreich zwar viele Anhänger, doch waren sie zu sehr zersplittert und untereinander zerstritten, als dass sie die Demokratie hätten ernsthaft gefährden können (ein Putschversuch im Jahre 1934 scheiterte kläglich).

Die Ausdehnung der Demokratie im Westen stärkte die Position der nichtkommunistischen Linken: Die Labour Party stellte in den Koalitionsregierungen mit Ramsay MacDonald den Premierminister (1924, 1929–1935) und entwickelte sich zur dauerhaften Stütze des englischen Zweiparteiensystems, der Sozialist Léon Blum bekleidete das Amt des Premierministers in Frankreich im Auftrag der Volksfront (1936–1937 und kurz 1938), die bei den Wahlen von 1936 die große und ruhmreiche radikale Partei weit hinter sich ließ, und der charismatische Führer der Sozialdemokraten in Schweden Hjalmar Branting war schon in den Jahren 1920 und 1921–1923 Premier. All das spricht für das verstärkte politische Engagement der völkischen Schichten – besonders der Arbeiter – und ihre gewachsene gesellschaftliche Bedeutung.

Allerdings erhielt der Optimismus, der sich in den Zwanzigerjahren in jenen Schichten und auch unter den Eliten breitgemacht hatte, durch die unsichere Zukunft, die sich nach Ablauf der *happy twenties* abzeichnete, einen empfindlichen Dämpfer. Die Krise nahm ungehindert ihren Lauf und steuerte auf ihren Höhepunkt zu, viele der neuen Demokratien brachen ein und mussten autoritären oder totalitären Regimen weichen, die Gefahr eines Krieges, die durch den Versailler Vertrag nicht gebannt wurde, rückte erneut in greifbare Nähe. Dies lähmte die alten Demokratien und in der Hochkultur machte sich Katastrophenstimmung breit.

Nach 1918 wurden in der demokratischen Familie Europas neue Länder aufgenommen: im Westen Irland (das seit 1921 faktisch unabhängig, aber noch bis 1937 mit dem Status Dominium behaftet war), im Osten Finnland, die drei baltischen Republiken, Jugoslawien, die Tschechoslowakei, Polen und für kurze Zeit die Ukrainische Volksrepublik. Zu diesen traten später noch Griechenland (1924) und Spanien (1931) hinzu. Letzteres, seit 1876 eine liberal ausgerichtete konstitutionelle Monarchie, fiel 1923 unter aktiver Mitwirkung von Konig Alfons XIII. dem Diktator General Miguel Primo de Rivera und seiner autoritären, zunächst Militär-, dann Zivilregierung in die Hände. Erst das Jahr 1931 brachte Spanien nach dem Sturz des Diktators und dann auch des Königs die demokratische Republik – wenn auch nicht für lange. Die Demokratie kehrte nach 1918 auch in die Staaten ein, die den Krieg verloren hatten: Deutschland und Österreich wandelten sich nach dem Ende der Monarchie zu Republiken. Die Weimarer Verfassung von 1919 machte aus Deutschland einen Bundesstaat bestehend aus 21 Ländern mit jeweils eigener Regierung und eigenem Parlament und sorgte für eine weitgehende Demokratisierung der politischen Verhältnisse. Die Frauen bekamen das Wahlrecht zugesprochen, der Alterszensus wurde auf 20 Jahre herabgesetzt und der Reichspräsident wurde für sieben Jahre in allgemeinen Wahlen direkt vom Volk gewählt (und gegebenenfalls im Zuge eines vom Reichstag verfügten Referendums wieder abgesetzt). Der Reichstag selbst ging aus ordentlichen demokratischen Wahlen hervor, und die zweite

Kammer des Parlaments, der Reichsrat, hatte als Ländervertretung lediglich aufschiebendes Vetorecht. Die Regierung mit dem Reichskanzler an der Spitze war dem Parlament gegenüber zur Rechenschaft verpflichtet. Aber auch hier fand die alte Weisheit, wonach der Präsident immer dann an Macht gewinnt, wenn er direkt vom Volk gewählt wird, wieder einmal ihre Bestätigung. Ähnlich sah die Verfassung in Österreich aus, wo ebenfalls eine Bundesrepublik gegründet wurde – mit dem Unterschied allerdings, dass hier der Präsident von der Bundesversammlung, d.h. einem Gremium, das die beiden Kammern des Parlaments (Nationalrat und Bundesrat) miteinander vereint, gewählt wurde. Erst die novellierte Verfassung von 1929 sah die Direktwahl des Bundespräsidenten durch das Volk – und damit eine deutliche Stärkung seiner Macht – vor. In beiden deutschen Staaten, in Deutschland wie in Österreich, ging die Demokratie im Übrigen zur gleichen Zeit unter, nämlich 1933–1934. Dem zweiten Nachfolgestaat der Habsburger Monarchie, Ungarn, blieb ein Demokratieerlebnis gar gänzlich versagt, denn auf die kurze Episode einer Ungarischen Räterepublik folgte hier das autoritäre Regime des Admirals Horthy.

Die neuen Demokratien richteten sich teilweise nach den alten, wobei vor allem zwei Verfassungen als Vorbilder herangezogen wurden: einmal die – ungeschriebene – Verfassung Frankreichs, die die Verfassungen der Tschechoslowakei (1920) und Polens (1921) maßgeblich beeinflusste, zum anderen die Weimarer Verfassung, die u.a. auf die Grundgesetze Finnlands (1919) und Spaniens (1931) abstrahlte. Die Suche nach der besten Form für die demokratische Macht war, so eifrig und aufrichtig man sich auch bemühte, nicht immer von Erfolg gekrönt, wie das Beispiel Polens eindrucksvoll zeigt. Hier hatte die Märzverfassung eine unglückliche Verstimmung zwischen dem Parlament (das dem Volkssouverän am nächsten stand) und der Regierung (der man ständig die Bereitschaft zur Überschreitung ihrer Kompetenzen unterstellte) herbeigeführt. Diese „Sejmokratie" ließ nun das französische Modell auf sich einwirken und übersah dabei ganz, dass in Polen solche Stabilisatoren wie in Frankreich, wo sich die Demokratie auf eine effiziente und erfahrene Administration, eine professionelle politische Klasse und einen hohen Grad an demokratischer Kultur in der Gesellschaft stützen konnte, fehlten. Vom französischen Vorbild ließ man sich auch leiten, als man das Recht der Gerichte auf Überprüfung der Verfassungsmäßigkeit eines Gesetzes (das die Tschechoslowakei beispielsweise vorsorglich in ihre Verfassung aufnahm) aus der polnischen Verfassung ausklammerte. Wie sollte man es angesichts der Tatsache – so fragte man sich -, dass über das Parlament und seine Zusammensetzung das Volk als oberster Souverän entscheide, während die Richter ernannt würden (und das auch noch oftmals unter Beteiligung der Teilungsmächte), rechtfertigen, dass die Gerichte über der gesetzgebenden Gewalt stehen? Man hatte außer

Acht gelassen, dass in Polen nach 1921 immer noch zahlreiche Gesetze galten, die von den ehemaligen Teilungsmächten erlassen worden waren und die nun in krassem Widerspruch zur demokratischen Märzverfassung standen. Damit war natürlich eine Situation geschaffen, die man mit der Frankreichs nicht vergleichen konnte. Einerseits konnte man jene Gesetze nicht so schnell ändern (es sei denn, man wollte dem in der Gesetzgebung zu beachtenden Grundsatz ‚Eile mit Weile' zuwiderhandeln), andererseits konnte man nicht gerichtlich feststellen lassen, dass sie oft – besonders auf dem Gebiet der Bürger- und Freiheitsrechte – mit der Verfassung unvereinbar waren. Damit rüttelte man am Ansehen der Verfassung und der gesamten Rechtsordnung, da die Bürger nicht immer von den ihnen verfassungsmäßig zugestandenen Rechten Gebrauch machen konnten. Sei noch nebenbei bemerkt, dass der Gesetzgeber in Polen bei der Einführung demokratischer Institutionen jenen Eifer vermissen ließ, den er später bei ihrer Proklamation an den Tag legte. So hatte die Märzverfassung etwa Schwurgerichte angekündigt, doch tatsächlich nahmen diese nur in Galizien – wohl als Vermächtnis, das die österreichische Teilungsmacht hinterlassen hatte – ihre Arbeit auf.

Trotz alledem ließ sich nur schwer erahnen, dass die Machtsysteme in Polen wie in nahezu allen neuen Demokratien derart einknicken würden, dass sie der Offensive der autoritären Regime nichts mehr entgegenzusetzen hätten.

Der Autoritarismus

Das Ausmaß der Erscheinung ist geradezu frappierend. Auf einer breiten Linie, die von Finnland bis Griechenland reichte und auch vor der Iberischen Halbinsel nicht Halt machte, fiel die Demokratie militärischen Umstürzen und königlichen Staatsstreichen zum Opfer und wurde ausgelöscht bzw. vom Autoritarismus verdrängt. 1919 klopfte der Autoritarismus in Ungarn an die Tür, vier Jahre später, 1923, war Bulgarien an der Reihe, als es zum Umsturz kam und die Nationalisten unter Alexander Cankow die Leitung des Staates an sich rissen, und noch im gleichen Jahr ergriff in Spanien Primo de Rivera nach einem königlichen Staatstreich die Macht. Das Jahr 1926 brachte zunächst den Umsturz vom Mai in Polen und dann den Militärputsch in Portugal, in dessen Zuge Marschall Antonio Carmona die Macht übernahm. 1929 wurde in Jugoslawien die Demokratie durch einen königlichen Staatstreich gestürzt, und ein Jahr danach errichtete die nationalistisch-konservative Rechte in Finnland, nachdem sie zuvor die faschistische Lappobewegung, die sich schon so gut wie an der Regierung wähnte, im letzten Moment abgefangen hatte, ein autoritäres System. 1934 wurde Österreich von einem „harten" Autoritarismus heimgesucht, 1935 verwandelte General Kondilis, der nach einem Jahr von General Metaxas abgelöst wurde, die demokratische Republik Griechenlands in einen Trümmerhaufen. 1936 brach in Spanien nach einem Militäraufstand der Bürgerkrieg aus, den die demokratische Republik nicht überlebte, und 1938 ereilte Rumänien nach einem Staatstreich das gleiche Schicksal. Der Autoritarismus drang auch ins Baltikum vor und setzte sich nach entsprechenden Putschs der rechtsgerichteten Antanas Smetona 1926 in Litauen, Karlis Ulmanis 1934 in Lettland und Konstantin Päts 1934 in Estland fest.

Im kommunistischen Sprachgebrauch – aber nicht nur in ihm – wurden die autoritären Regime, die sich in der Zwischenkriegszeit in Europa herausbildeten, gerne als faschistisch bezeichnet. Es lässt sich zwar nicht leugnen, dass einige von ihnen den „korporativen" Vorbildern des italienischen Faschismus nacheiferten und jedwede Form des politischen Pluralismus brutal erstickten, wobei sich besonders die Regime in Österreich nach 1934, in Lettland unter der Regierung Ulmanis und im portugiesischen Estado Nuovo, den Antonio Salazar 1932 ausgerufen hatte, hervortaten, aber man muss auch das andere Lager sehen, in dem Ungarn unter Horthy, Polen unter Pilsudzki oder Spanien unter General Primo de Rivera standen und das vom Totalitarismus weit entfernt war.

In den autoritär regierten Ländern fehlte es nicht an faschistischen Bewegungen. Verwiesen sei in diesem Zusammenhang auf die bereits erwähnte finnische Lappobewegung, die ungarische Pfeilkreuzlerbewegung, die rumänische Legion des Heiligen Erzengel Michael (auch Eiserne Garde genannt) und die totalitär ausgerichtete Partei Hitlers, von der in Österreich während der autoritären Herrschaft große Wirkung ausging. Die autoritären Regierungsmannschaften sahen in diesen faschistischen Bewegungen Rivalen im Kampf um die Macht – eine Gefahr für „Recht und Ordnung", was man mit so viel Mühe erreichte – und Agenten fremder Mächte – entweder Deutschlands oder Italiens –, sodass es nicht verwundert, dass die Konflikte, die zwischen autoritären Machthabern und totalitären Bewegungen entbrannten, nicht selten brutal, ja sogar, wie etwa in Rumänien, blutig ausgetragen wurden.

Natürlich kann das nicht über die enge Verwandtschaft zwischen Autoritarismus und Totalitarismus hinwegtäuschen, die in der Feindschaft, die man gegenüber der Demokratie hegte, Antikommunismus, Nationalismus sowie der Verachtung, mit der man dem Parlamentarismus und den Bürger- und Freiheitsrechten begegnete, zum Ausdruck kam. Jedoch im Unterschied zum Totalitarismus steckte im Autoritarismus eine geballte Ladung Konservatismus, der sich aus dem gesellschaftlichen Kontext – Grundbesitzer, Kirche, königliche Höfe in Monarchien, alte Amts- und Militärmaschinerien – ergab, in den die jeweiligen Regime eingebettet waren. Die Folge davon war, dass der Autoritarismus im Gegensatz zum faschistischen Totalitarismus es nicht darauf anlegte bzw. es nicht fertig brachte, die Massen zu manipulieren, für marktschreierische Demagogie nicht viel übrig hatte und sich auch mit dem Wechsel der politischen Eliten und den faschistischen Kaderrevolutionen (die unter dem Motto standen: „neue Leute an die Macht") nicht anzufreunden vermochte.

Anders als der Faschismus brachte der Autoritarismus keine streng disziplinierten Einheitsparteien mit Massencharakter hervor, und auch den Aufbau von „Fronten", „Blöcken" oder „Bewegungen" auf breiter Basis als Rückendeckung für das Regime betrieb man nur zögerlich und mit entsprechend wenig Erfolg. Die Macht lag bei der Regierung, die sich auf einen bürokratisch-militärischen Apparat stützte und vom Chef der exekutiven Gewalt – einem König, Regenten, Präsidenten, Premierminister und bisweilen, wie im Falle von Josef Pilsudzki, einem echten Diktator, der keine höheren Ämter bekleidete – geleitet wurde.

Das Fehlen einer Einheitspartei mit Massencharkter hängt damit zusammen, dass der Autoritarismus nicht von dem totalitären Ehrgeiz durchdrungen war, alle Bereiche des gesellschaftlichen Lebens zu kontrollieren, und auch nicht den Anspruch verfolgte, sich das Weltanschauungsmonopol zu sichern. Die Machthaber forderten von den Bürgern Gehorsam und waren imstande, „Ordnung" unter Umständen auch auf sehr brutale Art und Weise zu erzwingen. Man zog es vor, die Leute mit Verboten und Beschränkungen zu gängeln, statt zu versuchen, sie zu „formen" und ihnen Tätigkeiten im Rahmen eines vom Staat vorgegebenen Szenarios anzuerziehen. Für die totalitäre Idee des „neuen Menschen" war hier kein Platz.

Die autoritären Regime waren vom Wirtschaftsliberalismus weit entfernt und dafür dem Etatismus, in dem sie u.a. ein Mittel zur Entfaltung des Militärpotentials sahen, nicht abgeneigt. Größte Zurückhaltung ließen sie hingegen im Bereich der – für den Faschismus so überaus typischen – Gesellschaftsdemagogie walten.

Ein weiterer Unterschied zum Totalititarismus bestand darin, dass sich im Autoritarismus Relikte der Demokratie – mal mehr, mal weniger, aber immerhin – halten konnten. Es war keineswegs die Regel, dass politische Parteien beseitigt und Parlamente durch irgendwelche ständisch-korporativen Organe ersetzt wurden, wie dies etwa in Spanien 1926 und Österreich 1934 geschah. Gewiss kann man gegen die Beschränkung der gesetzgebenden Funktion des Parlaments und seiner Kontrolle über die Regierung in Polen und Ungarn Einwände erheben, und gewiss mussten sich diese Länder den Vorwurf gefallen lassen, politische Parteien zu knebeln, aber trotz alledem überlebten wenigstens einige Elemente des Vertretungssystems und des Pluralismus und gaben der Opposition Halt. Hier wie dort (u.a. auch in Polen) rüttelte man weder an der Religionsfreiheit noch an den Rechten nationaler Minderheiten, und was die Pressefreiheit angeht, so wurde diese zugegebenermaßen zwar eingeengt, aber immerhin hob man sie nicht gänzlich auf. Indoktrinierung fand eben nicht so massiv statt wie im Totalitarismus.

Das Streben nach möglichst starker Macht begründete man mit der Bedrohung, die von der UdSSR ausging. In den Ländern Mittel- und Osteuropas, die nach 1918 die Wirren der Revolution hautnah miterlebt hatten, fürchtete man nun den Bolschewismus. Allein schon der Name „UdSSR“, aus dem – so vermutete man – wohl mit Absicht jedwede geographischen oder ethnischen Hinweise herausgelassen wurden, um die Ausdehnung der Union auf das gesamte „Menschengeschlecht“ zu erleichtern, verbreitete Angst und Schrecken. Ein weiteres Motiv für den Aufbau eines mächtigen Staates ergab sich aus den völkischen Konflikten, die in der besagten Region überall entbrannten. Eine klare Grenzziehung zwischen den einzelnen Nationalitäten war aufgrund des dort herrschenden hohen Grades an ethnischer Durchmischung unmöglich, und an etwaige Zwangsumsiedlungen mochte man insbesondere nach der von der türkischen Regierung verfügten brutalen Vertreibung der Griechen aus dem Westteil der Türkei erst gar nicht denken. Mit der Ablehnung nationaler Minderheiten – zu der sich bisweilen heftiger Antisemitismus gesellte – wurde nationalistischen Bewegungen und Regimen natürlich der Boden bereitet. Paradoxerweise beriefen sich die autoritären Regierungen nicht nur auf die zum Kult erhobene „Bodenständigkeit“ des Staates und kehrten dabei nationale Werte heraus, sondern schauten durchaus auch über den nationalistischen Tellerrand hinaus und beschwörten den „Zeitgeist“, der den Demokratien angeblich zum Verhängnis wurde.

Die nationalistischen „Muskelregime“ profitierten vom Gefühl des Unrechts, das in den jeweiligen Bevölkerungen nach dem Versailler Vertrag um sich griff. Den Ungarn beispielsweise tat die Verkleinerung ihres Staatsgebietes von 325000 km^2 vor dem Krieg auf nunmehr 93000 km^2 sichtlich weh, Bulgaren, Österreicher und Türken fühlten sich ebenfalls benachteiligt und selbst in formal siegreichen Ländern wie Italien, Griechenland und teilweise Polen, die nach dem Krieg nicht das bekamen, was sie sich erhofften und was man ihnen im Übrigen auch vorher versprochen hatte, machte sich Frustration breit.

Ein hohes Maß an Mitschuld am Niedergang der demokratischen Ordnung muss man sicherlich den Wirtschaftskrisen – zunächst den kleineren, die gleich nach Beendigung des Krieges ausbrachen, und dann der großen Weltwirtschaftskrise – anlasten, aber auch die konservativen Kräfte – seien es die Grundbesitzer, die Kirchen oder die mächtigen Verwaltungs- und Militärapparate, die zum Teil noch aus der Zeit des der Demokratie so sehr abgeneigten Postabsolutismus stammten – trugen in den neuen Demokratien nicht gerade zur Stabilisierung bei. Hinzu kommt, dass diejenigen gesellschaftlichen Kräfte, die den demokratischen Institutionen als Rückhalt hätten dienen können, hier weniger als in den alten Demokratien durchschlugen: Bankiers, Industrielle und Kaufleute waren ethnisch und politsch geteilt und unterhielten teilweise Verbindungen zu Konservativen und zum Ausland, die

Intelligenz schraubte ihre anfänglich so großen politischen Ambitionen zurück, nachdem sie erkennen musste, dass das allgemeine Wahlrecht diesen alles andere als zuträglich war, die Arbeiter, die mit Ausnahme Polens, der Tschechoslowakei und Spaniens in den neuen Demokratien weniger zahlreich vertreten waren als in den alten, schlossen sich entweder den demokratiefeindlich eingestellten Kommunisten an (in Spanien gingen sie sogar mit den ebenso demokratiefeindlichen Anarchisten zusammen) oder ließen sich – was mehrheitlich der Fall war – von nationalistischen Strömungen mitreißen und unter der Bauernschaft schließlich waren (außer in Bulgarien) politische Passivität und konservative Neigungen weit verbreitet.

Der Totalitarismus

Das, was Europa stets zu glänzendem Aufstieg verhalf und bewirkte, dass „diese lächerliche Halbinsel", wie Zar Nikolaus I. einst sagte, die Vorherrschaft über die Welt antreten konnte – der nationale, politische und kulturelle Pluralismus also – wurde in der Zwischenkriegszeit auf bislang einzigartig brutale Art angegriffen. Die totalitären Regime setzten den politischen Pluralismus außer Kraft, vernichteten die Kultur bzw. schalteten sie gleich, blockierten die selbständige Entwicklung der Völker und rotteten in ihrer extremen Ausprägung schließlich „Parasiten- und Untermenschen" aus. Eine Flut des Wahnsinns ergoss sich als Mischung aus nationalem Größenwahn und verheerenden Experimenten am Leib der Gesellschaft über einen Großteil Europas.

Der Terminus „Totalitarismus" entstand in Italien: „Der Faschismus ist totalitär", ließ der Philosoph und Theoretiker des Totalitarismus Giovanni Gentile seinerzeit verlauten, und folgerichtig taufte Mussolini seinen Staat auf den Namen *Stato totale*. Seit der Zeit des Kalten Krieges wurde – vollkommen zurecht, wie es scheint – der Begriff zum Markenzeichen sowohl der bereits überwundenen Regime in Italien und Hitler-Deutschland als auch des stalinistischen Systems, das eine große Zahl europäischer und asiatischer Staaten umfasste. Den Totalitarismus kennzeichnen eine Reihe von Merkmalen, die alle Systeme ungeachtet ihrer ideologischen Färbung und der sozioökonomischen Ordnung, in die sie jeweils eingebunden ist, miteinander verbinden. Totalitäre Staaten werden von Einparteienregierungen gelenkt, huldigen dem Führerprinzip, dulden nichts, was der offiziellen Doktrin widerspricht und ihre Monopolstellung gefährden könnte, kontrollieren das Nachrichten- und Pressewesen, überwachen das öffentliche und teilweise auch des Privatleben, wobei man sich nicht scheut, auf Mittel des Terrors zurückzugreifen, und stützen sich auf einen zentralistisch aufgebauten Verwaltungsapparat, der ihnen in bestimmten Bereichen Zugriffsmöglichkeiten auf die Wirtschaft sichert. Der Totalitarismus machte sich moderne Machttechniken zunutze, um alle oder fast alle Sphären innerhalb des Staates unter Aufsicht zu stellen und einen „neuen Menschen“ zu formen, der nicht nur hundertprozent linientreu ist, sondern darüber hinaus auch persönlichen Einsatz und Engagement zeigt und sich – selbstverständlich im Rahmen eines von oben vorher genaustens vorgegebenen Szenarios – entsprechend staatsbürgerlich betätigt. Der Schriftsteller Curzio Malaparte, ein guter Kenner des italienischen Faschismus, definierte den Totalitarismus ein wenig spaßhaft als Regime, „in dem alles, was nicht mit Verboten belegt ist, zur Pflicht wird“ und kehrte damit Artikel 5 der Menschenrechtserklärung um, wonach alles, was das Gesetz nicht untersagt, erlaubt ist.

Der totalitäre Führer, das zentrale Glied der Machtkette, ist nichts anderes als die moderne Version der alten magischen Macht (die von den Gelehrten des 20. Jahrhunderts als charismatisch bezeichnet wird) und knüpft nahtlos an die seit der Antike bekannten Herrscher an, die aus eigener Kraft (und nicht von Gottes Gnaden) wirkten und dabei Glanztaten vollbrachten, die die Erwartungen, die das Volk in sie setzte, in vollem Umfang erfüllten. Im 20. Jahrhundert avancierte der Führer des Volkes (im Falle Stalins sogar „Führer der Menschheit“) zum Vertreter höherer Gewalten – der eisernen Gesetze der Geschichte, des nationalen Schicksals, der an keine Religion gebundenen Vorsehung – und vereinte somit übermenschliche Eigenschaften in sich: Er war unfehlbar (der Duce und später auch der Führer „haben immer Recht“) und verfügte über untrügliche Intuition (die bei Mussolini als *intimo convincimento* Berühmtheit erlangte), Allmacht (in der sich bei Stalin Marx‘ „allmächtige weil richtige“ Lehre widerspiegelte) und die Kraft, alle Feinde – innere wie äußere – zu besiegen. Dank dieser Fähigkeiten errang der Führer ungeheuere Erfolge: Er überwand die Wirtschaftskrise und beseitigte die Arbeitslosigkeit, er erweiterte die Grenzen des Reichs und verwandelte den Staat in eine Militär- und Wirtschaftsmacht, manchmal kehrte er sogar den Lauf der Flüsse um – und immer veränderte er das Gesicht der Nation. Diese Erfolge waren im Übrigen lediglich dazu gedacht, den Menschen einen Vorgeschmack auf das ewige Paradies zu vermitteln, das sie in Form des tausendjährigen Reichs, eines neuen *imperium Romanum* oder des Weltkommunismus zu erwarten hatten, sofern sie bereit waren eine kleine Gegenleistung zu erbringen und dem Führer und seiner Mannschaft blinden Gehorsam zu leisten.

Im Unterschied zu Hitler musste Mussolini auf seinem Weg an die Spitze der Macht mehrere Phasen durchlaufen. Der „Marsch auf Rom“ im Jahre 1922 gestattete der faschistischen Partei den Eintritt in eine Koalitionsregierung mit der Rechten, die allerdings nach den von den Faschisten manipulierten Wahlen von 1924 gegen Mussolini aufzumucken begannen. Die Folge davon war ein erneuter Staatsstreich im Januar 1925, in dessen Zuge Mussolini den totalen

Staat auf der Grundlage einer korporativen Wirtschafts- und Sozialverfassung und sich selbst als dessen Führer – *il Duce* – ausrief.

Die totalen Regime Italiens und Deutschlands rückten zwei Hauptwerte in den Vordergrund: den Staat und die Nation. In der italienischen Fassung hatte der Staat Vorrang vor der Nation, was u.a. von der Skepsis rührte, die Mussolini (ähnlich wie einst Machiavelli, den der Duce als seinen Lehrmeister ansah) den Italienern und ihrer Fähigkeit zu Heroismus, Hingabe und Disziplin entgegenbrachte. Folgerichtig bekam der Staat die Aufgabe zugewiesen, das Volk an nationale Tugenden heranzuführen, d.h. es zu lehren, das Gemeinwohl über die Interessen Einzelner zu stellen, ihm Tapferkeit und Disziplin beizubringen und seinen Glauben an die faschistische Doktrin zu festigen. Die Devise, die es im Faschismus zu beherzigen galt, lautete dementsprechend: „glauben, gehorchen, kämpfen". Aus Machiavellis Lehren zog man den Schluss, dass in bestimmten Ausnahmesituationen – wenn etwa das Volk in seiner Existenz bedroht ist oder ein Umsturz bzw. ein Bürgerkrieg ins Haus steht – die Diktatur des Herrschers (des „Fürsten" bei Machiavelli, und des jetzigen „Führers") als letzte Rettung unumgänglich ist. In einer solchen Lage habe das Recht gegenüber der Politik zurückzustehen, denn es komme nun einzig und allein auf die Wirksamkeit des Handelns an. Der „Staat im Ausnahmezustand", der eigentlich nur als Mittel zum Zweck dienen sollte (nämlich dazu, einen neuen Menschen und eine neue Nation zu formen), verkam dann allerdings alsbald zum Selbstzweck und das „Regieren im Ausnahmezustand" wurde paradoxerweise zum Dauerzustand. Damit war die Allmacht des Staates hergestellt und verkörpert wurde sie vom Duce.

Der Duce war nicht nur Chef der Regierung, sondern ihm unterstanden auch sechs Ministerien: Er bestimmte die Richtlinien in der Innen- und Außenpolitik, hatte im Bereich der Körperschaften das Sagen und stand den Land-, Luft- und Seestreitkräften als Oberbefehlshaber vor. Außerdem führte er den Vorsitz im Großen Faschistischen Rat, einer Art Superparlament. Die Entscheidungen des Führers hatten Rechtskraft und waren als solche ebenso verbindlich wie die der früheren absolutistischen Herrscher. Dem faschistischen Staat räumte der Duce Vorrang vor der Regierungspartei ein, was u.a. in dem Grundsatz zum Ausdruck kam, dass der Generalsekretär der PNF (*Partito Nazionale Fascista*) eines der Ministerämter bekleidete. Den inneren Aufbau der Partei regelten staatliche Gesetze und Dekrete. In der Partei herrschte nicht der Hauch von Demokratie, alle hatten sich dem Führer, dem man blinden Gehorsam schuldete, bedingungslos zu unterwerfen. Die Partei hatte alleinigen Zugriff auf einige wichtigen öffentlichen Ämter, die sie mit ihren Mitgliedern durchsetzte. Wer neu in den Reihen der Partei aufgenommen werden wollte, musste zunächst den Treueid auf den Führer schwören und bekam danach als Symbol der Verpflichtung zum Kampf einen Karabiner überreicht. In der Praxis jedoch verließ man sich bei der Ausübung von Gewalt nicht auf parteiliche Kampftrupps – wie dies etwa bei Hitler der Fall war –, sondern griff auf den Staatsapparat zurück. Die Losung, die Mussolini ausgegeben hatte – „alles durch den Staat, nichts ohne den Staat und nichts gegen den Staat“ – und mit der das Primat des Staates über die Partei besiegelt wurde, war also keine leere Rhetorik, sondern wurde buchstabengetreu umgesetzt.

Immer wieder wird behauptet, der Faschismus sei ein unvollständiger bzw. unvollendeter Totalitarismus, und in der Tat gibt es gewisse Anhaltspunkte, die diese These zu erhärten scheinen. So wurde etwa keineswegs die Monarchie abgeschafft, die liberale Verfassung von 1848, die so genannte Albertinische Charta, wurde offiziell nicht außer Kraft gesetzt und schließlich hielt man zumindest bis 1939 auch am Parlament fest. Aber lassen wir uns nicht täuschen: Viktor Emmanuel III. aus dem Hause Savoyen saß zwar weiterhin fest auf seinem Thron und blieb offizielles Staatsoberhaupt, aber die Funktionen, mit denen man ihn betraute, waren rein dekorativer Art, im Falle der Verfassung musste man bei genauerem Hinsehen feststellen, dass sie tatsächlich nur *pro forma* existierte, denn die faschistische Gesetzgebung hatte quasi den gesamten Inhalt aus ihr herausgetrennt, und was das Parlament angeht, so entschied über seine Zusammensetzung der Große Faschistische Rat in Übereinkunft mit dem Führer, Wahlen wurden auf plebiszitärem Wege durchgeführt, wobei man nur für eine Kandidatenliste stimmen konnte, sodass glänzende Ergebnisse vorprogrammiert waren, ganz zu schweigen davon, dass es dem Duce selbst oblag, darüber zu befinden, womit sich das Parlament befassen sollte, und er zur Not jederzeit alles per Regierungsdekret durchsetzen konnte.

Es stimmt schon, dass etwa höfische Kreise, die geistliche Hierarchie und bestimmte Gruppen Intellektueller eine gewisse Autonomie genossen. Aber Mussolini musste auch hier mit Blick auf sein Image, das er im Gegensatz zu Hitler sorgfältig pflegte, denn er legte großen Wert darauf, auch in Zukunft in Europa als Staatsmann empfangen zu werden, den Schein wahren und hatte gar keine andere Wahl, als dieses Zugeständnis zu machen, wollte er weiterhin salonfähig bleiben (er blieb es im Übrigen bis zum Überfall auf Abessinien). Ebenso ist richtig, dass der Faschismus in Italien bei der Mehrheit der Bevölkerung auf Rückhalt stieß und dass er weniger teuflische Züge annahm als unter Hitler in Deutschland. Obwohl auch hier 1938 Rassengesetze erlassen wurden, wäre dennoch der Holocaust undenkbar gewesen (französische Juden suchten sogar auf dem Gebiet der kleinen italienischen Besatzungszone in Frankreich Schutz vor Verfolgung durch die Deutschen und Angehörige des Vichy-Regimes). Aber auch dieser „inkomplette“ Totalitarismus bot ein Bild des Schreckens. Er unterhielt Konzentrationslager (wenn auch in geringerem Maße), eine politische Polizei, die folterte und mordete, und eine brutale und willkürliche Administration. Dem Staat war nicht nur alles Politische unterstellt, sondern auch die Wirtschaft und das Berufsleben der Leute wurden staatlich erfasst, wobei sich die verstaatlichten Körperschaften und Zwangsvereinigungen von Arbeitgebern und Arbeitnehmern in einzelnen Wirtschaftsbranchen als besonders hilfreich und nützlich erwiesen.

Im Totalitarismus hiltlerscher Prägung ging der Wettstreit zwischen Staat und Nation anders aus: Hier gewann die Nation die Oberhand und sie sollte von einer aus ihren eigenen Reihen gebildeten Elite, der NSDAP, repräsentiert werden. Der Unterschied zwischen Deutschland und Italien ist darin zu sehen, dass der italienische Staatsapparat mit dem deutschen an Stärke und Leistungskraft nicht mithalten konnte und von der Gesellschaft weniger geachtet wurde. Hitlers Reich war mit einer hervorragend funktionierenden und Respekt einflößenden Staatsmaschinerie ausgerüstet, die ganz fest mit der alten preußischen und bismarckschen Tradition verwurzelt war. Während der Totalitarismus in Italien vor der Aufgabe stand, den Staat zu stärken und aufzuwerten, wollte er in Deutschland genau das Gegenteil bewirken, denn der Staatsapparat konnte leicht zum Rivalen des Führers und seiner Mannschaft werden. Die kompetenten, effizient arbeitenden und konservativ eingestellten Staatsbeamten des Reichs konnten mit Sicherheit weder marktschreierischer Demagogie etwas abgewinnen noch hatten sie für die von Hitler eingesetzten Würdenträger viel übrig, die sie in ihrer ganzen Primitivität durchschaut hatten und deren Brutalität und schlechte Manieren ihnen ein Dorn im Auge waren, und dennoch faszinierte sie Hitler mit seinem politischen Durchsetzungsvermögen und seiner Fähigkeit, sich bietende Gelegenheiten sogleich beim Schopf zu packen, ein kalkuliertes Risiko einzugehen und zu gewinnen.

Im Endeffekt akzeptierten die Staatsdiener – wenn auch nicht immer ohne Zögern und obwohl ab und an jemand absprang – die Vorherrschaft der NSDAP und willigten ein all ihren Sachverstand einzubringen um Hitler bei der Umsetzung seiner Ideen, so verwegen und verbrecherisch sie auch immer sein mochten, tatkräftig zu unterstützen. Als auf der Wannseekonferenz 1942 über technische Probleme des Holocausts debattiert wurde, verfiel keiner von den anwesenden hochrangigen Beamten, Technokraten und Juristen auf den Gedanken, sich der Frage zu stellen, ob es überhaupt vertretbar ist, bei einem so gräulichen Plan mitzuwirken, sondern alle machten sich mit Eifer daran, nach der besten Lösung zu suchen, die zu seiner Verwirklichung führt!

Die Unterwerfung der Staatsmaschinerie gelang Hitler – wie sich herausstellte – auf Dauer: Er konnte sich bis zum Schluss auf sie verlassen, sie war ihm jederzeit treu ergeben und diente ihm selbst in die letzten Wochen vor dem Zusammenbruch des Regimes noch, zu einem Zeitpunkt also, als die höchsten Parteibonzen schon längst von ihm abgefallen waren.

Der Staat, den man das Dritte Reich nannte, fußte auf Hitlers Partei, deren Organisation für den Staatsaufbau beispielgebend sein sollte. Die Konzeptionen bezüglich der Staatsform, die dem Programm der NSDAP aus dem Jahre 1920 entstammten, waren indes noch undurchsichtig und verschwommen, und sie enthielten noch nicht einmal einen Hinweis darauf, ob der künftige Staat eine Monarchie oder eine Republik sein sollte. Zwar waren die Grundprinzipien, die man einzuhalten gedachte und die sich im Wesentlichen auf Feindschaft gegen Liberalismus, Parlamentarismus und Föderalismus reduzieren ließen, schon festgelegt, doch was die Machtmechanismen angeht, so erteilte hierüber erst das Parteistatut aus dem Jahre 1926 Aufschluss. Hitler verwarf die Idee eines kollektiven Parteiorgans nach dem Vorbild des Großen Faschistischen Rats, und selbst die Aussicht auf ein Gremium, das dem Führer jederzeit beratend zur Seite stünde, vermochte ihn nicht umzustimmen. Natürlich wurden regelmäßig Parteitage einberufen, aber diese hatten mit Zusammenkünften und Kongressen, wie man sie von normalen Parteien her gewohnt war, herzlich wenig zu tun. Sie dienten weder zur Erarbeitung programmatischer Inhalte noch zur Besetzung der Machtinstanzen innerhalb der Partei, sondern waren lediglich politische Kundgebungen von gigantischem Ausmaß. Und auch bei den zum Abschluss der Parteitage stattfindenden Versammlungen der so genannten Corps der politischen Leiter fühlte man sich mitnichten an Sitzungen des Vorstands oder des Zentralkomitees gewöhnlicher Parteien erinnert. All diese Treffen erfüllten lediglich den Zweck, den Bonzen der NSDAP eine Plattform zu bieten, von der aus sie – übrigens in Abwesenheit des Führers selbst – ihre rhetorischen Feuerwerke abbrennen konnten. Hitlers Partei war duch völlige Zentralisierung und hierarchische Ordnung gekennzeichnet, und bei der Besetzung der Parteiinstanzen verfuhr man strikt nach dem Ernennungsprinzip ohne sich dabei auch nur den leisesten Anschein von Demokratie zu geben. Zählte sie 1933 noch rund 700000 Mitglieder, so schwollen ihre Reihen später bis auf ca. 9 Millionen an. Seit jeher durchbrach die NSDAP das staatliche Monopol der Gewaltanwendung, was man vor der „Machtergreifung" noch unter Verweis auf die kommunistischen Schlägertrupps, gegen die man sich zur Wehr setzen müsse, erklärte, was aber nach 1933 vor allem dazu diente, die Vormachtstellung der Partei gegenüber dem Staatsapparat zu sichern. Hitlers Kampftrupps der SA (Sturmabteilung) gehörten 1933 ungefähr 2 Millionen Leute an, während die Zahl derer, die sich der Parteipolizei, der so genannten SS (Schutzstaffel), die schnell die Staatspolizei dominierte und dirigierte, anfänglich bei 50000 lag, um dann später auf einige Hunderttausend anzusteigen.

Das „Führermodell", das in der NSDAP praktiziert wurde, wurde auch auf den Staat angewandt und galt als Richtschnur beim Aufbau des Totalitarismus. Begründet wurde dies damit, dass der „Führungsstil", der für die Partei und damit die Elite der Nation gelte, unbedingt auf den Staatsapparat übertragen werden müsse. Die rechtliche Grundlage für die Errichtung eines „neuen Staates" bildete das berüchtige „Ermächtigungsgesetz" vom 23. März 1933, das vom Reichstag wider geltendes Recht verabschiedet wurde und das die These von der „legalen Revolution“ untermauern sollte. Man stelle sich vor: Damit hatte die Regierung nicht nur das Recht, Gesetze zu erlassen, sondern konnte auch Verfassungsänderungen vornehmen! Die Demokratie, die zur Weimarer Zeit weder bei der extremen Rechten (bei Nationalisten und Nationalsozialisten), noch bei den Kommunisten auf Gegenliebe stieß, war schnell beseitigt. In der Verwaltung wurden Säuberungen durchgeführt, die föderalistische Struktur des Staates wurde aufgehoben, Gewerkschaften und Parteien wurden verboten bzw. gleichgeschaltet, sodass die NSDAP ab Juli 1933 die einzige legale Partei war. Der Reichstag wurde nicht aufgelöst und blieb ebenso erhalten wie die demokratische Wahlordnung. „Wahlen“ fanden in den Reihen der NSDAP sogar relativ häufig statt (allein 1933 gleich zweimal, danach noch 1936 und 1938), wobei Wahlbeteiligung und -ergebnis ähnlich wie im Falle der Volksbefragungen, die Hitler zur „Bestätigung“ seiner Politik – etwa beim Austritt aus dem Völkerbund oder beim Anschluss Österreichs – veranstalten ließ, in der Regel bei 99% lagen. Der Reichstag trat nur selten zusammen, er tat das, was man ihm erlaubte – und das war wenig genug, wenn man bedenkt, dass in der Zeit von 1933 bis zum Ausbruch des Krieges den Reichstag gerade einmal sieben (!) Gesetze passierten -, meistens jedoch beschränkte sich seine Rolle darauf, den Reden Hitlers und seiner Helfer zu lauschen und nach deren Auftritten Nazilieder zu singen (nicht umsonst wurde der Reichstag in Europa als „bestbezahlter Männerchor der Welt“ verspottet).

In diesem System war der Wille des Führers, dessen Machtfülle an die eines Pharaos erinnerte, oberstes Gesetz. Theoretisch sollte ihn der Reichspräsident, Marschall Hindenburg, kontrollieren, aber das war pures Wunschdenken der Demokraten. Nach Hindenburgs Tod im August 1934 vereinte Hitler die beiden Ämter des Reichspräsidenten und Reichskanzlers zur Institution des „Führers und Kanzlers des Reichs“. Es stimmt zwar, dass trotz äußerster Machtzentralisierung das Dritte Reich kein monolithisches Gebilde darstellte, sondern dauernd dem Konkurrenzkampf einflussreicher Personen bzw. Angehöriger von Parteiclans und Regierungsressorts ausgesetzt war, doch niemand in den Machtzentren wagte es, sich mit Hitler anzulegen – im Gegenteil: Man stritt um die Gunst des Führers, man suchte seine Zustimmung und seine Fürsprache bei der Durchsetzung eigener Pläne, und das wiederum erleichterte es dem Diktator, nach dem alten Grundsatz „teile und regiere“ zu verfahren.

Das Regime ging mit einer erstaunlichen Effizienz zu Werke, was darauf zurückzuführen war, dass es gelang sich die gut funktionierende Staatsmaschinerie untertan zu machen und dabei jene Kreise – etwa in Diplomatie, Generalstab und Reichsbank – für sich zu gewinnen, in denen die konservativen Kräfte den Ton angaben. Diese begannen bekanntlich erst im Angesicht der unvermeidlichen Kriegskatastrophe aufzubegehren und Widerstand zu leisten, und nicht einmal dann stellten sie sich besonders geschickt an.

Einen Großteil seiner Wirksamkeit hatte das System sicherlich auch dem Rückgriff auf Methoden des Terrors zu verdanken, die durch ihre Hinterhältigkeit, Unvorhersehbarkeit und Unbestimmbarkeit dazu führten, dass die Menschen immer mehr aus ihren sozialen Bindungen herausgelöst wurden. Wenn man nicht weiß, wer bedroht ist und warum, dann ist es allemal besser, sich zu isolieren und von anderen fern zu halten – so lautete der allgemeine Tenor. An die Stelle authentischen gesellschaftlichen Engagements traten „mechanische" Solidaritätsbekundungen innerhalb der vom Regime gelenkten Massenorganisationen, deren Auftritte dem Außenstehenden den Eindruck einer effektvollen Theaterinszenierung mit marionettenhaften Darstellern vermittelten.

Aber selbst diese Aktivitäten bestachen durch ihre Aufrichtigkeit – niemand heuchelte, alle standen geschlossen hinter der Sache des Nationalsozialismus –, was nicht zuletzt auf die Indoktrinierung zurückzuführen sein dürfte, die eindrucksvoll gestaltet und gesellschaftstechnisch sehr versiert angegangen wurde und bei der man hervorragend die Empfindlichkeit der Rezipienten auszunutzen wusste. Vor der „Machtergreifung" machte man sich die von den Monarchisten seinerzeit in die Welt gesetzte „Dolchstoßlegende" zunutze – der zufolge der Krieg 1918 nicht auf dem Schlachtfeld, sondern in der Heimat durch den Verrat, den Juden und Kommunisten am Volk begingen, verloren wurde – und erinnerte dauernd an die „Schmach von Versailles", womit man den Versailler Vertrag meinte, von dem man behauptete, er habe Deutschland um Land und Geld betrogen, habe es wehrlos gemacht usw. Die Weimarer Republik wurde in diesem Zusammenhang als volksfeindliches Regime hingestellt, dass der jüdischen Plutokratie willfahre und unfähig sei, mit der Krise fertig zu werden. Nach 1933 hingegen änderte man die Strategie und stellte die Genialität des Führers heraus, der die Krise bezwang, die Arbeitslosigkeit beseitigte, die Schmach von Versailles vergessen ließ, die militärische Schlagkraft Deutschlands wieder herstellte, Österreich, das Sudetenland, Böhmen und Mähren sowie das Memelland besetzte ohne auch nur einen Schuss abzugeben und schließlich die arroganten und dummen Politiker des Westens vor den Augen der Welt bloßstellte und lächerlich machte. Charismatische Macht hat allerdings einen Nachteil: Sie muss sich ständig aufs Neue bewähren, braucht Triumphe so dringend wie die Luft zum Atmen, denn reißt der Siegeszug ab, lässt der Glaube an die magische Kraft des Systems nach und das gesamte totalitäre Konstrukt fällt wie ein Kartenhaus in sich zusammen.

Zwischen dem westlichen und dem bolschewistischen Totalitarismus klafft eine große Lücke und einer der Hauptunterschiede, der die beiden voneinander trennt, liegt sicherlich im Grad der politschen Heuchelei. Mussolini lobte die

„Aufrichtigkeit“ des Faschismus, der weder mit seinen Zielen noch mit seinen Machtmechanismen hinterm Berg hielt, und auch Hitlers Absichten und Vorstellungen hinsichtlich des Staatsaufbaus waren hinreichend bekannt: So manches wurde unter Verschluss gehalten und vor der Öffentlichkeit verborgen, aber aus der Funktionsweise des Systems machte man, wie die offiziellen Dokumente überdeutlich belegen, nie einen Hehl. Anders der Stalinismus, der dafür sorgte, dass sich mit zunehmendem Maße der „Totalisierung“ der Macht zwischen Lehre und Praxis, zwischen politischer Fassade und Wirklichkeit eine immer tiefere Kluft auftat, und der dabei einen immer größeren Zynismus an den Tag legte. Nach wie vor ist umstritten, inwieweit Marx, auf den sich die Bolschewisten eisern beriefen, an dieser Entwicklung des „ersten Arbeiterstaates“ die Verantwortung bzw. Mitschuld trägt. Marx‘ Verteidiger geben zu bedenken, dass für ihn die „Diktatur des Proletariats“ (und auch die Verstaatlichung der Produktionsmittel!) nicht das Ziel, sondern lediglich das Instrument war, mit dem das Endziel – die völlige Freiheit des Individuums in einer freien, klassen- und staatenlosen Gemeinschaft – erreicht werden sollte.

Im Grunde genommen missachtete Marx die zivilisatorische Rolle des Staates, den er als Feind des freien Individuums in einer freien Gesellschaft ansah, und trotz der harten Auseinandersetzungen, die er mit den Anarchisten führte, stand er doch deren Alternative sehr nahe, die da lautete: „entweder Staat oder Freiheit“. Der Unterschied zwischen beiden Richtungen lag darin, dass die Anarchisten die gewaltsame Abschaffung des Staates auf revolutionärem Wege und die unverzügliche „Einsetzung“ einer freien Gesellschaft forderten, während Marx das „Verschwinden“ bzw. „Absterben“ des Staates im Zuge der Errichtung einer sozialistischen Ordnung vorschwebte. Als die deutschen Sozialisten jedoch in ihr Programm von Gotha 1875 die These vom postrevolutionären „freien Volksstaat“ aufnahmen, wurden sie von Marx als Dummköpfe verschrien. Marx und Engels hatten von dieser Materie eine klare Vorstellung: „Solange sich das Proletariat noch des Staates bedient, so tut es dies nicht um der Freiheit willen, sondern deshalb, um seine Feinde in Schach zu halten, und wenn schließlich von Freiheit die Rede sein kann, dann hat der Staat als solcher aufgehört zu existieren“. Es ist bemerkenswert, dass Lenin 1917 glaubte, dass jenes „Verschwinden“ des Staates gleich im Anschluss an die Revolution einsetzen könne, dass nach dem Sieg des Proletariats ein Staat „ohne Bürokratie, ohne Polizei, ohne ständige Armee“ entstünde, dass die Massen sofort die Kunst des Regierens und Wirtschaftens erlernten, dass die Räte der Volksdeputierten unter strengster Kontrolle der Arbeitermassen die legislative und exekutive Gewalt ausübten... Dieses halbanarchistische Staatsmodell versuchte man einige Monate lang nach der nahezu ohne Blutvergießen vollzogenen Machtübernahme durch die Bolschewisten im November 1917 anzuwenden. Man meinte, man könne auf Armee und Polizei verzichten und das bewaffnete Volk genüge völlig, um die Ordnung aufrechtzuerhalten, „die Feinde [des Volkes] in Schach zu halten“ und gleichzeitig den Wandel zum Sozialismus zu bewerkstelligen. Aber schon im Frühjahr 1918, als das sowjetische Russland bereits über dem Abgrund schwebte, zeigte sich, wie weit man mit dieser Konzeption der Machtausübung „ohne Bürokratie, Polizei und ständige Armee“ gekommen war. Die lokalen Räte setzten sich einfach über die Anordnungen, die ihnen der Rat der Volkskommissare – d.h. die Zentralregierung – von Petrograd aus erteilte, hinweg, und in den Gouvernements behalf man sich damit, dass man eigene Dekrete erließ und eigene Regierungen (wie sie bolschewistischer nicht hätten sein können) einsetzte. Die Disziplin in Gesellschaft und Wirtschaft brach zusammen, die Produktion ging drastisch zurück, Russland drohte eine Hungersnot. „Wir stehen am Rande einer Katastrophe“, konstatierte Lenin, und im März 1918, nachdem die bolschewistische Partei den Entschluss gefasst hatte, von der halbanarchistischen Gesellschaftsordnung abzurücken, flüchtete man sich in die Diktatur. Diese richtete sich nicht gegen die Feinde des Bolschewismus (der Bürgerkrieg tobte ja erst ab Mai-Juni), sondern zielte auf das von den Bolschewisten selbst angerichtete Chaos. Und jetzt war die Zeit reif für die Umsetzung der oben zitierten marxistischen Maxime – „solange der Staat existiert, gibt es keine Freiheit, und wenn es die Freiheit gibt, dann gibt es keinen Staat mehr“ –, die Lenin von Marx und Engels übernahm und mit der der Startschuss zum totalen Kommunismus gegeben wurde.

Im Unterschied zum faschistischen Totalitarismus konnte das bolschewistische Regime keinen Anspruch auf historische Neuheit erheben. In ihm liefen nämlich zwei – scheinbar einander entgegengesetzte – Strömungen zusammen: zum einen die zaristische Alleinherrschaft, zum anderen die revolutionäre Tradition Russlands im 19. Jahrhundert. Während des Zarentums sammelte man langjährige Erfahrung im Bereich despotischen Regierens, und die eigene russische Revolutionskultur wurde hauptsächlich durch das Gedankengut der *narodniki* (Volkstümler) geprägt, das in seiner radikalen Fassung von Piotr Tkatschow verfochten wurde. Dieser war davon überzeugt, dass die sozialistische Revolution im rückständigen Russland eine Chance hat, sofern sie von zielbewusst und entschlossen agierenden Berufsrevolutionären angeführt wird, und dass der Sozialismus auf russischem Boden nur unter ihrer Diktatur und bei gleichzeitiger Unterbindung des freien Handelns des Volkes gedeihen kann.

Beide Hinterlassenschaften trafen schon gleich nach 1918 aufeinander, als die Bolschewisten einsahen, dass das amateurhafte Machtsystem ohne Bürokratie, Polizei und Armee, das man ursprünglich installieren wollte, dem Untergang geweiht ist, wenn es keine Unterstützung von erfahrener und professioneller Seite erfährt und wenn man sich weigert, alteingesessene Beamte und Offiziere, Produktionsingenieure und -manager aus zaristischer Zeit hinzuzuziehen. Also ging man dazu über, Administration, Armee und Industrie nach und nach mit Personal aufzufüllen, das bereits unter dem Zaren seinen Dienst verrichtet halte. So kam es beispielsweise, dass in der Roten Arbeiter- und Bauernarmee (RKKA) 50- bis 60000 zaristische Offiziere Aufnahme fanden, von denen einige sogar noch den Zweiten Weltkrieg mitmachten.

Zusammen mit den Leuten kehrten auch Routine, Methodik und Technik des Ancien Régime zurück. Einiges davon stieß bei den Bolschewisten durchaus auf Akzeptanz, anderes wiederum wurde – ebenso wie im Übrigen die alten Kader – mit Misstrauen bedacht. Einig war man sich hinsichtlich der Notwendigkeit, eine starke und professionelle „revolutionäre Avantgarde" in Form eines Parteiapparats – der bislang nur ansatzweise existierte – aufzustellen, um den alten Spezialisten auf die Finger zu schauen, die Massen zu erziehen und, wie sich Tkatschow ausdrückte, „die chaotische Differenziertheit der Individuen aufzuheben und alle auf einen gemeinsamen Nenner zu bringen", mit anderen Worten: einen neuen – den „sowjetischen" – Menschen zu formen. Damit waren die beiden scheinbar so widersprüchlichen Traditionen – zaristischer Despotismus einerseits und Regentschaft von Berufsrevolutionären andererseits -, die in der Ablehnung von Freiheits- und Bürgerrechten und der Feindschaft gegenüber demokratischen Machtmechanismen ihre gemeinsame Wurzel entdeckt hatten, endgültig friedlich miteinander vereint.

Der bolschewistische Totalitarismus reifte in einem langen Prozess, der sich bis in die Dreißigerjahre hinein erstreckte. In der ersten Dekade wetteiferten zunächst verschiedene Machtzentren miteinander. Die – untereinander stark zerstrittene – bolschewistische Linke mit Trotzkij, Kamenew, Sinowjew und Priobreschenskij hatte großen Einfluss auf die Armee, den sie dank der Kommunistischen Internationalen auch auf die Außenpolitik ausdehnen konnte. Ihnen gegenüber stand zum einen die Rechte, die sich um Rykow, Bucharin und Tomskij formiert und sich den Zugriff auf die Wirtschaft gesichert hatte, zum anderen die Mitte um Stalin, Molotow und Kaganowitsch, die sich des Parteiapparats bemächtigt hatte. Gewerkschaften und Komsomol konnten eine gewisse Teilselbständigkeit wahren, die sie in die Lage versetzte, sich ab und an der Parteiführung und der Regierung zu widersetzen. Mit Lenin, der 1924 starb, nachdem er sich zuvor schon schwer krank von der Macht zurückgezogen hatte, ging dem Bolschewismus sein charismatischer Führer verloren. An Kandidaten, die sein Erbe antreten wollten, mangelte es nicht, aber nur Stalin schaffte es, sich allmählich diesem Ziel zu nähern, indem er aus der scharfen Rivalität zwischen den Linken und Rechten in der Partei Kapital schlug: Zunächst verbündete er sich mit den Linken gegen die Rechten, dann drehte er den Spieß um und unterstützte die Rechten in ihrem Kampf gegen die Linken, bis er schließlich am Ende alle Rivalen gegeneinander ausgespielt und im Wettstreit um die Macht ausgeschaltet hatte und somit er allein als potentieller Nachfolger Lenins noch übrig geblieben war. Unter seiner Führung entwickelte sich der

Parteiapparat zu einem gewaltigen Machtinstrument. Eine erste große Demonstration des Kultes, der um seine Person veranstaltet wurde, bildeten die byzantinischen Zeremonien, die 1929 anlässlich seines fünfzigsten Geburtstags abgehalten wurden.

Dem dichten Kontrollnetz, das die Partei über das ganze Land gespannt hatte, konnte bis Ende der Zwanzigerjahre nur die Landbevölkerung entschlüpfen. Da die Zahl der Landwirtschaften von 17 Millionen vor der Revolution auf inzwischen stattliche 23 Millionen angewachsen war, musste man nun alles daransetzen, auch dieses Element unter Aufsicht zu stellen, wollte man den totalen Machtanspruch aufrechterhalten und verwirklichen. Der Kollektivierung, die in jener Zeit eingeführt wurde, lag neben dem zweifelhaften und innerhalb der Partei heftig umstrittenen wirtschaftlichen auch ein starkes politisches Motiv zugrunde: Die Stalinisten stellten sie als Neuauflage des Bürgerkriegs hin, eines Krieges gegen den Klassenfeind, der die Städte aushungert und die Industrialisierung hemmt. Das Drama, das man im Zusammenhang mit der Kollektivierung inszenierte, gestattete es, auf Kosten der Landwirtschaft, die völlig zusammenbrach, und der Bauern, die ein wahres Martyrium erlebten, das gesamte Staatsterritorium und die gesamte Bevölkerung der totalen Diktatur der Partei- und Regierungsbürokratie zu unterwerfen. An ihrer Spitze stand Stalin als ihr Produkt und Herr in einer Person, der – ähnlich wie der Führer und der Duce – immer Recht hatte und imstande war, auf der Grundlage der „allmächtigen Lehre von Marx" „wissenschaftliche Wunder" zu bewirken: Auf sein Konto gingen immerhin die siegreichen Fünfjahrespläne (*pjatiletki*), die erfolgreiche Kollektivierung der Landwirtschaft, die Vergrößerung des Staatsgebiets als Ergebnis des – wie man sagte – „Triumphs über das von Hitler unterjochte Europa" und die Expansion des Kommunismus in der Welt (nach 1945 wird Stalin von der Propaganda schon als „Führer der Menschheit" gepriesen).

Die Größe des Staates und die Skala der Probleme, mit denen sich der Kommunismus auseinander zu setzen hatte, schränkten Stalin in seinen Möglichkeiten zur persönlichen Machtentfaltung im Vergleich zu Mussolini oder Hitler ein. Die Partei- und Regierungsbürokratie profitierte einerseits davon, da sie auf diese Weise ihren Handlungsspielraum erweitern konnte, andererseits jedoch ging sie damit ein tödliches Risiko ein, denn wehe, wenn der Führer zu der Auffassung gelangte, dass mit dieser Selbständigkeit schlecht umgegangen oder sogar Schundluder getrieben wurde!

Ebenso wie im Naziregime, so war auch hier die Partei – zunächst die WKP (b) [*Wsesojusnaja Kommunistitscheskaja Partia (bolschewikow)*], danach die KPdSU – dem Staatsapparat vorgeschaltet, sodass Stalin sehr gut ohne Staatsämter auskommen bzw. diese anderen überlassen konnte: In den Jahren 1930–1941 war Molotow Regierungschef, während das fassadenhafte Amt des

Staatsoberhaupts der farblose Michail Kalinin bis zu seinem Tod im Jahre 1947 bekleidete. Die Partei dirigierte unter der diktatorischen Macht ihres Generalsekretärs Stalin Regierung, Armee und Polizei. Die Armee fügte sich gehorsam in ihr Schicksal, als sie in den Jahren 1937–1938 zum Schauplatz blutiger Säuberungsaktionen wurde, und auch die politische Polizei (TscheKa, GPU) konnte sich trotz ihres weit verzweigten Netzes und trotz Massenterror, den sie betrieb, dem Zugriff der Partei – sprich: Stalin – nicht entziehen und war ihr hilflos ausgeliefert. Dies bekamen sowohl ihre Chefs (Jagoda, Jeschow) als auch deren Untergebenen – letztere massenweise – zu spüren, die der Führer alle ohne mit der Wimper zu zucken in den Tod schickte, und was den Terror angeht, den die Polizei verbreiten sollte, so wusste er diesen höchstpersönlich in Gang zu setzen und passte dabei ganz genau auf, dass ihm keines der von ihm auserkorenen Opfer entwischte.

Die Festigung des Totalitarismus in seiner vollen Ausprägung fiel zeitlich mit der Verkündung der Grundsteinlegung für den Sozialismus in der UdSSR und mit der Änderung der offiziellen politischen Doktrin zusammen. Von einem „Absterben" des Staates nach der Zementierung des Sozialismus war längst keine Rede mehr (Stalin ließ verlautbaren, dass ein solcher Prozess erst dann einsetzen kann, wenn der Sozialismus auf der ganzen Linie gesiegt, d.h. sich weltweit durchgesetzt habe und wenn noch einige andere – ähnlich überzogene -sozioökonomische Voraussetzungen erfüllt seien). Aber man hatte eingesehen, dass die Trennalternative „entweder Freiheit oder Staat" schon überholt war, dass man auf das Geschenk der Freiheit nicht bis zu dem Augenblick warten musste, in dem der Staat abzusterben begann, denn die wahrhaftigste und beste Freiheit unter der Sonne war in der UdSSR doch bereits Realität – zwar mit der kleinen Einschränkung, dass Feinde des Volkes nicht in ihren Genuss kamen, aber immerhin. Eben diese Freiheit der „sowjetischen Menschen" breitete die – stalinistisch genannte – Verfassung von 1936 vor der Weltöffentlichkeit aus und avancierte damit zu einem wahren Meisterwerk der politischen Heuchelei.

Die Verfassung sah den erzdemokratisch gewählten Obersten Sowjet als höchstes Machtorgan vor und wies ihn an, in seiner Eigenschaft als Parlament die ihm zur Rechenschaft verpflichtete Regierung, den Rat der Volkskommissare, zu berufen. Damit war auf Landesebene eine Struktur vorgegeben, die anschließend auf die unteren Verwaltungsstufen heruntergebrochen wurde, sodass überall nach dem Prinzip verfahren wurde, dass aus demokratischen Wahlen hervorgegangene Räte entsprechende ihnen verantwortliche Exekutivinstanzen einsetzten. Aber damit nicht genug: Die Bürger der UdSSR wurden von der Verfassung durch einen solch umfangreichen Katalog an Rechten und Freiheiten verwöhnt, dass man im Westen geradezu vor Neid erblassen musste, und als man dann auch noch den Unionsrepubliken das Recht zugestand, aus dem Verband der Sowjetunion auszutreten und somit dem Föderalismus, der

1922 eingeführt und von Anfang an als Deckmantel für den bürokratischen Zentralismus, der sich hinter dieser Fassade verbarg, missbraucht wurde, die Krone aufsetzte, war die Herrlichkeit perfekt...

Gleichzeitig verschwieg die stalinistische Verfassung die tatsächlichen Machtfedern, indem sie weder über den Generalsekretär der Partei noch über Politbüro und Zentralkomitee auch nur ein Wort verlor. Mit ihr wurde vorsätzlich ein Grundgesetz geschaffen, das dem Recht einen ebenso stabilen Rahmen verlieh wie einst die Sperrholzplatten den berühmten potjomkinschen Dörfern und in dem sich die ganze politische Schizophrenie, die Spaltung von realer und imaginärer Wirklichkeit, die den Stalinismus so einzigartig machte und ihn so grundlegend von Faschismus und Nazismus – wo man weder Liberalismus noch Demokratie vortäuschte – unterschied, niederschlug. Man kann lange darüber streiten, was besser ist: die brutale „Aufrichtigkeit" des Faschismus (die auch der leninistischen Phase des Bolschewismus nicht fremd war) oder die zynische Heuchelei des Stalinismus, der die Hoffnung wach hielt, dass der Graben zwischen den „beiden Wirklichkeiten", nachdem er nun schon als solcher erkannt wurde, zugeschüttet und damit endlich die Chance genutzt wird, die Weichen für die Zukunft zu stellen und die Entwicklung des Systems in positive Bahnen zu lenken. Nur spekulieren lässt sich auch über die Motive, die die „sowjetischen Menschen" dazu bewogen, die despotischen Anforderungen, die der Bolschewismus an sie stellte, mit so großer Bereitschaft zu erfüllen: Handelte man aus innerer Überzeugung heraus, oder lag es an der Passivität der Leute und ihrem niederen Grad an politischer Kultur und Kultur im Allgemeinen, oder aber fürchtete man ganz einfach die massiven Zwangsmaßnahmen, die drohten, falls man sich dem System verweigerte? Welcher dieser Gründe im Einzelnen letztendlich den Ausschlag gab, lässt sich nur schwer beurteilen, fest steht, dass alle eine Rolle spielten und dass sie durchaus auch gebündelt auftreten konnten, wie dies im Falle der so schwer geprüften russisch-orthodoxen Kirche geschah, deren nachgiebige Haltung dem Regime gegenüber zum einen auf traditionellen Machtkonformismus zurückging und zum anderen der Angst vor Repressalien und Terror entsprang.

Die stalinistische Indoktrinierung vermochte an die Raffinesse eines Goebbels nicht heranzureichen und verlief ebenso primitiv wie Stalins Kampf um die Macht: Mit seiner Rhetorik umwarb er die Parteilinke, mit seinem vorsichtigen Handeln fand er bei den Rechten Anklang, sodass im Endeffekt beide Flügel behaupten konnten, er sei einer von „ihnen" (und er nur noch seine Worte und Taten miteinander in Einklang bringen müsse) oder zumindest einer, der von ihnen gewonnen werden kann. In diesem Zusammenhang mutet es schon seltsam an, dass die Anführer der beiden Fraktionen, Kamenew und Bucharin, obwohl sie Stalin intellektuell überlegen waren, das üble Spiel, das er mit ihnen trieb, erst dann durchschauten, als es bereits zu spät war. Plump stellte sich im Übrigen auch die bolschewistische Propaganda an, wenn auch die Argumente, mit denen sie zu Felde zog – Großmachtstellung des sowjetischen Imperiums, Industrialisierung des rückständigen Landes, Bildungsoffensive – sehr verlockend klangen und bei dem einen oder anderen ihre Wirkung sicherlich nicht verfehlten. Aber darüber lässt sich erst nach weiteren Untersuchungen Genaueres sagen.

Ein weiteres Merkmal, das den Stalinismus kennzeichnet und ihn vom Faschismus trennt, ergibt sich aus der Tatsache, dass sich die Sowjetmacht mit der Unterdrückung ihrer Bürger viel leichter tat, da der Polizeiterror, mit dem der totalitäre Staat das Land überzog, mit dem Staatseigentum an den Produktionsmitteln einherging (auch die „genossenschaftlichen" Kolchosen wurden in Wahrheit vom Staat gelenkt). So kam zur allgemeinen Angst auch noch die ständige Furcht vor dem Verlust der – in staatlicher Obhut befindlichen – Mittel zur Bestreitung des Lebensunterhalts, die die normalen Leute quälte und sie zu um so größerer Ergebenheit gegenüber den Machthabern anspornte.

Der sowjetische Staat, der das Monopol über die gesamte Wirtschaft an sich riss und damit die alleinige Verantwortung für diesen Bereich übernahm, breitete vor den Leuten das Bild einer Gesellschaft aus, die die völlige Befriedigung der „dauernd wachsenden Bedürfnisse" sicherstellt. In Wirklichkeit ließ die leuchtende Zukunft, die man voraussagte, beharrlich auf sich warten, denn sowohl die Landwirtschaft als auch die Industrie schafften es wenn überhaupt, so nur mit Mühe die elementarsten Bedürfnisse der Menschen zu decken. Die Schuld für wirtschaftliche Fehlleistungen schob man aber wie immer den Feinden des Volkes in die Schuhe, und so landeten auf Stalins Schreibtisch Standardberichte, in denen Missstände wie verfaultes Getreide in einer Kolchose oder durch Fabrikabwässer vergiftete Flüsse auf Trotzkisten oder Leute, die mit der Gestapo oder gar mit dem japanischen Geheimdienst gemeinsame Sache machten, abgewälzt wurden.

Gerade diesem Umstand ist es neben dem Bestreben, den „bürgerlichen Nationalismus" auszumerzen, zu verdanken, dass der stalinistische Terror nicht nur diejenigen traf, bei denen man eine oppositionelle Gesinnung vermutete oder die zumindest der Illoyalität verdächtigt wurden, sondern auch ganz normale und einfache Bürger, die sich von der Politik fernhielten, erfasste. Kein Zweifel: Hitlers Totalitarismus war gewiss Teufelswerk und als solches kaum zu überbieten, aber einen abscheulicheren Anblick bot der Stalinismus.

Geteiltes Europa

Der Zweite Weltkrieg hat Europa schwer gezeichnet: Ganz abgesehen davon, dass es gewaltige Verluste an Material sowie Leib und Leben hinnehmen musste und den schweren moralischen Schlag, den ihm der Holocaust versetzte und der es in noch nie da gewesener Weise erschütterte, zu verkraften hatte, büßte Europa zusätzlich noch seine Vorherrschaft in der Welt ein und musste im Laufe von etwas mehr als einem Jahrzehnt seine gesamten Kolonialbesitztümer aufgeben. Und auch damit noch nicht genug: Schließlich musste sich Europa fast ein halbes Jahrhundert lang mit der Teilung abfinden, die durch das Herablassen des eisernen Vorhangs, wie sich Churchill seinerzeit ausdrückte – womit er allerdings etwas übertrieb, denn so undurchlässig, wie der Name vermuten lässt, war die Grenze zwischen Ost und West nun auch wieder nicht – vollzogen wurde. Die Geschichte wollte es so, dass jene Teilung entlang der Elbe mit der schon einige Jahrhunderte währenden und für die Gestaltung der sozioökonomischen Verhältnisse sowie für die zivilisatorische Entwicklung eines „besseren" und eines „schlechteren" Europas so eminent bedeutsamen Teilung des Kontinents entlang der Linie „zwischen Hamburg und Triest" zusammenfällt. Eine der tollsten Versprechungen, mit denen der Kommunismus lockte, war ohne Frage die Ankündigung, die Unterschiede zwischen West und Ost zunächst zu minimieren – d.h. den Osten an das Westniveau möglichst nahe heranzuführen – um dann zum großen Schlag auszuholen, die jahrhundertelange Tradition umzukehren und gemäß der von Stalin ausgegebenen Vorkriegslosung den Westen schließlich „einzuholen und zu überholen". Chruschtschow sagte voraus, der Kapitalismus müsse sich darauf einstellen, dass der Kommunismus im Jahre 1980 zum Überholvorgang ansetzt, also just zu dem Zeitpunkt, als der „real existierende Sozialismus" schwere Risse bekam und sich sein endgültiger Zusammenbruch bereits klar abzeichnete.

Die Linie entlang der Elbe trennte zwei Systeme, die sich nicht nur sozioökonomisch unterschieden, sondern auch politisch völlig voneinander abwichen: Auf der einen Seite herrschten Pluralismus und Demokratie, auf der anderen Seite Totalitarismus und – als der Stalinismus ausgehölt war und sich langsam auf den absteigenden Ast begab – strenger Autoritarismus. Diese banale Feststellung bedarf allerdings einer kleinen Korrektur, denn man darf nicht übersehen, dass sich auch im Westen, konkret: auf der Iberischen Halbinsel, autoritäre Systeme noch lange – in Portugal bis 1974, in Spanien bis 1975 – hielten und dass Griechenland, das in den Jahren 1944–1949 von einem Bürgerkrieg geschüttelt wurde, später einer Militärjunta zum Opfer fiel und sieben Jahre lang Diktatur erleben musste. Aber das waren lediglich periphäre Erscheinungen.

Die politische Nachkriegsentwicklung im demokratischen Teil Europas wurde durch eine Reihe neuer und wichtiger Ereignisse geprägt. An erster Stelle wäre hierbei die Beseitigung der immer noch anhaltenden, traditionellen Bräuche zu nennen, mit dem gegen das Gebot der politischen Gleichheit verstoßen wurde. Mit den Reformen, die man in diesem Sinne anging, wurden so fundamentale Veränderungen wie beispielsweise die politische Gleichstellung der Frauen herbeigeführt, wobei Frankreich allen anderen vorauseilte und das Wahlrecht für

Frauen bereits im Oktober 1945 einführte, während die Schweiz, wo die Frauen erst ab 1971 wählen durften, dieser Entwicklung am längsten hinterherhinkte. Daneben wurden auch Entscheidungen getroffen, die eher symbolischen Wert hatten, wie z.B. die Aufhebung des einer relativ kleinen Zahl privilegierter Wähler vorbehaltenen Rechts auf Abgabe von mehr als nur einer Stimme in Großbritannien 1948. Desweiteren ging man dazu über, diejenigen Staaten, die viele Jahre lang unter totalitärer bzw. autoritärer Herrschaft zu leiden hatten und in denen die demokratische Staatsbürgerkultur nicht traditionell gewachsen war und noch nicht fest Fuß gefasst hatte, schnell und dauerhaft an moderne demokratische Standards heranzuführen. In Deutschland, Österreich und teilweise auch in Italien wachten natürlich die Siegermächte des Zweiten Weltkriegs über den Demokratisierungsprozess, aber in Ländern wie Portugal und Spanien, die ohne Betreuung auskommen mussten und die höchstens von dem demokratiefreundlichen internationalen Umfeld, in das sie eingebettet waren, profitieren konnten (Portugal kam zusätzlich seine Mitgliedschaft im nordatlantischen Bündnis zugute), gestalteten sich die Dinge schon schwieriger. Der in Spanien 1981 unternommene Putschversuch, der die Wiederherstellung eines autoritären Systems zum Ziel hatte, wirkte ziemlich operettenhaft und scheiterte schließlich nicht zuletzt daran, dass sich die neu aufgelegte Monarchie der Bourbonen, die noch 1975 über ein gewaltiges Legitimationsdefizit klagte, inzwischen hervorragend in die Demokratie „eingepasst" hatte. Größere Schmerzen verursachte die Stabilisierung der Demokratie in Portugal, was auf den großen Einfluss der äußersten Linken (Kommunisten und Linksradikale) auf Gesellschaft und Militär zurückzuführen war. In Griechenland war die Lage, nachdem die Spuren, die die Junta hinterlassen hatte, beseitigt waren, schnell bereinigt und es kehrte Normalität ein. Von den Gesetzen, die die „Schwarzen Generäle" erlassen hatten, blieb nur eines (auf der Grundlage eines demokratisch herbeigeführten Volksentscheids) in Kraft, und zwar das über die Abschaffung der Monarchie und den Aufbau einer griechischen Republik.

Die westeuropäischen Nachkriegsdemokratien zeichneten sich durch viel größere Stabilität als zur Zeit davor und gemeinsame Grundsätze aus. Man könnte sogar sagen, dass sie etwas Banales, eine Selbstverständlichkeit geworden und aus dem politischen Leben nicht mehr wegzudenken waren. Rechtlich fand diese Stabilität in der Beständigkeit der Verfassungen ihren Niederschlag, die selbst Frankreich, das auf diesem Gebiet stets für „inflationäre" Verhältnisse sorgte und das, was die Zahl an Grundgesetzen angeht, den absoluten Rekord hält, für sich in Anspruch nehmen kann, denn die Verfassung der Fünften Republik beging 1998 immerhin ihr vierzigjähriges Jubiläum. Die Nachkriegsdemokratie begegnet in verschiedenen Formen: entweder als Monarchie oder als Republik, entweder als unitarischer Staat wie Frankreich und Italien oder als Föderation wie die Schweiz und die Bundesrepublik Deutschland, entweder als parlamentarische Demokratie wie in Großbritannien oder als halbpräsidentielles System wie im Frankreich der Fünften Republik. Trotz aller formaler Unterschiede bekennt man sich dennoch zu den gleichen Grundsätzen, deren Skala von der politischen Gleichstellung der Bürger und der Gewaltenteilung über die politische Verantwortlichkeit der Regierung bis hin zu einem umfangreichen Katalog an Rechten und Freiheiten sowie der Unabhängigkeit der Gerichte reicht.

Aber die Überlegungen, die man im Zusammenhang mit dieser „banalen" Demokratie anstellte, bekamen deutlich mehr Tiefgang, denn die Erinnerung an den Totalitarismus und Autoritarismus, den Europa gerade erfahren hatte, war keineswegs verblasst. Allgemein setzte sich die – allerdings schon seit zweihundert Jahren bekannte – Überzeugung durch, dass der Souveränität des Volkes Grenzen gesetzt werden müssen, dass der Wille der Mehrheit nicht in Willkür und Tyrannei enden darf. Zwar ist die bis auf den heutigen Tag verbreitete Ansicht, wonach Hitler von der demokratischen Mehrheit der Deutschen gewählt wurde, falsch, denn bei den letzten freien Wahlen vom November 1932 entfielen auf die NSDAP nur 33% der Stimmen und im März 1933, d.h. nach der „Machtergreifung" und der Hexenjagd, die nach dem Reichstagsbrand veranstaltet wurde, konnte sie sich gerade einmal auf knapp 44% verbessern, womit sie immer noch die absolute Mehrheit deutlich verfehlte, doch wären in Deutschland im Herbst 1938, d.h. unmittelbar nach Unterzeichnung des Münchner Abkommens, freie Wahlen ausgerufen worden, so wäre Hitler ohne jeden Zweifel als klarer Sieger aus ihnen hervorgegangen.

Vor diesem Hintergrund war es nach 1945 notwendig, das, was sich gerade im Herzen Europas abgespielt hatte, gründlich zu überdenken und die Grenzen, in denen sich die demokratische Macht zu bewegen hatte, neu abzustecken. Am Ende dieses Denkprozesses stand schließlich die Menschenrechtsphilosophie, die von da an einen ungeahnten Aufschwung erlebte und in der sich die allseits verbreitete Auffassung widerspiegelte, dass wirksamen Schutz vor dem Staat und auch vor dem Votum starker Mehrheiten letztlich nur die Menschenrechte, d.h. fest verankerte Rechte der Individuen und Minderheiten, gewährleisten können. Fürwahr schwierig wird es dann, wenn man eine zufrieden stellende Antwort auf die Frage nach ihrem Ursprung geben soll, da sie nicht das Werk des Gesetzgebers und dem Staat übergeordnet sind. Versucht man, sie aus der menschlichen Natur herzuleiten, so bekommt man es mit den Anthropologen zu tun, die dies schlichtweg ablehnen, sieht man in ihnen ein Geschenk Gottes, so erheben sofort alle Nichtgläubigen und Agnostiker Einspruch, betrachtet man sie als etwas, was von der Vernunft auferlegt wird, so setzt man sich dem Vorwurf der Subjektivierung aus. Auch die These von ihrer Allgemeingültigkeit ist heftig umstritten und was ihren normativen Inhalt angeht, so erfährt dieser unter dem Einfluss verschiedener politischer, religiöser, moralischer und wissenschaftlicher Ansichten unterschiedliche Auslegungen. Es genügt, sich in diesem Zusammenhang die verbissenen Auseinandersetzungen, die seinerzeit um das Recht auf Leben oder Eigentum entbrannten, ins Gedächtnis zurückzurufen.

Angesichts dessen könnte man geneigt sein, all jenen zuzustimmen, die behaupten, man habe es mit einem weiteren großen politischen Mythos zu tun, der sich nahtlos in die Reihe der anderen Mythen einfügen lässt, die die Menschheit seit Jahrtausenden immer wieder erfinden. Allerdings wurde bislang kein besserer Standard erfunden, an dem man die Handlungen des Staates messen könnte. Wenn wir das wollen, was die Deutschen einen „anständigen Staat" nennen, so bleibt uns nichts anderes übrig, als die Achtung der Menschenrechte einzufordern. Nach den bitteren Erfahrungen, die wir in diesem Jahrhundert mit dem Totalitarismus in verschiedenster Ausprägung gemacht haben, stieß der Komplex der als politisch eingestuften Menschenrechte (in dem das Recht auf Leben, die Gleichheit vor dem Gesetz, Freiheit, das Recht auf Eigentum und die Rechtssicherheit jedes einzelnen enthalten waren) nicht nur bei den Liberalen, bei den Erben ihrer Entdecker und den Demokraten auf Akzeptanz, sondern fand auch bei den Neokonservativen und – mit einiger Verspätung – den Verfechtern der kirchlichen Soziallehre Anklang, wenn auch der konkrete Inhalt jener Rechte jeweils anders gedeutet wurde.

Weniger Einigkeit herrschte hinsichtlich der immer länger werdenden Liste der „unpolitischen" Menschenrechte, worunter jene Rechte fallen, die nicht als Instrument im Kampf gegen den Despotismus eingesetzt werden, sondern sich gegen wirtschaftlichen und kulturellen Entzug richten. Ihre Fürsprecher gehen davon aus, dass Verhungern keineswegs ein schönerer Tod ist als der, den man infolge politischer Unterdrückung davonträgt, und dass Nahrungsmangel unter Umständen schmerzhafter empfunden wird als Freiheitsmangel. Es geht hier also um Rechte auf Leistungen des Staates wie Arbeit, Bildung, Gesundheits-, Sozial- und Altersfürsorge, Erholung usw. Auf diese „zweite Generation der Menschenrechte" folgte alsbald eine dritte, die Rechte beinhaltete, deren Verwirklichung nicht vom Handeln einer Regierung abhängig ist, sondern das solidarische Zusammenwirken vieler erfordert. Hierzu gehören etwa das Recht auf Leben in Frieden, auf freien Informationsfluss, auf eine saubere Umwelt etc.

Nun, bei den rechtsorientierten Kreisen im Westen riefen die unpolitischen Grundrechte, die die Übernahme sozioökonomischer Verpflichtungen durch den Staat zum Gegenstand hatten, von Anfang an Unmut und Widerstand hervor. Dabei ging es weniger darum, dass die Menschenrechte dazu da seien, um den Staat von Verstößen gegen ihre Statute abzuhalten, und nicht dazu, um ihn zu positiven, materiellen Leistungen zu Gunsten seiner Bürger anzuhalten, denn schließlich zwängen auch die politischen Grundrechte die Behörden zu positivem Handeln und zur Bereitstellung nicht geringer Mittel, um mit Hilfe von Polizei, Gerichten, Armee und Justizpersonal unser Recht auf Leben, Freiheit und

Eigentum schützen zu können, als vielmehr darum, dass mit der Propagierung der „sozioökonomischen Grundrechte" – so argumentierten die Konservativen – eine noch nie da gewesene Welle an menschlichen Erwartungen und Ansprüchen auf den Staat zurolle, der er nicht gewachsen sei und die in der Konsequenz dazu führe, dass der Aufgabenbereich des Staates über das verträgliche Maß der Dinge hinaus erweitert und gleichzeitig die Schwelle für die Legitimierung der Macht angehoben werden müsse. Es ist eine alte Weisheit, dass wenn wir auf den Staat hören, wir dies ein wenig aus Angst vor Strafe und ein wenig in der Hoffnung auf Vorteile und Belohnungen tun. Und gerade an dieser Stelle haken die Neokonservativen ein und sagen, dass in der modernen sanften Demokratie die Angst vor Strafe immer weiter zurückgehe und dafür die Hoffnung auf Nutzen immer mehr wachse und am Ende in Erwartung, ja sogar Forderung umschlage, womit unsere Loyalität gegenüber dem Staat und unser Gehorsam gegenüber der Macht auf krankhafte Weise von materiellen Gegenleistungen, die uns angeblich von Staatswegen zustehen, überlagert würden.

Allen konservativen Widerständen und Unkenrufen zum Trotz verhalfen die Nachkriegsjahre in Westeuropa dem Sozialstaat (Wohlfahrtsstaat) zur Blüte, womit das alte Ideal einer Demokratie, die für eine gerechte Gesellschaft sorgt, scheinbar in greifbare Nähe rückte. Für diese Entwicklung gibt es gute Gründe: erstens der soziale Druck, der sich aus der egalitären Stimmung und der Frustration über die schlechte Wirtschaftslage (die Streikwelle erreichte im Westen in den Jahren 1947–1950 ungeahnte Ausmaße) heraus aufbaute, zweitens der Konkurrenzkampf mit dem kommunistischen System, das in jenen Jahren unter großem Aufsehen seine wirtschaftlichen Erfolge pries und damit im Westen den Wunsch weckte, den Beweis anzutreten, dass man allgemeinen Wohlstand für die Arbeiterschaft auch ohne Verzicht auf die Freiheit und ohne Diktatur herbeiführen kann. Hinzu kommen zum einen die sozioökonomische Menschenrechtsphilosphie, die das Ihre dazu beitrug, dass das Experiment Sozialstaat nicht von vornherein zum Scheitern verurteilt war, und zum anderen die sozialdemokratischen und sozialliberalen Konzeptionen, die den Sozialstaat flankierten und seine Vorgehensweise festlegten. Und schließlich darf man bei dem Ganzen nicht die Wirkung unterschätzen, die von dem 1950 ausgelösten und ungewöhnlich lange anhaltenden Wirtschaftsboom ausging und von der der Sozialstaat entscheidend profitierte.

Die zwei Versionen, in denen der Sozialstaat begegnete – die sozialdemokratische und die sozialliberale – waren nicht identisch. Zwar stimmten beide darin überein, dass der Staat eine ungeheuer wichtige soziale Mission zu erfüllen habe, doch während sich die Sozialdemokratie auf so große Werte wie Egalitarismus und soziale Gerechtigkeit berief, bezog der Sozialliberalismus seine Legitimation aus dem kühlen Nachdenken über die Möglichkeiten, Überproduktionskrisen und sozialen Unruhen vorzubeugen. Die Sozialdemokraten neigten dazu, den Staat als „Erzeuger von Wohlstand" anzusehen, die Sozialliberalen hingegen waren vom *Welfare State* (Wohlfahrtsstaat) weniger angetan und plädierten eher für den *Opportunity State*, den Staat als Chancengeber. Die Sozialdemokratie trat für einen gemäßigten Egalitarismus ein, der Sozialliberalismus hatte nichts gegen eine Differenzierung der sozialen Bedingungen einzuwenden – damit wollte man die Leute zu mehr Fleiß anspornen –, selbst dann nicht, wenn diese sehr deutlich ausfallen sollte, solange ausgeschlossen war, dass niemand unter das „Existenzminimum" sank. Dies hatte zur Folge, dass die Sozialdemokraten nach einem starken öffentlichen Sektor in der Wirtschaft und nach progressiven Steuern riefen, um das hochentwickelte System der Sozialleistungen – „von der Wiege bis ins Grab", d.h. von Kinder- bis Sterbegeld – finanzieren zu können, während die Sozialliberalen hauptsächlich das Problem der Vollbeschäftigung in den Mittelpunkt ihrer Überlegungen rückten (man glaubte nämlich, dass der Staat genügend Instrumente zur Hand hat, um Investitionen anzuregen und Arbeitsplätze zu schaffen), Projekten, die auf Verstaatlichung ausgerichtet waren, eine klare Absage erteilten und Sozialleistungen nur dann hinnahmen, wenn sich diese auf einem relativ niedrigen Niveau einpendelten. Beide Richtungen waren sich einig, dass der Sozialstaat auf die Demokratie angewiesen ist und diese gleichzeitig stärkt. In der Praxis kamen die beiden Modelle in unterschiedlicher „Dosierung" vor. Schweden beispielsweise wurde als Musterland der Sozialdemokratie gehandelt, die Bundesrepublik Deutschland dagegen wies ein starkes sozialliberales Gepräge auf. Der Sozialstaat feierte lange und glänzende Erfolge – und um so weher tat die Krise, in die er später geriet.

Jenseits der Elbe musste man die Hoffnung auf eine Milderung der stalinistischen Tyrannei unter dem Eindruck der Erfahrungen des Krieges begraben. Auf der Konferenz von Jalta wurde beschlossen (obwohl sich nicht alle von Anfang an darüber im Klaren waren), dass zehn vor dem Krieg unabhängige Staaten und ein großer Teil Deutschlands unter kommunistische Herrschaft fallen. Ein weiterer Staat, Finnland, sah sich von da an in seiner Handlungs- und Bewegungsfreiheit eingeschränkt. Drei von den zehn Staaten, das Baltikum mit Estland, Lettland und Litauen, wurden von der UdSSR geschluckt, die darüber hinaus ihre Westgrenze nach vorne auf eine Linie, die von Karelien bis Bessarabien reichte, verschob. In einigen Ländern – in Polen und im Baltikum – leistete man lange Jahre bewaffneten – aber vergeblichen – Widerstand gegen die bestehenden Verhältnisse in Osteuropa. Zwei Staaten – Jugoslawien (1948) und Albanien (1961) – schafften es, aus der Abhängigkeit von Moskau auszubrechen, ohne sich damit allerdings aus den Klauen des Kommunismus ganz befreien zu können.

Der Prozess der Totalisierung und Sowjetisierung, der im politischen System der unterworfenen Staaten einsetzte, dauerte einige Jahre. Beschleunigt wurde er im Jahre 1948 durch die Berliner Blockade und die kommunistische „Machtergreifung“ in Prag sowie den Abfall Jugoslawiens. Endgültig verschwanden die – realen oder vorgetäuschten – Regierungskoalitionen, abgelöst wurden sie von einem Einparteiensystem, das mit allen charakteristischen Merkmalen des Totalitarismus ausgestattet war und die Menschen einfach vor vollendete Tatsachen stellte. Komplizierter gestalteten sich die Dinge in anderen Bereichen – etwa in Wirtschaft, Bildung, Wissenschaft, Kultur und im Verhältnis zwischen Kirche und Staat –, die es ebenfalls an die „Vorreitermodelle der Sowjetunion“ anzugleichen galt. Nicht in allen Ländern ging man bei der Umwandlung von Staat und Gesellschaft mit der gleichen Härte und Radikalität vor, sodass es durchaus vorkam, dass bestimmte Veränderungen sich noch bis nach Stalins Tod hinzogen und manchmal sogar erst dann, nach 1953, an Tempo zulegten. Verschieden war auch der Grad der Akzeptanz, die man dem sozialen und politischen Wandel entgegenbrachte – alles in allem war er eher niedrig – sowie der Grad der Zustimmung, die er erfuhr, wobei letzteres auf Überdruss, ein Gefühl der Hoffnungslosigkeit, passives Anpassen an die Situation und nicht zuletzt Angst zurückzuführen war. Durch Terror gelang es zwar schließlich den bewaffneten Widerstand der unterdrückten Völker zu brechen, aber das änderte nichts an der Tatsache, dass diese über eine höhere politische Kultur verfügten als man dies in der UdSSR gewohnt war, auf die Tradition eigener Unabhängigkeit zurückblicken konnten, die Fremdheit des ihnen aufgezwungenen Macht- und Wirtschaftssystems spürten, die Primitivität und Heuchelei, mit der das Regime Propaganda machte, sofort durchschauten und sich damit mit den über Jahrzehnte hinweg geformten „sowjetischen Menschen“ nicht über einen Kamm scheren ließen.

Letzteren brachte die Verdammung des stalinistischen Despotismus durch Chruschtschow (1956) – der bei der Analyse des Phänomens allerdings sehr oberflächlich verfuhr – sichtliche Erleichterung, denn damit wurde dem massiven bürokratischen Terror ein Ende gesetzt (übrig blieb lediglich ein zwar scharfes, aber in seinem Ausmaß begrenztes Repressionssystem). Mit dem Terror verschwand auch der Kult um die Person des charismatischen Führers, und als man in den Siebzigerjahren versuchte, den verkalkten Breschnew auf den Sockel zu heben, so empfand man das nur mehr noch als grotesk. Was indes das grundlegende ideologische Projekt angeht, so sah man keinen Grund, dieses zu hinterfragen: Auf dem XXI. Parteitag verkündete Chruschtschow nach dem glücklichen Aufbau des Sozialismus den Übergang zum „Aufbau einer kommunistischen Gesellschaft“, und auch am totalitären Machtmechanismus – wenn er auch nicht mehr von Massenterror überschattet war – wurde nicht gerüttelt. Nach Chruschtschows Sturz im Jahre 1964 begann man sogar, das Urteil, das man über Stalin und seine Zeit gefällt hatte, zu mildern und die einstige Schreckensherrschaft und ihre Folgen herunterzuspielen. Konstantin

Tschernenko nutzte seine kurze Regentschaft (1984–1985) rundweg dazu, Vorbereitungen zu treffen mit dem Ziel, den Kult um Stalin wenigstens teilweise wieder aufleben zu lassen. Nach Chruschtschows Kehrtwende dauerte es immerhin noch dreißig Jahre, bis Gorbatschow an die Macht kam, um mit seiner Strategie der *perestrojka* und *glasnost* das verknöcherte Regierungssystem aufzubrechen und schließlich wegzuwischen. Bei seinen Reformbemühungen wurde er allerdings von der Partei- und Regierungsbürokratie im Stich gelassen, die sich als zu unfähig, korrupt und träge erwies, als dass sie im Stande gewesen wäre, sei es die nötige Energie aufzubringen, um das Land zu modernisieren, sei es den sich andeutenden Zerfallsprozess aufzuhalten.

Anders stellte sich die Lage in den Satellitenstaaten dar, besonders in Polen, Ungarn und der Tschechoslowakei, in denen mit dem Jahr 1956 die kommunistische Götterdämmerung eingeläutet und eine lang anhaltende Entwicklung angestoßen wurde, die nach heftigen und blutigen Auseinandersetzungen sowie zahlreichen Unterbrechungen und Rückschritten schließlich zur „Entideologisierung" der kommunistischen Parteien und zur „Enttotalisierung" des Machtsystems führte. In diesen Ländern zeichnete sich viel deutlicher als in der UdSSR der ideologische Zusammenbruch ab und man begann viel schneller die Utopie zu begreifen, die sich hinter dem Vorhaben „Aufbau des Kommunismus" verbarg. Je spürbarer Moskau seine Umklammerung lockerte, desto stärker wurde der Druck, der von den Gesellschaften vor Ort ausging, und desto mehr verloren die regierenden Parteien von ihrer totalitären Selbstsicherheit. Das von Stalins Tyrannei unterdrückte, aber dennoch stets lebendig gebliebene Gefühl der nationalen Identität meldete sich stärker und ungehemmter als je zuvor und man besann sich auf seine eigenen, gegen Sowjetisierung immunen Traditionen zurück. In diesem Punkt waren die Satellitenstaaten gegenüber den dem Sowjetimperium einverleibten Ländern wie etwa Georgien oder Litauen klar im Vorteil, und auch die endemische Krise, die die kommunistischen Parteien in den Satellitenstaaten heimsuchte, wäre in dieser Form und in dieser Dimension in der Sowjetunion nicht denkbar gewesen.

In diesen Ländern lässt sich also die Umwandlung des totalitären Systems in strenge autoritäre Regime feststellen, wobei sich deren „Strenge" aus dem Vergleich mit den Verhältnissen ergibt, die vor dem Krieg in dieser Region Europas anzutreffen waren. Das Gefühl der Abhängigkeit der Bürger von der autoritären Macht war vor dem Krieg schwächer ausgeprägt, was sicherlich auch mit der Verschiedenheit des sozioökonomischen Systems zusammenhängt. Damals war Platz für eine legale Opposition, die zudem über einen größeren Aktionsradius verfügte, das Kontrollnetz, das man über die Presse gespannt hatte, erwies sich als weniger dicht, Bildung und Kultur standen nicht so unter Druck, Verbände, Religionsgemeinschaften und Organisationen, die außerhalb der Regierung angesiedelt waren, bekamen mehr Handlungsspielraum zugewiesen und die Unabhängigkeit der Gerichte wurde nicht so stark eingeschränkt. Und schließlich gab es weniger von jener politischen Heuchelei, die die autoritären Regime stets so hartnäckig begleitete.

Vergleicht man jedoch den kommunistischen Autoritarismus mit dem stalinistischen Totalitarismus, so lässt sich das Ausmaß der inneren Entwicklung, die das System bei diesem Übergang durchmachte, kaum verkennen. Dabei geht es nicht so sehr um die Abkehr vom massiven Terror als vielmehr um das heimlich, still und leise vollzogene Abrücken von der ideologischen Zielsetzung, die da lautete „Aufbau des Kommunismus". Das rhetorische Gerede vom neuen „sozialistischen Menschen" verstummte zwar damit nicht, doch der Ruf der Mächtigen nach freudigen Lobgesängen auf Regime und Partei, öffentlichen Treueschwüren, grenzenlosem Einsatz und aktiver Beteiligung am Aufbau ihres Gerüsts aus Lüge und Heuchelei verhallte in der Praxis so ganz allmählich ohne bei den Adressaten ein Echo zu finden. Man war schon zufrieden, wenn die Leute die wenigen noch verbliebenen Systemrituale begingen und einmal im Jahr bei den Feierlichkeiten zum Ersten Mai mitmachten und einmal alle paar Jahre zu den plebiszitären „Wahlen" gingen. Mit der Freiheit zu schweigen, die Stalin den Menschen genommen hatte und die ihnen nun gewährt wurde, ging zwar noch keine Redefreiheit einher, doch boten sich immerhin Kultur, Wissenschaft und Kunst deutlich mehr Entfaltungsmöglichkeiten, während freie Meinungsäußerung zu Stalins Zeiten lediglich hinter vorgehaltener Hand stattfand, dabei aber ein ungeahntes Ausmaß erreichte.

Je näher der ideologische (und wirtschaftliche) Zusammenbruch rückte und je mehr von den politischen Reserven, die das System angelegt hatte, aufgebraucht waren, desto mehr geriet die autoritäre Macht aus den Fugen. Um zu retten, was noch zu retten war, griff man sogar auf Mittel zurück, mit denen man im Grunde genommen Verrat an der eigen Sache beging und die vom Standpunkt der als einzig gültig angenommenen Lehre aus betrachtet als höchst ketzerisch eingestuft werden mussten. So ließ man beispielsweise die Bereitschaft erkennen, Sozialismus und Marktwirtschaft miteinander zu kombinieren und Toleranz (der in Wirklichkeit enge Grenzen gesetzt waren und die je nach Lust und Laune unterschiedlich gehandhabt wurde) gegenüber den Aktivitäten der politischen Opposition zu üben. Eine Stütze für die auf schwachen Füßen stehenden Regime des „real existierenden Sozialismus" versprach man sich von einer kontrollierten Öffnung nach Westen hin und einer Verbesserung des Verhältnisses zur Kirche. Außerdem beschritt das Regime neue Wege, um seine Macht zu legitimieren. Statt sich auf die Ideologie zu berufen, appellierte man nun immer häufiger an das nationale Bewusstsein (dem man bisweilen allerdings – wie etwa in Rumänien unter Ceauşescu und leider auch in Polen im Frühjahr 1968 – eine geradezu abstoßende Note verlieh), schob das „Staatsinteresse" in den Vordergrund (im Jugoslawien nach Tito ging es dabei vor allem um die Aufrechterhaltung der brüchigen Föderation) und spielte ziemlich unverhohlen auf die „geopolitsche Lage“ und damit auf den sowjetischen Imperialismus an: Die Ereignisse in Budapest 1956 und Prag 1968 sprachen eine nur allzu deutliche Sprache (und indem man das scheinbar harmlose Motto „den Sozialismus wie die Unabhängigkeit verteidigen“ ausgab, schlug man natürlich in dieselbe geopolitische Kerbe). Der Machtapparat sah sich immer weniger imstande die Kriterien, die an eine totalitäre Regierung gestellt wurden, zu erfüllen, und selbst den autoritären Auflagen vermochte er kaum gerecht zu werden. Man hatte völlig die Orientierung verloren, sah einer ungewissen Zukunft entgegen und fühlte sich bei allem, was über den Rahmen von Routineangelegenheiten hinausging, überfordert. Zwar hatte man immer noch nicht ganz die alte Arroganz abgelegt, doch bereitete das Regieren insgesamt gesehen eher Unbehagen als Freude. An die Spitze der Macht schwangen sich ab und an durchaus Leute, denen man ein gewisses Maß an Intelligenz nicht absprechen konnte (die es dadurch aber nicht unbedingt leichter hatten...), das Defizit an charismatischen Führern jedoch, das überall zu beklagen war, konnten sie nicht beheben.

Gorbatschow, der das alles aufmerksam beobachtete und wusste, was die Stunde geschlagen hatte, sah keinen anderen Ausweg als von der Breschnew-Doktrin, nach der ein Ausscheren der kommunistischen Regime in den Satellitenstaaten aus dem sowjetischen Machtbereich unter allen Umständen und notfalls mit Gewalt verhindert werden musste, Abstand zu nehmen und die Peripherie zu opfern, um das Kernland vorm Untergang zu bewahren. Ausgelöst wurde diese Kehrtwende ohne Zweifel durch die Ereignisse in Polen in den Jahren 1980–1981, deren Dynamik und politische Aussagekraft den *status quo* in Frage stellten und damit letztlich zum Umdenken zwangen. Ebenso unstrittig ist, dass Gorbatschow mit dieser Entscheidung Wasser auf die Mühlen des polnischen Freiheitsdrangs goss und damit eine Kettenreaktion in Gang setzte, die mit dem Völkerherbst 1989 ihren vorläufigen Höhepunkt erreichte und in deren Zuge letztlich der Autoritarismus aus Mitteleuropa verbannt wurde.

Eine unendliche Geschichte

Die Theorien der amerikanischen Sowjetologen, die den Kommunismus (um bei dieser konventionellen und nicht allzu eng gefassten Bezeichnung zu bleiben) als dauerhafte gesellschaftliche Formation, der selbst ihre eigene innere Entwicklung nichts anhaben konnte, auffassten, bestätigten sich also nicht. In den Reformen, die „von oben“ verordnet wurden, vermutete man entweder betrügerische Manöver oder man sah sie als von vornherein zum Scheitern verurteilte Unternehmungen an, und inwieweit in jener Formation Veränderungen unabhängig vom Willen der Regierenden eintreten konnten, vermochte man nicht abzuschätzen, zumal in das ganze Gesellschaftssystem ein wirksamer Schutzmechanismus eingebaut worden war, der alle Gefahren von ihm fern hielt. Man konnte sich also gut vorstellen, dass der Kommunismus plötzlich zusammenbricht, etwa im Zuge eines verlorenen Krieges, aber die Möglichkeit, dass er einen Entwicklungsprozess durchmachen und sich in dessen Verlauf wandeln könnte, hielt man für absolut ausgeschlossen.

Von den zahlreichen Versionen, in denen diese Theorie begegnete, erzielte diejenige, die der Feder Karl J. Friedrichs und Zbigniew Brzezińskis entstammte, den größten Wirkungsgrad, denn sie war es, die bei den westlichen Politologen (wenn auch zugegebenermaßen nicht bei allen) auf ein breites Echo stieß. Die Gründe, warum sich diese Ansichten so lange halten konnten, sind sicherlich verschieden. Unzureichendes Verständnis für historische Zusammenhänge und der – zu einem gewissen Grad nicht selbst verschuldete – Mangel an solidem empirischem Wissen über den tatsächlichen Zustand der „im Kommunismus" lebenden Gesellschaften haben sicherlich dabei eine Rolle gespielt, aber man darf auch nicht die Wirkung unterschätzen, die die von der demokratischen Opposition konsequent beibehaltene Definition der „realsozialistischen" autoritären Systeme als unverändert totalitär in den Köpfen hinterließ und deren Sinn ja gerade darin bestand, die gesellschaftliche Meinung zu mobilisieren, die zu dem Schluss kommen sollte, dass „unverändert" nicht „unveränderbar" bedeutete. Erst im Nachhinein gaben die Sowjetologen zu, dass sie einen Fehler begingen, als sie der inneren Wandlungsfähigkeit der Gesellschaften im Europa „jenseits der Elbe" nicht das Gewicht beimaßen, das ihr eigentlich gebührte.

Sicherlich ebensowenig wird sich die Prognose bewahrheiten, der zufolge der Sieg der liberalen Demokratie den Anfang vom Ende der Geschichte markiert, denn auch diese Auffassung zeugt von mangelndem historischem Verständnis. Die liberale Demokatie, die sich nach dem Krieg in Westeuropa herausgebildet und festgesetzt hat, ist trotz aller Vorzüge, die sie ohne Frage hat, nicht das letzte Wort in Sachen Staatsform, denn dazu sind die Menschen zu klug und zu erfinderisch. Wenn man das globale Ausmaß dieses vermeintlichen Endes der Geschichte mal ganz beiseite lässt und sich rein auf Europa beschränkt, so dürfte einem doch nicht entgangen sein, dass jener Triumph, den die Demokratie im Kampf mit dem Autoritarismus davontrug, sie dennoch nicht vor Kritik und Unzufriedenheit bewahrt hat, und das auf beiden Seiten der Elbe...

Die Liste der Ursachen, die diese Unzufriedenheit hervorriefen, wird angeführt von der Krise des „Wohlfahrtsstaats" im Westen und den sozioökonomischen Kosten, die die Umwandlung der Gesellschaft im Osten mit sich brachte. Zwar sind die Voraussagen der Konservativen, die davon ausgingen, dass der zu sehr auf Fürsorge ausgerichtete „Versorgungsstaat" unter dem Berg von ungehemmt an ihn herangetragenen Ansprüchen seiner Bürger erstickt, nicht eingetroffen, doch lässt sich nicht leugnen, dass die Fürsorglichkeit ihren Preis hatte und mit wachsender bürokratischer Kontrolle über die verschiedenen Lebensbereiche erkauft werden musste. Der Wohlfahrtssstaat interessiert sich für den Menschen als Erzeuger: von daher die Sorge um Vollbeschäftigung und verschiedene Beteiligungslösungen (Arbeitermitbesitz in Form von Belegschaftsaktien, Sozialpartnerschaft der Arbeiter mit Eigentümern und Managern), er interessiert sich für den Menschen als Konsumenten: von daher die Sorge um die Kaufkraft der Massen, also Kontrolle von Löhnen und Preisen und ein soziales Netz, um schwierige Lebenssituationen aufzufangen, er interessiert sich für den Menschen als Bürger und deshalb liegt ihm Demokratie und ein möglichst hoher Grad an staatsbürgerlichem Einsatzwillen am Herzen, denn dadurch wird demokratischer Druck erzeugt und die Aufrechterhaltung der Sozialstrategie des Staates gewährleistet, und schließlich interessiert er sich für den Menschen als Persönlichkeit, und es kommt nicht von ungefähr, dass gerade seine Fürsprecher den Begriff „Lebensqualität" ersonnen haben, worunter verstanden wurde, dass allen, sofern sie dies wünschen, die Möglichkeit zu permanenter Fortbildung geboten werden und das Mehr an Freizeit mit verstärktem Zugang zu – durchaus auch höheren – Kulturgütern, mit der Züchtung von Massenkultur etc. einhergehen soll. Hierin sah man nicht nur einen wesentlichen Anreiz für staatsbürgerliches Engagement – besonders von Seiten der aufgeweckteren unter den Bürgern – sondern auch eine der Grundvoraussetzungen für wirtschaftlichen Fortschritt.

Es stellte sich jedoch heraus, dass die öffentliche Bürokratie mit ihrem gesamten Apparat in viele Lebensbereiche eingriff und damit die Bürger kontrollierte, sodass zwischen dem angestrebten Zweck – Wohlergehen und freie Entfaltung des Einzelnen – und den dazu angewandten Mitteln – bürokratische Reglementierung und Kontrolle – ein Spannungsfeld aufgebaut wurde.

Man hätte nun meinen können, das Gefühl der sozialen Sicherheit rechtfertige einen solchen Preis, aber in den Siebzigerjahren wurde klar, dass der Wohlfahrtssstaat außerstande ist, die Eigendynamik, die der moderne Kapitalismus entwickelte, in den Griff zu bekommen. Die Mittel, die der Sozialliberale Keynes noch als ausreichend erachtet hatte, um Vollbeschäftigung staatlich abzusichern (Kredit-, Steuer- und Emissionpolitik, direkte Übernahme der Finanzierung von Investitionen durch die Regierung) erfüllten schon nicht mehr ihren Zweck. Durch die weit verzweigten und stark aufgeblähten Sozialprogramme wurden die Kosten für Arbeitskräfte derart in die Höhe geschraubt, dass sich die Kapitalisten veranlasst sahen, Technisierung und Management in ihren Betrieben mit aller Energie voranzutreiben, was zur Folge hatte, dass die Arbeitsproduktivität gewaltig stieg, während die Nachfrage nach Arbeitskräften drastisch sank. Die Hoffnung, dies durch Arbeitszeitverkürzung und Ausbau des Dienstleistungssektors wieder wettmachen zu können, erwies sich als trügerisch. Das Dogma der Vollbeschäftigung geriet ins Wanken, strukturelle Arbeitslosigkeit machte sich breit. Hinzu kam, dass der Staat infolge Haushaltsüberlastung (in den Neunzigerjahren auch unter dem Druck entsprechender Klauseln im Maastrichter Vertrag) einen Teil seiner Sozialleistungen abbauen musste.

Damit war eine Entwicklung eingeleitet, aus der die Linksparteien, die an Einfluss auf die Wähler verloren, und die Gewerkschaften, deren Wirkungskraft deutlich nachließ, geschwächt, der Neokonservatismus und der klassische Liberalismus hingegen, die nun mit dem entsprechenden Wind in den Segeln so richtig Fahrt aufnahmen, gestärkt hervorgingen. Das Wirtschaftswunder trat jedoch nicht ein, und so hätte man nun die Sozialprogramme weiter abspecken und einige Wirtschaftsparameter verstellen können, aber Vorsicht: Eine Demontage des Sozialstaats hätte das gesamte gesellschaftliche Gefüge erschüttert – wenn nicht gar zum Einsturz gebracht – und das konnten sich die rechtsgerichteten Regierungen nun wahrlich nicht leisten. Kein Zweifel: Will man das Übel an der Wurzel packen, so muss man sich dem ebenso wichtigen wie schwierigen Problem stellen und herausfinden, wie das im Laufe der Zeit abhanden gekommene Gleichgewicht zwischen der Eigendynamik des Kapitalismus und dem Sozialstaat wieder hergestellt werden kann.

Die Unzufriedenheit mit dem Zustand der westlichen Demokratie beschränkt sich indes nicht auf die Wirtschaft, sondern greift in zunehmendem Maße auch auf die Politik über. In den letzten Jahrzehnten hat eine Entwicklung eingesetzt, in deren Verlauf Regierungsaufgaben zunehmend auf Eliten verteilt werden und dabei die Verbindungen zwischen führenden Wirtschafts- und Macht- bzw. Verwaltungsfunktionären immer enger geknüpft werden. Ihr Ideal ist die politische Passivität der „unteren Schichten", die nicht genügend gebildet, verantwortungsbewusst und moralisch gefestigt sind, um sich mit ihren Forderungen Gehör zu verschaffen und auf die Regierungstätigkeit Einfluss zu nehmen. Demokratie ist ihrer Meinung dazu da, damit die Massen alle paar Jahre die Handlungen der Regierungsmannschaft beurteilen und eventuell auf ruhige Weise und ohne Aufsehen einen Wechsel herbeiführen können. Damit sei in ausreichendem Maße sichergestellt, dass die regierende Elite im Sinne der Allgemeinheit und nicht egoistisch agiert.

Diese Denkweise ist zwar vor allem rechtsorientierten Politikern, Experten in angewandter Bürokratie und den Eurobürokraten in Brüssel eigen, doch je mehr der Wohlfahrtsstaat an Dynamik verliert und der Optimismus, den er einst weckte, in Enttäuschung umschlägt, desto leichter färbt sie auch auf linksgerichtete Kreise ab: François Mitterrand ist dafür ein gutes Beispiel, aber auch Felipe Gonzalez und Tony Blair... Die ehemals von den politischen Eliten so scharf gezogenen Grenzen zwischen den einzelnen Ideologien und

Weltanschauungen verschwimmen allmählich, und Leszek Kołakowski bringt diesen Sachverhalt in seinem Essay auf die scherzhafte Formel „wie man ein liberaler und konservativer Sozialdemokrat wird" und damit genau auf den Punkt. In der Tat ziehen politische Wachablösungen nach Wahlen in der Regel keine radikalen Veränderungen in der Regierungspolitik nach sich.

Freiheit und Komfort sind in Westeuropa von dieser Entwicklung nicht bedroht, aber die demokratische Ordnung leidet darunter. Besonders beängstigend ist die immer mehr um sich greifende Parteienverdrossenheit: Die Parteien heben sich nicht mehr deutlich voneinander ab, ihre Stammwählerschaft schwindet und großen Respekt zollt man ihnen auch nicht gerade. Die Politiker lassen jedwede Bürgernähe vermissen und nehmen mit den Menschen nicht mehr direkt, sondern fast ausschließlich über die Massenmedien Kontakt auf. Ihre Skandale rufen zwar – mitunter sogar lebhaftes – Interesse wach, doch geht dieses nicht in die Tiefe, sondern bleibt an der Oberfläche haften. Der gewöhnliche Wähler, der einfache „Mann von der Straße", fühlt sich von den Eliten gering geschätzt und zahlt es ihnen heim, indem er sie seinerseits mit Verachtung straft. Dabei kommt es nicht selten vor, dass man seinen Unmut an den immer zahlreicher werdenden Einwanderern auslässt und sich an Arabern, Türken oder Schwarzen schadlos hält. Auf dem freien politischen Markt ist es schwer, Angebot und Nachfrage miteinander zu vereinbaren: Die Politiker werfen nach wie vor mit Versprechungen nur so um sich, die Wähler wiederum erwarten schnelle Ergebnisse. Es ist klar, dass die Aufgabe, eine lang- oder auch nur kurzfristige Strategie zu erarbeiten, dadurch nicht unbedingt erleichtert wird. Auf die Politiker prasseln ungeduldige Forderungen nieder („dafür seid ihr doch da, dafür werdet ihr schließlich bezahlt") und sie müssen schwere Schläge für das Anhalten der Arbeitslosigkeit und anderer Gesellschaftskrankheiten – dabei insbesondere der Massenkriminalität – einstecken (in beiden Fällen werden im Übrigen oft die Einwanderer zu Sündenböcken gestempelt). All das leistet politischem Extremismus, Ausländerfeindlichkeit und Nationalismus Vorschub, und die traditionellen Werte der Demokratie, Gleichheit und Brüderlichkeit, verkommen immer mehr zu Verfallsware, was sowohl das Verhältnis zwischen Regierenden und Regierten beeinträchtigt als auch die alltäglichen Beziehungen der Durchschnittsbürger untereinander belastet.

Jedoch zu einer noch schlimmeren Gefahr für die Demokratie kann sich die von den Eliten so sehr gerühmte politische Passivität jener Durchschnittsbürger entwickeln, die aus einer hoch explosiven Mischung aus einerseits Zufriedenheit mit dem erreichten Lebensstandard und andererseits Unzufriedenheit über den Zustand der Demokratie besteht und damit einen potentiellen Sprengsatz darstellt, der jederzeit gezündet werden und das ganze demokratische Konstrukt zum Einsturz bringen kann. Das, was stets als Fundament einer demokratischen Gesellschaftsordnung galt, die Teilnahme der Gesamtheit der Bürger am öffentlichen Leben, schwindet zusehends: Die Wahlbeteiligung lässt stark nach, die politischen Parteien klagen über rückläufige Mitgliederzahlen und zunehmende Verdrossenheit, die Vereinskultur ist beschädigt und die einstige Macht der Gewerkschaften ist nur noch ein Schatten vergangener Tage – zur Freude der Regierenden, zum Nachteil der Demokratie. So sehr man über die von einigen Forschern aufgestellte Hypothese, wonach die politische Zurückhaltung der Bürger und der Ausbruch bzw. die Entwicklung von Gesellschaftskrankheiten ursächlich miteinander zusammenhängen – die angestaute soziale Energie finde in der demokratischen Politik kein Ventil, werde schließlich freigesetzt und entlade sich in Extremismus, Fanatismus, Massenkriminalität und Drogensucht – geteilter Meinung sein kann, so unumstritten ist wohl die Tatsache, dass man weder staatsbürgerliche Tugenden herausbilden noch Freiheit und demokratische Ordnung harmonisch miteinander in Einklang bringen kann, solange demokratische Bräuche und Verhaltensmuster nicht Tag für Tag praktiziert werden. Das Fehlen tief verwurzelter demokratischer Tugenden kann sich in Zeiten plötzlicher Zusammenbrüche und in wirtschaftlichen oder internationalen Krisensituationen – die sich nicht vermeiden lassen und die gerade jetzt wieder einige Regionen Europas heimsuchen – zu einer ernsten Bedrohung hochschaukeln.

Vergleicht man den Zustand der alten, westlichen Demokratien mit den neuen, osteuropäischen, so stellt man eine ganze Reihe von Gemeinsamkeiten fest. Der Zusammenbruch der alten Sozialversicherungssysteme und die hohen Kosten, die der staatliche Wandel verursachte, führten hüben wie drüben zu einem merklichen Nachlassen des Gefühls der sozialen Sicherheit, und das breite Spektrum an Freiheiten – bei spürbar vorhandenen Defiziten in der demokratischen Ordnung – ebnete „jenseits der Elbe“ sogar den Weg in die Anarchie. Paradoxerweise war hier und da aus dem Umfeld bestimmter Liberaler der Vorschlag zu vernehmen, nicht vorschnell autoritäre Regierungsmethoden zu verwerfen, die man angesichts der komplizierten und risikoreichen Aufgaben beim Vollzug des staatlichen Wandels noch gut gebrauchen könne... Aber das ist nichts Neues, wenn man bedenkt, dass im Laufe der Geschichte schon so mancher Liberaler im Namen der Freiheit nach einer diktatorischen Regierung rief.

In Mittel- und Osteuropa brachte die soziale Unzufriedenheit ebenfalls Gesellschaftskrankheiten, Fanatismus und Ausländerfeindlichkeit hervor. Die Prophezeiung jedoch, die gescheiterte kommunistische Ideologie und die auseinander gebröckelte Ordnung des real existierenden Sozialismus hätten eine Lücke hinterlassen, in die nun ein aggressiver Nationalismus springe um sie restlos auszufüllen, bewahrheite sich nur im unglückseligen Jugoslawien und erwies sich ansonsten als Schwarzmalerei. Völlig gerechtfertigt erscheinen vor diesem Hintergrund die Zweifel an der Auffassung der innerhalb der amerikanischen Nationalsoziologie einflussreichen und auf Hans Kohn zurückgehenden Schule, die den westeuropäischen „politischen Nationalismus" – den staatsbürgerlichen, demokratischen und individuellen – allzu summarisch dem angeblich Mittel- und Osteuropa seit Jahrhunderten anhaftenden ethnisch-sprachlichen Nationalismus, der mit kollektivistisch-autoritären Inhalten beladen sei, gegenüberstellt. Es ist sicher richtig, dass die Schwierigkeiten mit der Demokratie in unserer Region nicht ausschließlich von den „Überresten des Kommunismus" herrühren, sondern auch durch den vom Westen verschiedenen – und sogar jahrhundertelang währenden – historischen Hintergrund verursacht wurden, doch sollte man darauf achten, dass dabei die Unterschiede zwischen den einzelnen Ländern dieser Region nicht verwischt und die verschiedenen Wege, die diese im Laufe ihrer geschichtlichen Entwicklung genommen haben, aus dem Blickwinkel geraten.

Ähnlich wie im Westen – oder besser gesagt: genauso wie im Westen, denn Abweichungen gibt es hier so gut wie keine – so steht auch „jenseits der Elbe" die „politische Klasse", ihre Kompetenzen und politischen Tugenden sowie ihr Stil, Politik zu betreiben, in dem sich nur allzu oft Arroganz mit hilfloser Schwäche im Angesicht von Willkür und Kriminalität paart, im Kreuzfeuer der Kritik. Auf der anderen Seite darf man nicht übersehen, dass sich auch hier die Interessen, Emotionen und Mühen der Bürger auf individuelle Ziele konzentrieren, sodass der Grad ihrer Bereitschaft, sich an demokratischen Institutionen und Prozeduren zu beteiligen, bedeutend bescheidender ausfällt, als die Optimisten dies erwarteten. Hinzu kommen zersplitterte und schwache Parteien, eine wenig ausgeprägte Vereinskultur und eine bisweilen peinlich geringe Wahlbeteiligung... Verrohung der Sitten und Hetzerei – unter Ausnutzung der Schwäche der Macht – komplettieren das Bild schließlich.

Natürlich kann man an dieser Stelle zu bedenken geben, dass die Krise im Westen die demokratischen Institutionen traf, die schon in die Jahre gekommen waren, während sich in Mittel- und Osteuropa diese Institutionen noch gar nicht herausgebildet hatten, doch kann dies nicht darüber hinwegtäuschen, dass der europäischen Demokratie überall auf dem Kontinent ein Wandel bevorsteht. Wie dieser Wandel konkret aussehen soll, dafür gibt es keine einfachen Rezepte, und wer allein auf die Einschränkung der nationalstaatlichen Souveränität in einem europäischen Einheitssystem setzt und glaubt, diese verhelfe der Demokratie aus ihrem Dilemma, der macht sich die Sache zu einfach.

Es ist nicht die Aufgabe des Historikers darüber zu spekulieren, welche Formen der Demokratie für Europa an der Schwelle zum neuen Jahrtausend wünschenswert und möglich sind. Eines ist sicher: Wir sind noch lange nicht am Ende der Geschichte angelangt, und was die Staatsform angeht, so ist die Demokratie so, wie wir sie kennen, bestimmt nicht das letzte Wort. Für die Chronisten der Macht gibt es also auch in Zukunft noch viel zu tun.

Bibliographie

Anderson P., *Lineages of the Absolutist State*, London 1974.
Arendt H., *Korzenie totalitaryzmu*, I–II, Warszawa 1993.
Authority and Power: Studies in Medieval Law and Government, ed. B. Smalley, P. Linehan, Cambridge 1980.
Bardach J. i Pietrzak M., *Historia ustroju i prawa polskiego*, Warszawa 1994.
Baszkiewicz J., *Powszechna historia ustrojów państwowych*, Gdańsk 1998.
Bloch M., *Społeczeństwo feudalne*, Warszawa 1981.
Borejsza J.W., *Rzym a wspólnota faszystowska*, Warszawa 1981.
Bosl K., *Europa im Aufbruch. Herrschaft-Gesellschaft-Kultur vom 10. bis 14. Jh.*, München 1980.
Bracher K.D., *Zeitgeschichtliche Kontroversen. Um Faschismus, Totalitarismus, Demokratie*, München 1976.
Büsch O., *Militärsystem und Sozialleben im alten Preussen*, Berlin 1963.
Corvisier A., *Armées et sociétés en Europe de 1494 a 1789*, Paris 1976.
The Courts of Europe, ed. A.G. Dickens, London 1977.
Durand Y., *Les républiques au temps des monarchies*, Paris 1973.
Dyktatury w Europie Środkowo-Wschodniej 1918–1939, pod red. J. Żarnowskiego, Warszawa 1973.
Dzieje Sejmu Polskiego, cz. 1: *Sejm dawnej Rzeczypospolitej*, Warszawa 1993.
Europa i świat w epoce oświeconego absolutyzmu, pod red. J. Staszewskiego, Warszawa 1991.
Europa i świat w początkach epoki nowożytnej, pod red. A. Mączaka, cz. 1, Warszawa 1991, cz. 2, Warszawa 1992.
Faszyzmy europejskie (1922–1945), pod red. J. W. Borejszy, Warszawa 1979.
The Formation of National States in Western Europe, ed. Ch. Tilly, Princeton 1975.
Friedrich C.J., Brzeziński Z., *Totalitarian Dictatorship and Autocracy*, Cambridge, Mass., 1956.
Grodziski S., *Porównawcza historia ustrojów państwowych*, Kraków 1998.
Grzybowski K., *Teoria reprezentacji w Polsce Odrodzenia*, Warszawa 1959.
Hanham H.J., *The Nineteenth-Century Constitution 1815–1914*, Cambridge 1969.
Hartung F., *Deutsche Verfassungsgeschichte vom 15 Jh. bis zur Gegenwart*, Stuttgart 1959.
Herrschaftsverträge, Wahlkapitulationen, Fundamentalgesätze, ed. R. Vierhans, Göttingen 1977.
Hintze O., *Staat und Verfassung*, Göttingen 1962.
Huntington S.P., *Trzecia fala demokratyzacji*, Warszawa 1995.

Jolliffe J.E.A., *The Constitutional History of Medieval England*, London 1954.
Keir D.L., *The Constitutional History of Modern Britain 1585–1937*, London 1938.
Kopczyński M., *Państwo militarne. Z badań nad dziejami Szwecji okresu mocarstwowości*, „Zeszyty Historyczne", 56, 1991.
Lapierre J.W., *Vivre sans Etat? Essai sur le pouvoir politique et l'innovation sociale*, Paris 1977.
Legitymacja, pod red. A. Rycharda i A. Sułka, Warszawa 1988.
Lindsay A.D., *The Modem Democratic Starte*, New York 1962.
Lyon B., *A Constitutional and Legal History of Medieval England*, New York 1960.
Malia M., *Sowiecka tragedia. Historia komunistycznego imperium rosyjskiego 1917–1991*, Warszawa 1998.
Mączak A., *Klientela: nieformalne systemy władzy w Polsce i w Europie w XV–XVIII w.*, Warszawa 1995.
Mączak A., *Rządzący i rządzeni*, Warszawa 1986.
Meyer J., *Noblesses et pouvoirs dans l'Europe d'ancien régime*, Paris 1973.
Der moderne Parlamentarismus und seine Grundlagen in der ständischen Representation, ed. K. Bosl, K. Möckl, Berlin 1977.
Mitteis H., *Der Staat des hohen Mittelalters*, Weimar 1954.
Morabito M., Bourmaud D., *Historia konstytucyjna i polityczna Francji (1789–1958)*, Białystok 1996.
Mousnier R., *La vénalité des offices sous Henri IV et Louis XIII*, Paris 1971.
Neubauer H., *Car und Selbstherrscher. Beiträge zur Geschichte der Autokratie in Russland*, Wiesbaden 1964.
Noël J.F., *Święte Cesarstwo*, Warszawa 1998.
Ostrogorsky G., *Histoire de l'Etat Byzantin*, Paris 1956.
Pipes R., *Rosja carów*, Warszawa 1990.
Powell G.B. jr., *Contemporary Democracies*, Cambridge 1982.
Raeff M., *The Well-ordered Police State*, New Haven 1983.
Rémond R., *La vie politique en France depuis 1789*, I–II, Paris 1965–1969.
Reynolds S., *Kingdoms and Communities in Western Europe, 900–1300*, Oxford 1984.
Rosenberg H., *Bureaucracy Aristocracy and Autocracy. The Prussian Experience 1660–1815*, Boston 1966.
Roux I.P., *Król. Mity i symbole*, Warszawa 1998.
Russel C., *The Crisis of Parliaments. English History 1509–1660*, Oxford 1971.
Ryszka F., *Państwo stanu wyjątkowego*, Warszawa 1985.
Salmonowicz S., *Prusy: dzieje państwa i społeczeństwa*, Poznań 1987.
Simon Y.R., *Ogólna teoria władzy*, Kraków 1998.
Steiner J., *Demokracje europejskie*, Rzeszów 1993.
Strayer J.R., *On the Medieval Origins of the Modem State*, Princeton 1970.
Szamuely T., *The Russian Tradition*, New York 1974.
Tilly Ch., *Rewolucje europejskie 1492–1992*, Warszawa 1997.
Ullmann W., *Principles of Government and Politics in the Middle Ages*, London 1966.
Vanhanen T., *The Emergence of Democracy. A Comparative Study of 119 States 1850–1979*, Helsinki 1984.

Wąsicki J., *Rzesza a kraje niemieckie 1914–1949*, Poznań 1977.
Wąsicki J., *Rzesza i państwa niemieckie 1789–1815*, Poznań 1982.
Wolff-Powęska A., *Oswojona rewolucja. Europa Środkowo-Wschodnia w procesie demokratyzacji*, Poznań 1998.
Zagorin R., *Rebels and Rulers 1500–1600*, Cambridge 1982.
Zmierczak M., *Spory o istotę faszyzmu*, Poznań 1988.

Personenregister

Verzeichnis der geographischen Namen